天
Borderless
下

天下，在乎正义和你

天
Borderless
下

法律文化研究文丛

眼睛就是一切

“法”的语词与源流辨析

金敏 著

法律出版社 LAW PRESS·CHINA

作者简介

金　敏

浙江嵊州人，1993年北京大学法学院博士毕业后执教于浙江大学法学院至今。由于生性惫懒，产出极低，搜罗已发未发的零星文字，勉强看得过去的，仅得此一集。

自　序

十余年前看的巫鸿《礼仪中的美术》，对该书中其他文章的印象日益模糊，但对其中的《眼睛就是一切》一文及其所附的双手反缚的黑石人像却过目难忘。整理罢自己的旧文近作，要给这集子“命名”时，巫鸿该文及黑石人像竟然鬼使神差地又跳了出来，随即找出该文，又重读了一遍：

多年来我一直被芝加哥美术馆（The Art Institute of Chicago）收藏的一件人物雕像所吸引。我所感兴趣的是一种视觉的不协调性：这件雕像可以说是中国青铜时代对人体表现得最为微妙精到的作品，但其面部却未刻出双目。雕像挺直的鼻梁两侧略微内凹，平缓的曲面将高起的颧骨和突出的额头连接起来，在这两个凹面上却看不到任何雕刻的痕迹。相反，人像的耳、口、鼻皆以立体形式精细地表现出来。这种对比显然说明雕刻家不只是省略了双目，而且是着意强调双目的缺失：雕像以其熟练表现的细节反衬了它所略去的部分。

雕像以黑色石头刻成，色彩与质感似玉，表面抛光，其形象为正面跪坐、双手反缚在背后的人物。人像因双手被缚而略向前倾，但仍昂头面向前方（因此也使"无目"的特征更为引人注目）。[1]

巫鸿文中将同属三星堆文明的黑石人像与另一组青铜雕像作了对比，两者之间最为显著的差异是对眼睛的不同表现，石人未以立雕方式雕出眼睛，而铜人的眼睛则被夸张到无以复加的程度。虽则巫鸿文末的附记中提到其文章发表后，考古工作者在成都市金沙村发掘了一个重要的三星堆文化遗址，出土了八件跪坐人像，其基本形制与芝加哥美术馆的黑石雕像相同，小有差异。根据同出的陶片和其他文物，其时代可以定为商代晚期至周代早期。这组人像均为石制，采用比较写实的艺术风格，也都是表现双手被缚的俘虏或奴隶，因此进一步肯定了三星堆文化中这种人像模式的存在和流行。同时，由于这些雕像保存较好，也使我们能够更仔细地观察它们对眼睛的表现。具体来说，有两种对眼睛的不同表现方法：第一种没有雕出眼睛，但根据人像双眼处残留的少量朱砂和白色颜料，可以知道眼睛原来是画出来的。第二种眼部以轻微的阴线刻出，再施彩绘。据此，巫鸿纠正了文中根据以往标本所提出的这类人像"无目"的说法。此外，与青铜人像相较，它们对眼睛的特殊表现方法仍然反映了眼睛在三星堆艺术中具有的特殊的象征和礼仪意义。[2]

之所以会在给这集子命名时想到"眼睛就是一切"，是因为那双手反缚，"无目"或者有目而犹如无目的黑石人像正像往昔

[1]　[美] 巫鸿：《礼仪中的美术》，郑岩等译，生活·读书·新知三联书店2005年版，第70~71页。

[2]　同上书，第85~86页。

的自己，而反缚的双手不是别人加诸而正是自己“束手就擒”的，犹如柏拉图《理想国》中一直未出过“洞穴”的囚徒——“有一些人从小就住在这洞穴里，头颈和腿脚都绑着，不能走动也不能转头，只能向前看着洞穴后壁。”[1] 至于“有目”而如无目的情形，则正如《旧约·以赛亚书》所说：“听了又听，却不明白；看了又看，却不晓得。”[2] 所以，“而立”在我，也许可以理解为尝试着自己站立起来，解除桎梏，摸索着把自己拽出“洞穴”，睁开双眼，走动，打量、理解事物的过程。

集子从体例上，将旧文近作编为三类：

第一类为“语词之辨”。这是我近年来的主要兴趣和着墨所在。如果说最初写作的《“必也，使无讼乎”辨析》属于不自觉的产物（其中一部分原是2007年与俞江之间的书信探讨，2016年春张伟仁先生跨海来浙大讲学时再受触发而成文，一篇万把字的小文章写作的时间跨度倒有九年之久），那么，其后三篇的写作则是有意识的，从不自觉到自觉的转变过程深受J. L. 奥斯汀“藉由对语词的明辨，可以深化我们对现象的觉知”[3] 一语的启发。在读罢陈嘉映《语言哲学》之后，对“一切概念考察都是语词考察”[4]“语词是概念的最高形态”[5]“概念思辨本来就主要是在语言分析层面上进行的”[6] 等语，更是心有戚戚焉。

---

[1] [古希腊] 柏拉图：《理想国》，郭斌和等译，商务印书馆1986年版，第272页。

[2] 《旧约·以赛亚书》6：9：Be ever hearing, but never understanding; be ever seeing, but never perceiving。

[3] “We may use a sharpened awareness of words to sharpen our perception of phenomena.” J. L. Austin, “A Plea for Excuse”, *Proceedings of the Aristotelian Society*, Vol. 57 (1956—1957), p. 8.

[4] 陈嘉映：《语言哲学》，北京大学出版社2003年版，第4页。

[5] 同上书，第5页。

[6] 同上书，第17页。

《雾失礼、制,“法”迷津渡——“法”的历史疆域之变迁》(以下简称《雾文》)一文起于这么个疑问:严复在翻译《法意》时曾经提醒人们,“西文‘法’字,于中文有理、礼、法、制四者之异译,学者审之。”也就是说,中文语词理、礼、法、制,都有西文“法”的含义,那何以中文语词“法”字最终胜出,成了西文“法”(在英语即LAW)字的对译?这一由于种种机缘和误解所作的选择性翻译对中国传统法的认识有何影响?作为“强制的牌”,我们当然得接受这一语言事实,但“勤于思考的读者必不以此为满足,他们定要探问前因后果,事情始末,一句话,他们要追问贯穿其中的意义”[1]。我们可以且应该追问:从纵向的古今关系来看,原本由“理、礼、灋、制”共同构成和表达的中国传统法的历史疆域在中西交汇的津渡失“理、礼、制”,由“法”一统后,“法”是否承载起了原本由“理、礼、制”承载的内涵?在横向的中西交汇上,“法”是否“传导”、接引了LAW的精义?由于“灋法”字先天的出身——“惟作五虐之刑曰灋”——带有肃杀的气息,不具有“规律、原理”等含义,因而便缺乏了LAW“那样顺理成章的说服力”[2],“顺理成章的说服力”在汉语中本是由“理”承载的。因而中西“法”的格义,若撇开了“理”,不接引LAW的含义中“规律、原理”这形而上的层面,只强调“法”作为“法律、规则”的层面,甚至是以威胁为后盾的命令,则“法”将缺乏“顺理成章的说服力”,也无以成为“铁的规则”,使“君臣上下贵贱皆从法”[3]。该文

[1] 梁治平:《书斋与社会之间》,法律出版社1998年版,第157页。
[2] 何兆武:《本土和域外》,载《读书》1989年第11期。
[3] 《管子·任法》。

从 2015 年年底就开始动笔，但直到 2018 年 9 月才最后完工，是写得最吃力的一篇长文，主要的力气花在了啃马礼逊六卷共 4000 多页的《华英字典》三部曲，以及对哈特的《法律的概念》、拉兹的《法律体系的概念》等文献的重读上，完工后看电脑上的字数统计，竟然长达 8 万余字，这还是在对其中的第二部分和第四部分作了大幅删减后的字数。

写作的过程也是阅读的过程，相较于自由而散漫、“无所用心”的阅读，写作过程中对文献的阅读属于因“受限”而更用心、用力的阅读。文献中的不少书、文属于“却是旧时相识”，但在重读过程中，却读出了此前不曾读明白的东西，如哈特的《法律的概念》，对照着英文本阅读，发现自己以前只是留意了何为第一级规则（primary rules）与第二级规则（secondly rules），而在重读时关注点转为了两者之间的“结合”（union），更发现除了 primary and secondary rules 这一对人所共知的对规则的分类，哈特还提出了另一种对规则的分类，那就是主要规则（principal rules）与辅助规则（ancillary rules）的分类，并分析了两者之间的关系（interaction）。如果说 primary and secondary rules 这一分类依据的是逻辑的先后，那么 principal rules 与 ancillary rules 这对规则的分类则依据的是两者的角色、地位，但张文显教授等译的中文版时或将 primary rules 与 principal rules 都译作“主要规则”，便无以区分这两种分类，而辨析这两种分类，对于确定中国传统法的识别标准（criteria of identity），认识中国传统法“失礼则入刑”的“礼—刑”基本结构，不无裨益。

不仅如此，我在写作《雾文》重读文献的过程中，还发现了文献中即便以前觉得有点不对劲也没太当回事的问题。于是，好比农民"套耕"，暂且放下与《雾文》的苦苦纠缠，中间"套写"了《"法"的故事的另一种讲法》（以下简称《讲法》）一文。苏力《"法"的故事》这篇名文以前读过多遍，我在给浙大法学院的学生上课时也每每会提及，笑言若要对苏力的"抬杠"再"抬杠"，只须称引《管子·七法》篇的法定义——"尺寸也，绳墨也，斗斛也，衡石也，角量也，谓之法"——就行了。但我从不曾想过要专写一文与苏力《"法"的故事》一文"抬杠"。但这回写《雾文》的过程中又一次次重读苏力《"法"的故事》一文，越读觉得问题越大，终于忍不住一口气写就了《讲法》一文。如果说，《雾文》意在"补缺"，那么《讲法》一文则意在"纠偏"。梁治平先生曾言："纠偏补缺，这已成为我的一个宿愿。"[1] 虽则能力有大小，但这也是我的愿望，并且是这些年来所写的文字一以贯之的努力所在。由于《讲法》一文意在"纠偏"，而"纠偏则不能不突出理论上的思考，只是，既然为史学研究，势必要让材料说话。"[2] 苏力文中称，"十三经"乃至先秦的文献中，"以水字开头的语句中，没有一句强调过水'平'的特征"，对苏力看上去言之凿凿的质疑，笔者也总有几分怀疑："灋……平之如水"如果不是渊源有自，那就是许慎的杜撰了，这可能吗？许慎的释义真的"显然不慎"吗？"先秦的文献""十三经"中真的"没有一句强调过水'平'的特征"的文字？对此，我也只能仿照苏力质疑许慎时使用的波普尔的证伪法，看看在先秦的文献中，是否能找到哪怕一条强调水"平"这一特征的文字，所以对先秦的相关文献有一番"温故而知新"。故而，我

[1] 梁治平：《书斋与社会之间》，法律出版社 1998 年版，第 156 页。
[2] 同上书，第 157 页。

在《讲法》的写作过程中，体会到了“理论上的思考”与“让材料说话”的结合，不亦乐乎？

同样，《A momentary legal system——“临时性法律体系”乎？》一文，也源于写作《雾文》过程中的文献阅读，只不过文献换作了拉兹《法律体系的概念》。该书中有一个重要术语——“a momentary legal system”，现中文版译为“临时性法律体系”，但英文中“momentary”指的是事物持续的时间短暂（且长短是相对的，如老子所言“长短相形”[1]），而非事物本身性质的“临时性”。笔者借用鸠摩罗什所译《金刚经》起首“如是我闻。一时佛在舍卫国。祇树给孤独园”，以为将“a momentary legal system”译为“一时法律体系”更为妥当。之所以对一个术语的翻译大费周章，实在是学术著作中重要术语的翻译，会影响对全书主旨的理解。

第二类为“源流之辨”，大体上走的是实质性的进路，辨析中西法律传统及其变迁过程中若干问题的源流。“对于传统无论我们所采取的态度是批判的还是创新的，弄清楚传统及其由来总是必要的前提，而这是需要我们以冷静的做学问的态度去看待历史和现实的。”[2] 故而该类中的四篇文章都可以视为想要“弄清楚”的努力。

第三类为“中西辩者”，这组文字是集子中成文较早的。其中《古罗马的法庭辩护士》和《为罗马共和国辩护——论西塞罗的“混合制”政体说》两文，初稿于1998—1999年在罗马游学

[1] 通行本《道德经》第二章。以下所引均为通行本。
[2] 梁治平：《法辨——中国法的过去、现在与未来》，贵州人民出版社1992年版，“自序”。

期间。前者是我在阅读弗列兹·舒尔茨《罗马法学史》的过程中，对曾经活跃于罗马共和国时期直至罗马帝国后期的一个被称为“法庭演说家”“辩护士”的特殊群体产生了兴趣，写成了一篇介绍性的小文。后者乃西塞罗《论共和国 论法律》的读后感，而西塞罗本人也是罗马共和国晚期最著名、最出色的演说家、辩护士，该书可以视为对罗马共和国时期“混合制”政体所作的辩护。至于邓析，则是中国历史上不世出的“异类”，一般中国法律思想史教科书往往将其归为“法家先驱”，其依据为伪《邓析子》中有“事断于法”之语。其实，邓析的真正“身份”应是辩者或名家。辩者或名家的特点，便是“好辩”。这却最为当政者所不喜，认为这种“言意相离”的论辩“是非无度”，会造成秩序的混乱，所以邓析就成了“秩序”的牺牲品。邓析与名家其他代表人物的法律活动，让我们在打量中国的“轴心时代”——春秋战国时期的法律思想时，目光不再囿于儒家、法家、道家、墨家四家。

整本集子虽从题材上分作了三类，但中心词就是一个——“辨析”。第一类“语词之辨”和第二类“源流之辨”就不必说了，分类自带“辨”字，即便是第三类“中西辩者”，文中亦含有辨析，《辩者邓析》一文对邓析的“名号”作了辨析；《古罗马的法庭辩护士》一文对“法庭演说家”或“辩护士”（oratori forense or avvocati）与“法律人”（giuristi）、“法律顾问”（giureconsulti）之间的关系和纠葛作了辨析；《为罗马共和国辩护》一文则对西塞罗究竟践谁之迹以及几类政体的演变作了辨析。

“辨析”，也就是想要“弄清楚”，用《中庸》的话说就是试图“明辨之”，而究竟“明”或“不明”，端在眼目，“知识是每个人灵魂里都有的一种能力，而每个人用以学习的器官就象眼睛。”[1] 于是乎，又回到了开头巫鸿的话——“眼睛就是一切”。

金敏

2018 年 10 月于杭州

[1] [古希腊] 柏拉图：《理想国》，郭斌和等译，商务印书馆 1986 年版，第 277 页。

目　录

— 语词之辨 —

— 源流之辨 —

— 中 西 辩 者 —

语词之辨

“法”的故事的另一种讲法*

每一个别的语言学词汇都有一个特殊的“意义域”。[1]

“现实”与“可能”的区别，既不对低于人的存在物而存在，也不对高于人的存在物而存在。[2]

——恩斯特·卡西尔《人论》

一、节外生枝、“心有旁骛”的产物

1998年，苏力在《读书》上发表的《“法”的故事》[3]一文中，引用了福柯的话作为题记：“我努力使那些仅仅因其一目了然而不为人所见的东西为人们看见。”[4]《“法”的故事》经苏力一讲，那些“一目了然而不为人所见的东西”似乎应该早已为人们看见。近20年过去了，也没看到有何相关的回应或质疑，

---

* 本文的修改版曾载《中国法律评论》2018年第6期，此为原始版本，文责自负。

[1] 参见［德］恩斯特·卡西尔：《人论》，甘阳译，上海译文出版社1985年版，第268页。

[2] 同上书，第71页。

[3] 苏力：《“法”的故事》，载《读书》1998年第7期。

[4] Michel Foucault, “The Archeology of Knowledge,” in *Foucault Live*, trans. John Johnson, Semiotext (e) Foreign Agent Series, 1989, p. 46. 转引自苏力：《“法”的故事》，载《读书》1998年第7期。

不会是闻苏力所说，"一切世间天人阿修罗……皆大欢喜，信受奉行"[1] 罢？

作为第一届长江《读书》奖获奖的五本书、三篇论文[2]中的其中一篇，也是唯一一篇为"幼稚"的法学界挣得一点颜面的法学论文，我以为《"法"的故事》也是苏力最有意思的文章之一。

我本没打算讲"法"的另一则故事，虽然在课堂上讲法概念与中国法律史的关系时少不得提及苏力《"法"的故事》一文：如果说苏力爱"抬杠"[3] 或者用学术的语言说喜欢争辩、质疑，《"法"的故事》可以视为（用苏力的话说）是与"迷信"许慎、有"阿Q心理"的中国现当代法理学家们的"抬杠"，那么若要对苏力的"抬杠"再"抬杠"，只须称引《管子·七法》篇的法的定义[4]就够了，但我从不曾想过要专写一文与苏力《"法"的故事》一文"抬杠"。

这些年来，我一直对严复译《孟德斯鸠法意》第3页上的一段"复案"即严复的小字案语"耿耿于怀"："西文'法'字，

[1]《金刚经·第三十二品》。

[2] 五本书为专家评选的季羡林《中华蔗糖史》、赵园《明清之际士大夫研究》、阎步克《士大夫政治演生史稿》、葛兆光《七世纪前中国的知识、思想与信仰世界》和读者评选的何清涟《现代化的陷阱》，三篇文章为温铁军《"三农问题"：世纪末的反思》、钱理群《想起七十六年前的纪念》与苏力《"法"的故事》。

[3] 这词并非笔者不怀好意的攻击，而是苏力自己的戏言，而且笔者也觉得苏力的自我总结还是很到位的，比所有人的总结和评论都到位。查汉语词典解释"抬杠"为"无谓地争辩"，这当然不是苏力用这个词的意思，笔者也不以为苏力的抬杠是无谓的，而是有谓的。苏力用这个词的意思应该就是争辩、论辩，并带有一丝顽皮与自得。

[4]《管子·七法》："尺寸也，绳墨也，规矩也，衡石也，斗斛也，角量也，谓之法。"

于中文有理、礼、法、制四者之异译，学者审之。”[1] 苏力《“法”的故事》一文也注意到了这段案语，但“审之”之下，苏力与笔者“所见异辞”，各自对严复这段话的理解不同。我以为严复这一提醒的问题意识，主要不是法的实质性问题，而是法的形式性问题，即中国传统法的法源、成员资格、结构、范围（或者说疆域）等问题，大体上相当于拉兹在《法律体系的概念》起首提出的四问题中的第二个问题法律体系的“身份问题”（the problem of identity）和第三个问题法律体系的结构问题（the problem of structure）[2]。而苏力的“沛公”在于破除他所认为的中国现当代法理学者们以为法在中国与西方法一样自古以来都是同公平、正义相联系的“迷信”“阿Q心理”这样的实质性问题，引用严复案语也是服务于此意图。既然各自的“沛公”不同，我本无意与苏力“抬杠”，但在与自己的“沛公”苦苦纠缠数年迄今尚未干休的过程中，苏力《“法”的故事》一文也是少数几篇绕不过去的重要参考论文之一，数度阅读之下，越来越觉得苏力在舞剑刺向他的“沛公”之时，有没伤到他的“沛公”不得而知，但所舞的剑首先刺向的是苏力觉得横亘在他与“迷信”许慎的中国法理学家们中间的“项伯”——许慎。如果说鸿门宴中的项伯是为刘邦“奉卮酒为寿，约为婚姻”[3] 所惑，在项庄拔剑起舞时，“项伯亦拔剑起舞，常以身翼蔽沛公，庄不得击”[4]，种下其后项羽集团在楚汉战争中失败、霸王别姬的祸根，那么，许慎

[1] [法] 孟德斯鸠：《孟德斯鸠法意》，严复译，商务印书馆 1981 年版，第 3 页。

[2] See Joseph Raz, *The Concept of A Legal System: An Introduction to the Theory of Legal System*, Second edition 1980, Clarendon Press, Oxford, pp. 2-3.

[3] 《史记·项羽本纪》。

[4] 同上。

却是平白地被苏力作为了"刺沛"的祭品——"当代的中国法理学家会如此轻信许慎的显然不慎的解释"[1]，且还呼不得冤枉，因为在向无法还剑的许慎及其"灋……平之如水"的释义刺出无数剑——"在词源学上就是值得怀疑的""显然不慎""他没有极其充分且确实可靠的资料（他几乎没有，尽管不敢断言）"[2]——之后，苏力轻巧地说："不会有谁以为我当真在作一番古文字的考察……只是以一番调侃的文字显示一个并非调侃的事实……"我不知该不该把苏力叫我们不要当真的话当真，我觉得自己陷入了两难：如果把苏力叫我们不要当真的话当真，即苏力刺许慎不是认真的，那对不住苏力为写这篇文章下的气力——"据我查阅《十三经索引》"[3]；如果把苏力叫我们不要当真的话不当真，即苏力刺许慎实际上是认真的，那就眼瞅着许慎及其"灋……平之如水"的释义落入"显然不慎"的境地。我只能以为苏力叫我们不要将他的古文字考察当真的话既是认真的又是不认真的：认真的是因为苏力与许慎无冤无仇，本没想刺许慎，只不过为刺有"阿Q心理"的中国现当代法理学家们而殃及许慎而已；不认真的是因为苏力实际上明明在刺法理学家们之前先刺了许慎，如果不刺倒挡在那些法理学家们之前的"项伯"（许慎），就刺不到那些法理学家们，所以许慎只能被刺。

倘若许慎"灋……平之如水"的释义在词源学上如苏力说的那般"值得怀疑"，那许慎"灋……平之如水"的释义又从何而来呢？我可不会像苏力大胆想象的那样，以为这可能与许慎的私

[1] 苏力：《"法"的故事》，载《读书》1998年第7期。
[2] 同上。
[3] 同上书，原注[4]。

人经历有关——“或是许慎本人受过法律的不公正待遇，他希望法律公正”。《说文解字》虽为许慎所编纂，但汉字及释义不是许慎所能“私人订制”的。先秦的文献中，真的如苏力所说“没有看到强调水‘平’这一特征的文字”[1]？“十三经”中，“以水字开头的语句中，没有一句强调过水‘平’的特征”[2]是真的吗？为这些问题所驱使，我在与自己的“沛公”苦缠之余，试着摸索水之隐喻或者“本质特征”，究竟是“平之如水”还是“由高及低”“自上而下”？因而，本文可以视为节外生枝、“心有旁骛”的产物。不为证明我们祖上有没有阔过，只为摸清许慎“灋……平之如水”的释义究竟是否如苏力所言“在词源学上就是值得怀疑的”，究竟是许慎的解释是“显然不慎的”还是苏力说许慎的解释“显然不慎”才是显然不慎的？中国现当代法理学者们称引许慎算不算“迷信”“谬种流传”[3]？

另外，既然苏力自承“似乎总是想指导思想史专业的学生，为他们的博士论文选题”[4]，作为这一专业的老童生，本文也可以当作在事隔多年后又试写了一次由苏力命题的论文。

二、“平之如水”还是“自上而下”？

苏力《“法”的故事》一文一上来就抛出了他的“沛公”：

> 翻开当代中国的几乎任何一本法理学教科书——无论其

[1] 苏力：《“法”的故事》，载《读书》1998年第7期。
[2] 同上书，原注[4]。
[3] 同上书。
[4] 同上。

名为《法理学》还是《法学基础理论》——或法律辞书，[1] 甚至台湾学者的法律教科书，[2] 我们都可以看到类似下面的文字：

中文的"法"字古体写作"灋"。根据东汉许慎著《说文解字》一书的解释："灋，刑也，平之如水，从水；廌，所以触不直者去之，从去。"之所以偏旁为"水"，是因为法律如水那样公平；而之所以有"廌"，因为"廌"是传说中古代的一种独角兽，生性正直，古代用它进行"神明裁判"，见到不公平的人，廌就会用角去顶，因此也就有了"去"。

这确实是我们在当代中国的法理学教科书中司空见惯的情形，苏力的特点就是在众人不疑处有疑，尤其是善于透过现象看本质，追问法理学教科书编写者们无一例外地称引许慎《说文解字》"灋"的释义的原因：

讲完了许慎的关于"法"字产生的故事（这是我对许慎"法"解说的初步定性）之后，现代法理学的作者往往说，大意是：由此可见，法在中国从古以来都是同"公平、正义"相联系的；随后这些作者往往又会考察英文词 jurisprudence（法学或法理学）的拉丁文词根 ius 以及其他文字中据

---

[1] 参见苏力：《"法"的故事》，载《读书》1998 年第 7 期，原注［2］：例如，"法"，载《中国大百科全书》（法学卷），中国大百科全书出版社 1984 年版，第 76 页；"法"，载《法学大辞典》，上海辞书出版社 1982 年版，第 453～454 页；沈宗灵、张文显编：《法理学》，高等教育出版社 1994 年版，第 24～25 页。

[2] 参见苏力：《"法"的故事》，载《读书》1998 年第 7 期，原注［3］：例如，韩忠谟：《法学绪论》，韩忠谟教授法学基金会 1994 年版，第 11～12 页。

> 说是与“法”相对应的词，例如法文中的 droit，德文中的 Recht，以及俄文中的 право，据说，这些外文的“法”字都具有公平、正义的含义。
>
> 他们努力发掘中国法中所谓的公平正义之因素并将之同西方的“法”中的公平正义相联系……在我看来，是近代以来中国法理学家试图强调中西“法”中的共同性。对于中国近代的法理学家来说，对“法”字作语源学考察的意义并不在于法字或法究竟是如何产生的，而是要急于证明古今中外的“法”的一致性，乃至法学的一致性。[1]

在苏力看来，这乃是“一种‘我们先前也富过’的‘阿 Q 心理’，总是试图从古代寻找某种与现代西方的制度技术有某些相似之处的东西”。为了给这种“阿 Q 心理”以一击，苏力边谦虚着“我不通古文字学，不想与古文字学家争饭吃”，但实际上还真与古文字学家争饭吃了，他在文章第二部分花了相当大的气力和笔墨质疑许慎“灋……平之如水”的解释，而苏力舞剑的“沛公”当然还是在于“迷信”许慎的中国近现代法理学家们：

> 对于我来说，对于许慎的评论也许只能算是“项庄舞剑”，我所意在的沛公是这样一个问题，为什么当代的中国法理学家会如此轻信许慎的显然并不慎的解释？当然，我们可以说当年接受许慎解释的中国近代法理学的始作俑者太迷信古代学者了，因此他们有了智识上的盲点。可是为什么中

[1] 苏力：《“法”的故事》，载《读书》1998 年第 7 期。

> 国近代以来的法理学作者会迷信古代学者呢？而且，事实上，他们并不迷信，他们早已将更为古代的作为整体的中国"法律文化"都放弃了；那么为什么单单在这一点上如此迷信？我们也可以说其后的中国法理学作者在这一点上又你抄我，我抄你，所以造成了"谬种流传"。[1]

所以苏力觉得"不能就这样轻松将一个也许是也许不是问题的问题放过去"[2]，而不放过这些"迷信"或者说有"阿Q心理"的中国法理学者的法子，便是击穿这些法理学者迷信的对象许慎及其"灋……平之如水"的释义，证明我们祖上从来没阔过。

苏力是通过水的隐喻的替换来完成其奋力一击的，即以苏力式"由高及低""自上而下"的水之隐喻替换许慎《说文解字》"平之如水"的水之隐喻：

> 仔细琢磨起来，许慎的解释在词源学上就是值得怀疑的。的确，法有水的偏旁，但是为什么一个水字旁在这里就一定意味着公平？不错，水在静止状态下，特征之一是"平"，但这并不是水的全部特征或"本质"特征，甚至未必是其最突出显著的特征。水也是流动的，水是由高处向低处流淌的，水是柔和的，水是清的，水又是容易浑浊的，等等。在所有这些更直观、更明显可见的特征中，为什么单单抽象出"平"的特征，组成了这个法字，并且一定是代表、象征或

[1] 苏力：《"法"的故事》，载《读书》1998年第7期。
[2] 同上。

指涉了法律要求公平的社会特征和维度?

据我极其有限的中国古典阅读，在先秦的文献中，我没有看到强调水“平”这一特征的文字，相反强调水流动，自高向下的文字倒是见到不少。[1]

如果中国古人当年首先或更多注意到的是水“平”的特征，那么，从逻辑上看，如果不是留下更多这方面的痕迹，似乎也应当在当时的文字上留下某些痕迹。当然我孤陋寡闻，还得请方家指教。更进一步，从认知心理学上看，一般说来，最容易引起人们注意力的往往是物体的活动特征，而不可能是其静止稳定的特征（水“平”的前提条件是静止）。当然，这些都还是旁证或推论；最重要的例证实际上是“水”这个象形古汉字本身。从其线条所指涉的波纹以及波纹的方向都足以表明：首先抓住古人视觉感官的是水自上而下的流动，而不是其水平。因此，我不敢说许慎在这里对水旁的解释是错误的，但至少是可疑的。由于才疏学浅，我无法以这种方式质疑有关“廌”和“去”的解说；但是我对水之性质之抽象及其在古法字中所代表的意义的质疑方式同样可以用来质疑许慎对“廌”和“去”的解释。[2]

至此，自谦“不通古文字学，不想与古文字学家争饭吃”的

[1] 此处苏力原文中加了注：例如，“水流则不盈”（《周易》）；“上善若水”（《老子》）；“知者乐水……知者动”（《论语》）；“人性之善，犹水之就下也”“民归之由水之就下”“水无有不下”（《孟子》）。此外，据我查阅《十三经索引》，以水字开头的语句中，没有一句强调过水“平”的特征。当然，这只具有参考性的而不是结论性的意义。参见苏力：《“法”的故事》，载《读书》1998 年第 7 期，原注［4］。

[2] 苏力：《“法”的故事》，载《读书》1998 年第 7 期。

苏力一举颠覆了《说文解字》的作者许慎"灋……平之如水"的释义，代之以"自上而下"的苏力式水之隐喻，并且自得于"我的这种关于'法'的解释比许慎的解释可能更具解释力"，"依据这同一个'灋'字，我就得出了一种完全不同于许慎的解释；这种解释至少就古法字以及古代某些文献来看我不觉得有什么不合道理之处，既能够自洽，也颇为圆满。"[1]

对苏力式的解释，我只能还是借苏力自己的话说——"这种解释似乎也更符合现当代中国诸多法理学家对法律的理解，符合我们今天关于法治的诸多理念。"[2] 尤其是，这种解释更符合的是苏力对法律的理解，而不见得是"更符合现当代中国诸多法理学家对法律的理解"，因为在整篇《"法"的故事》苏力一直在批判"当代中国的几乎任何一本法理学教科书"的作者们也就是中国当代法理学家们对许慎"灋……平之如水"的"迷信"，讥刺他们的"法在中国从古以来都是同'公平、正义'相联系的""急于证明古今中外的'法'的一致性"的"阿Q心理"，怎么"现当代中国诸多法理学家"在苏力笔下忽然又成了苏力的同志？

若说苏力的"这种解释至少就古法字以及古代某些文献来看我不觉得有什么不合道理之处，既能够自洽，也颇为圆满"[3]，那只是苏力的自赞，我是无法同意的。

第一，对"水"[4] 这个象形古汉字本身的解读，苏力以为"从其线条所指涉的波纹以及波纹的方向都足以表明：首先抓住

[1] 苏力：《"法"的故事》，载《读书》1998年第7期。
[2] 同上。
[3] 同上。
[4] 许慎《说文解字》中的"水"字是个象形古汉字，可惜现有电脑字库无法打出，有意一睹者可查看纸质版《说文解字》，亦可在"国学大师网"上极为便捷地检索查阅到《说文解字》的影印版。

古人视觉感官的是水自上而下的流动，而不是其水平”——只能说，抓住“水自上而下的流动”的，是苏力而非古人的视觉感官。苏力看到的，是单个“水”字的笔画在纸面上的上下位置，而在古人那里，“水”象征着自然界的“众水并流”，是河流、大川“大江流日夜”[1]，自西徂东流经广袤的大地，百川归海：

> 《说文解字》：“水，准也。北方之行。象众水并流，中有微阳之气也。凡水之属皆从水。”

只有“仰观宇宙之大，俯察品类之盛”[2]的眼睛，才能俯察“众水并流”的景象。这样的眼睛，其视觉感官由于是俯察“并流”于大地的自然界“众水”，因而所见的“众水”乃是“平”的，而不是纸面上“线条所指涉的波纹以及波纹的方向……自上而下的流动”。

> 清段玉裁《说文解字注》：“水，准也。准，平也。天下莫平于水。故匠人建国必水地。北方之行，月令曰：大史谒之天子曰：某日立冬，盛德在水。象众水并流，中有微阳之气也：火，外阳内阴；水，外阴内阳，中画象其阳。云微阳者，阳在内也。微犹隐也。水之文与卦略同。”

何谓“象众水并流”？象即卦象，水在《易》中为“坎”卦，阳爻居中，即“中有微阳之气”；阴爻在上下，包裹住阳爻，即

---

［1］（南朝）谢朓：《暂使下都夜发所谓新林至京邑赠西府同僚》。
［2］（东晋）王羲之：《兰亭集序》。

"外阴内阳"，正好与火的卦象"离"卦阴爻居中、上下为阳爻"外阳内阴"相反，所以朱熹的《周易本义》"八卦取象歌"谓"离中虚，坎中满"。"水"的卦象"坎"作为《易》的八个经卦之一，乃形而上的符号，是对自然界的"众水并流"的抽象。

作为符号的"水"的文字表现形式与"水"的卦象即"坎"卦类似，亦"应作如是观"[1]，是"众水并流"在文字上留下的痕迹，因为作为象形文字的汉字，其起源便是如段玉裁《说文解字注》序文所说："黄帝之史仓颉，见鸟兽蹄远之迒，知分理之可别相异也，初造书契。"

唐诺《文字的故事》将段氏的这段话表达得更为细致：

> 文字始生的象形字，和单纯的实物写生绘图最大差别所在：象形字是文字，不需要完整交代纤毫不漏的图像，它是痕迹，是脚印，是线索，是密码，只要快速地、节约地捕捉到完整事物或概念最独特、最不易混淆的部分就可以了，但这个特色是寻常人等照眼可看出来，最好就是周遭熟悉的事物（最大共同记忆），因此，上看日月星辰，俯察鸟兽虫鱼，文字很方便从这个所有人共有的、重叠的，万一还看不懂等明天日出有光亮时还来得及指给他看的东西开始。[2]

苏力观看象形字"水"出现的问题，与《楞严经》中将手指与明月相混的阿难类似，故而如来指出阿难的问题所在：

[1]　《金刚经》。
[2]　唐诺：《文字的故事》，上海人民出版社2010年版，第83页。

> 如人以手，指月示人，彼人因指，当因看月，若复观指，以为月体，此人岂唯，亡失月轮，亦亡其指，何以故？以所标指，为明月故。岂唯亡指，亦复不识，明之与暗，何以故？即以指体，为月明性，明暗二性，无所了故，汝亦如是。

苏力只看纸上的象形字“水”而不知自然界“众水并流”之水，以“水”之“纸体”取代“众水并流”之自然“水体”；如此一来，亦亡失了“众水并流”之自然之水的水性，即俯察之下，并流之天下众水“平”的性质，而以纸上之“水”之字符看上去“线条所指涉的波纹……自上而下的流动”为天下自然之水之“本质特征”。

其实，在苏力看来“线条所指涉的波纹以及波纹的方向……自上而下的流动”的“水”的象形字在载体竹简或纸上的字形，只是古人的一个偶然选择而已，唐诺就设想过倘若古人当年将竹简横置的可能性：

> 竹简为什么不能摆横了来写呢？……但没为什么，事实上就是没有，彼时中国人二选一决定了直式书写，这个任意的、随机的结果，相当程度制约了往后的字形发展，也相当程度制约了中国人往后数千年的书写习惯，甚至在发明了其实可以高兴怎么写就怎么写的纸张之后，仍乖乖地由上而下由右至左，甚至还仿昔日竹简画上垂直线条自我设限（如十行纸、笔记本等），一直到西风东渐洋文已传入多年后的今天，横式书写才在宿老凋零殆尽的情况下缓缓抬头，不再被

> 斥为异端媚外。[1]

在唐诺看来，自上而下的直式书写不过是二选一的任意、随机（当然，我愿意将其想象为是顺着竹简的前身竹子的生长方向）选择结果，一旦作出了选择，就不再任意，而成了上千年一以贯之的书写习惯。如果当初中国古人选择将竹简摆横了来写呢？"水"字"线条所指涉的波纹以及波纹的方向"还能是苏力所说的"自上而下流动"吗，那苏力式"自上而下"的水之隐喻又从何借景？

第二，苏力质疑"为什么一个水字旁在这里就一定意味着公平？水有各种特征，苏力以为'平'并非水的'本质特征'"，"为什么单单抽象出'平'的特征，组成'法'字，以象征、指涉法律的公平特征和维度"？

确实，水有各种特征，有致广远的俯察之下天下众水并流之"平"的特征，也有由高向低流的特征，但究竟何为"本质特征"，则带有了人的意向。苏力以为"平"不是本质特征，"自上而下"才是本质特征，只能说这是苏力的意向，而在中国古人眼里，"平"的特征才是"水之正"，水之"本质特征"。

> 干宝《周易注》"坎"卦曰："江河难济，百川之流行乎地中，水之正也。及其为灾，则泛溢平地，而入于坎窞，是水失其道也。刑狱之用，必当于理，刑之正也。及其不平，则枉滥无辜，是法失其道也。故曰'入于坎窞，凶'矣。"

---

[1] 唐诺：《文字的故事》，上海人民出版社 2010 年版，第 257 页。

正常状态下，众水并流，“平”是“水之正”，江河各从其道；及至“不平”，则是“水失其道”的非常状态，泛滥成灾。这跟刑狱的审理是一样的，正常状态下，应使公理正义得到实现；如果案件的审理不公正，则如同水失其道，乃是法失其道，害及无辜。无论是“水之正”还是“刑之正”，此“正”既是“正常”之“正”，指向经验、现实的状态；也是理想之“正”，指向理想、应然的状态。即便法在现实的状态或处于“不平”的状态，也当如水之由高就低，使之由不平而至于平。

在苏力看来词源学上值得怀疑的许慎的解释，以博闻强记、“审正得序”[1] 著称的干宝给出了合理的解释及“认证”，而唐诺以为“法”字从水，即以水为偏旁是个“漂亮的选择”：

> 比方说“公平”这一抽象概念，老实说，我们抬头可见的长短一致或平坦的东西如地平线应该不至于太少，而中国文字中的“法”字从水，用水由高就低的流体特征就是个相当漂亮的选择，我们很容易想到，水不仅在形态上呈现所谓的水平，而且它仿佛还存在着某种意志（我们现在当然晓得是地心引力在作怪），会让不平趋于平坦，从而让公平的概念、法的概念不仅仅是静态无味的描述，而隐含了动态的矫正、分配之类线索……[2]

同样从动态的角度，看到了水之“由高及低”的流体特征，苏力用之以质疑水的“平”的特征，其实是要以其“自上而下”

[1] （南朝）刘勰：《文心雕龙·史传》。
[2] 唐诺：《文字的故事》，上海人民出版社 2010 年版，第 253 页。

的水之隐喻取代"平之如水"的隐喻，从而破除他所认为的中国"法"字带有公平正义性的"迷信"。然而，在唐诺那里，"由高就低"只是水的某个状态而已，不是就此停止了，而是要"让不平趋于平"，所以水之"由高就低"的特征不但没有推翻"平之如水"，反而趋于水之"平"的特征，证成"平之如水"。看来，苏力的"动态的角度"是不彻底的，是一种静止的"动态"，停留在"由高就低"的瞬间、阶段了，而没能继续思考、追问水"由高就低""自上而下"之后的情况。苏力质疑许慎何以单单抽取出水之"平"的特征，却没意识到自己何以单单抽取出、停留于水之"由高就低"的阶段性特征。

同样从"由高就低"中看到了"某种意志"，苏力只看到了"上之所以一民保下"[1] 的自上而下的官府的意志，而唐诺看到的却是"由不平趋于平"的"公平的概念、法的概念"。因为苏力眼里只有"自上而下"的"水—法"的某阶段、某种实然状态；而从许慎"灋……平之如水"到干宝"水之正""刑之正"再到唐诺"由不平趋于平"，看到的既有"水—法"的实然状态，更有"水—法"的应然状态。

至于"法"字"为什么一个水字旁在这里就一定意味着公平"，则与汉字象形、指事、会意、形声、假借、转注的"六书"造字法有关，尤其是其中的形声字。唐诺《文字的故事》追溯了作为象形文字的汉字造字法发展的基本线索，其中第二章"造字的困境暨文字生产线的出现"便专门讲述了形声字的故事。

---

[1] 《管子·任法》。

如果我们尝试为中国的大造字活动划上一道时间的纵轴，如此会意和指事很自然会被归并为一组，而得到这样子的造字图像来：一、摹写既存实像的象形阶段；二、尝试表述抽象概念的指事会意阶段；三、大量造字的文字生产线出现，也是大造字完成的形声阶段。

形声字到底是什么？像“江”“河”“松”“柏”这些都是形声字，它包含两个部分，一个代表它的意义和属性，我们称之为意义符号（意符），另一个代表它的声音，我们称之为声音符号（声符），因此每当有一个新事物新概念需要新的文字来记录来表述时，造字的人只要快速判断出该事物该概念的基本属性分类，……然后再依据它的音，在既有的文字中找到一个相同声音或近似声音的填进去，由此，便很快出现一个你要的新字，一个形声字。……据统计，甲骨文中形声字的比例为27.24%，而发展到秦代的小篆阶段，形声字的比率当场暴增到87.39%。[1]

（形声字的发明）用分类学的秩序概念来面对万事万物（这方面是拼音文字完全让渡掉的），保留住一部分事物的外在形态、轨迹和内在本质印象，好好封存在另一侧的概念符号亦即意符之中（仿日本著名料理节目的经典名句语法及其概念：“把松坂牛排表面快速煎至焦黄，让肉汁封在里面。”）让万事万物各从其类——因此，当一个字不太熟识地忽然跳到我们眼前时，我们可以从声符去尝试它的声音，从意符去感受它的属性，更敏感更多心的人并且由此可寻回

[1] 唐诺：《文字的故事》，上海人民出版社2010年版，第40~42页。

这个字的可能经历和记忆，甚至回到最原始的出生之处之时。

这个留存形象的分类秩序产物，用文字世界的通俗称谓来说便是"部首"，你从小查字典通常得先通过的玩意儿……[1]

这里我们便见识到了形声字不完全弃守实像的可喜力量了，它保留着一道可靠的回溯之路……[2]

表达"法"这样抽象、不呈像在肉眼可见的世界之中的概念是作为象形文字的汉字的困境所在，形声字的出现在汉字的造字史上为脱困之道，于今则为"一道可靠的回溯之路"，反向让我们知道先人们是如何判断某事物某概念的基本属性、分类的。作为封存于"法"字中的"肉汁"，"水"的"外在形态、轨迹和内在本质印象"，也好好封存在"法"字的意符或者说部首中了。因而，回到苏力的问题："法"字"为什么一个水字旁在这里就一定意味着公平"？是汉字"六书"造字法的分类学的秩序概念让先人们以"水"字旁为"法"字的意符，代表它的意义和属性、内在本质，而天下"众水并流"，"平"为"水之正"，水之"本质特征"，因而以"水"为意符的、水字旁的"法"便也保留、封存了"水"的"众水并流"的外在形态、轨迹和"平"的内在本质。而要从封存在"法"的意符或者说"水"字偏旁解读出"平之如水"的内在本质，则端赖共同记忆和解读者的信息转换能力：

[1] 唐诺：《文字的故事》，上海人民出版社2010年版，第45~46页。

[2] 同上书，第59页。

> 文字是咒语，叫唤出记忆；文字是谜题，让听者猜出答案；文字是譬喻，让接收信息的人从已知去导出未知；文字是履霜而坚冰至，一点寒意，不必真等到完整的冬日夹带漫天冰雪而来，就让人在心头重建出白色雪国模样而打起寒战——文字可以什么都是，就不必要是指称事物彻彻底底、纤毫毕露的摹写，它的信息接受者，不是只长一对眼睛的怪物，而是有记忆而且会思维的人，他多少会联想，会触类旁通，会在一个图像一个讯息进入眼底那一刻，脑子像磁石般自动吸来数量不一深浅程度不一的其他相关图像和信息，他不是脑子空空或甚至没脑子的笨蛋。
>
> 在文字的转移过程之中，记忆，尤其是发文者和受文者共同的、重叠的那一部分记忆，是最重要的，这是文字信息的交流场所，异质的、未知的、陌生的讯息在这里被“兑换”为彼此同质的、已知的、熟稔的通用信息，一如异国的货币被兑换成本国的通货一般，转喻就是在这里完成。[1]
>
> 人眼的物理构造没变，不一样的地方源自于人的内心深处脑子和心灵……[2]

苏力当然不属于“脑子空空”类，而属于上海话“敲敲头顶，脚底板亦会响”的聪明人，聪明到压根儿不相信什么共同记忆，以至于苏力带着“知识考古学的眼光”一考察，发现封存在文字中的信息不过是“迷信”而已，相信许慎的中国当代法理学家们固然难逃“迷信”之讥，连许慎本人都涉嫌“迷信”造字六

[1] 唐诺：《文字的故事》，上海人民出版社 2010 年版，第 79～80 页。
[2] 同上书，第 92 页。

法——"我们首先看到的似乎是近代中国学者对于古典的某种程度迷信。这种迷信不仅是对《说文解字》这部中国保留最完整的、最早的、最系统的一部文字学著作的迷信，而且还有（包括许慎本人）对于中文造字六法的迷信。"[1] 所以苏力将许慎"灋……平之如水"的释义定性为许慎讲的"故事"——"许慎的关于'法'字产生的故事（这是我对许慎'法'之解说的初步定性）"[2]。此处，苏力没有解释他所说的"故事"二字的含义，尽管苏力此文的标题便是《"法"的故事》，为了避免曲解苏力的意思，最好还是用苏力文中别处的话来理解，那就是"很难让一个不轻信的普通人相信这种解释是有根据的"。于是，不"迷信"的苏力当然也难以相信"法"字一个水的偏旁与公平、正义有什么关系。

三、"两种'平'完全不同"？关系遥远？

许慎《说文解字》"灋……平之如水"是从水之"平"引出"灋"之平的，而在只认"逻辑叙事"[3] 的苏力看来，水之"平"与"法之公平"这两种"平"是完全不同的。"这之间的关系实在太复杂了，太遥远了，很难让一个不轻信的普通人相信这种解释是有根据的。"[4] 其实，"不轻信"的普通人倒是少的，

[1] 苏力：《"法"的故事》，载《读书》1998年第7期。

[2] 同上。

[3] 汪丁丁在《叙事与"中国之谜"》一文中讲了三种认识和解释世界的方式，分别为古希腊的"逻辑叙事"、中国的"历史叙事"及涉及个体生命与审美方式的"审美叙事"，参见汪丁丁：《回家的路：经济学家的思想轨迹》，中国社会科学出版社1998年版。

[4] 苏力：《"法"的故事》，载《读书》1998年第7期。

很难相信的恰是"祛魅"了的苏力。

记得世纪之交时有一次杜维明先生主持浙大部分教师会读《大学》，读到"《诗》云：'缗蛮黄鸟，止于丘隅。'子曰：'于止，知其所止，可以人而不如鸟乎？'"，杜先生特意提醒道：这种比兴的修辞法是汉语经典的一种特别的修辞法，有别于古希腊的"逻辑叙事"。

在《大学》里，这种比兴的修辞法还有两处：

> 《诗》云："瞻彼淇澳，菉竹猗猗。有斐君子，如切如磋，如琢如磨。"
>
> 《诗》云："'桃之夭夭，其叶蓁蓁。之子于归，宜其家人。'宜其家人，而后可以教国人。"

如果照苏力的逻辑，黄鸟与人、菉竹与君子、桃树与家国的关系也实在"太遥远了"，何以能从小鸟的择安闲处而止，推及"人亦当择礼义乐土而自止处也"[1]，从竹子的茂盛推及君子之德盛，从桃树的枝繁叶茂推及齐家治国？恐怕很难让苏力相信"这种解释是有根据的"。但在"十三经"中，这类比兴触目皆是。

又如《礼记·中庸》：

> 《诗》云："鸢飞戾天，鱼跃于渊。"言其上下察也。君子之道，造端乎夫妇，及其至也，察乎天地。
>
> 《诗》云："伐柯，伐柯，其则不远。"

---

[1] （唐）孔颖达：《礼记正义·大学》。

《诗》曰："妻子好合，如鼓瑟琴。兄弟既翕，和乐且耽。宜尔室家，乐尔妻孥。"

《诗》曰："衣锦尚絅"，恶其文之著也。故君子之道，闇然而日章；小人之道，的然而日亡。君子之道，淡而不厌，简而文，温而理，知远之近，知风之自，知微之显，可与入德矣。

比兴手法最早出现于《诗经》，《关雎》首章即为"关关雎鸠，在河之洲。窈窕淑女，君子好逑"，诗三百比兴手法的运用比比皆是。西汉毛亨《毛诗训诂传》讲到了比兴的两种情形：其一是起"发端"的作用，即"兴，起也"，由物象引发思绪；其二指隐晦的比喻。朱熹在《诗集传》中谓："比者，以彼者比此物也"，"兴者，先言他物以引起所咏之词也。"[1]"比"便是通过类比联想，写物以附意；"兴"则是触物以起思绪。可见，比兴具有联想、托寓、象征等作用，虽起于《诗经》而不限于运用于诗赋中，如前述《大学》《中庸》中的比兴，表面上看起来是一种修辞法，实际上重在阐述义理。

《文心雕龙》对此讲得最为透彻：

故比者，附也；兴者，起也。附理者切类以指事，起情者依微拟议。起情故兴体以立，附理故比例以生。

且何谓为比？盖写物以附意，飏言以切事者也。故金锡以喻明德，珪璋以譬秀民，螟蛉以类教诲，蜩螗以写号呼，

[1]（宋）朱熹：《诗集传·卷一》。

> 浣衣以拟心忧，席卷以方志固：凡斯切象，皆比义也。
>
> 夫比之为义，取类不常：或喻于声，或方于貌，或拟于心，或譬于事。……故比类虽繁，以切至为贵。……比兴，触物圆览。物虽胡越，合则肝胆。拟容取心，断辞必敢。[1]

“物虽胡越，合则肝胆”，“胡”指北方。“越”指南方，高诱注曰：“肝胆喻近，胡越喻远。”[2] 写物、比兴的用意在于“附理”“附意”，“彼者”与“此物”之间的关系，是远如胡越，还是近如肝胆，在于触物者即书写者、解释者的“取心”，也在于解读者的感受力、理解力，若两者心有戚戚焉，“视域融合”[3]，则“彼者”与“此物”圆融无间。

回到许慎《说文解字》“灋……平之如水”，亦是“以彼者比此物也”；从水之“平”引发出“灋”之“平”，亦是触物以起思绪，写物以附意，切类指事以附理也。作为《说文解字》编纂者的许慎既是理解者，也是解释者。对于前人，许慎是理解者；对于后人，许慎则是解释者。这种理解和解释“甚至根本不能被认为是一种主体性的行为，而要被认为是一种置自身于传统过程中的行动”[4]。在有共同记忆的中国人那里，“文字是譬喻，让接收信息的人从已知去导出未知”[5]，水之“平”与法之公平“物虽胡越，合则肝胆”。

苏力之所以觉得水之“平”与法之公平这两种“平”完全不

---

[1] （南朝）刘勰：《文心雕龙·比兴》。

[2] 转引自陆侃如、牟世金：《文心雕龙译注》，齐鲁书社 1995 年版，第 450 页。

[3] “理解其实总是这样一些被误认为是独自存在的视域的融合过程。”——伽达默尔：《真理与方法》，洪汉鼎译，上海译文出版社 1999 年版，第 393 页。

[4] 同上书，第 372 页。

[5] 唐诺：《文字的故事》，上海人民出版社 2010 年版，第 90 页。

同，这之间的关系实在"太遥远了"，许慎的解释难以让他相信，在于其接受的便是"逻辑叙事"而非"历史叙事"，当然也就无法明了何为"拟容取心"，无法体会何为"触物圆览"。接受不到"履霜而坚冰至"的信息的苏力于是便将许慎的解释断为"不慎"，其以"自上而下"的水之隐喻替换许慎"灋……平之如水"的隐喻倒真是"一种主体性的行为"了。

从根本上来说，视水之"平"与法之公平之间的关系为"肝胆"还是"胡越"涉及的是宇宙观、思维方式的问题。在古人眼里，"天地与我并生，而万物与我为一"[1]，人与自然在本质上是相通的，"夫生人于天地之间，六合之内……人与天地相参也"[2]。一切人事、社会均应顺乎自然，"人法地，地法天，天法道，道法自然"[3]。这种"天人合一"的观念，余英时先生以为是中国哲学思维的特色。[4]

因而，从"水"之"平"到"灋"之"平"，从"水之正"到"刑之正"、法之正"，在中国先人那里"无间"，同属一个宇宙节律，只有在"祛魅"后的苏力的眼里，两种平才"完全不同"，关系"太遥远了"。

四、先秦文献中，无"强调水'平'这一特征的文字"？

苏力在文中说："据我极其有限的中国古典阅读，在先秦的

[1] 《庄子·齐物论》。
[2] 《灵枢·经水》。
[3] 《道德经》第二十五章。
[4] 参见余英时：《论天人之际：中国古代思想起源试探》，中华书局 2014 年版，第 63 页。

文献中，我没有看到强调水‘平’这一特征的文字……”[1]“据我查阅《十三经索引》，以水字开头的语句中，没有一句强调过水‘平’的特征。”[2]

不知苏力“据我极其有限的中国古典阅读”这话究竟想要表达什么，是表示谦虚？如果真谦虚的话，既然苏力觉得自己对中国古典的阅读有限，又何以在尽力扩大其“极其有限的中国古典阅读”之前，就敢说“许慎的解释在词源学上就是值得怀疑的”，就敢断言“许慎的显然不慎的解释”？抑或苏力“据我极其有限的中国古典阅读”这话是预先安排退路，以防有人从“先秦的文献”“十三经”中寻出一句强调水“平”的特征的文字找碴？这似乎不太符合苏力“荷戟独彷徨”的个性和自视，他不是自承“似乎总是想指导思想史专业的学生”吗？那么在苏力的潜意识中，“思想史专业的学生”被指导犹恐不及，怎用得着他预先举起盾牌防护？所以，想来“据我极其有限的中国古典阅读”一语不过是苏力不经意间写下的苏力式修辞或惯用语而已。

对苏力看上去言之凿凿、气势如虹的质疑，笔者也总有几分怀疑：许慎“灋……平之如水”的释义真的如苏力大胆想象的那样与“或许许慎本人受过法律的不公正待遇，他希望法律公正”有关？而不是渊源有自？许慎的释义真的“显然不慎”吗？“先秦的文献”、“十三经”中真的“没有一句强调过水‘平’的特征”的文字？

对此，我也只能仿照苏力质疑许慎时使用的波普尔的证伪法，看看在先秦的文献中，是否能找到哪怕一条强调水“平”这一特

[1] 苏力：《“法”的故事》，载《读书》1998年第7期。
[2] 同上书，原注[4]。

征的文字。如果说苏力说他自己"极其有限的中国古典阅读"只是宛若谦词的话，那么对笔者而言则如昔日从北京动物园开往颐和园的332路公交比北大早三站下车的那所大学的校训——"实事求是"。为此，笔者只得发信求助于浙大古籍所的关长龙教授：

笔者：先秦文献中，真没有一句强调过水"平"的特征？那许慎"灋……平之如水"到底什么意思？怎么来的呢？

关教授在几分钟时间里即向笔者提供了三条先秦文献中强调水"平"之特征的文字：

关教授：限于时间，没能详检，粗得三条：《尚书·酒诰》有"水鑑"一词，即以水当镜子用，《周礼·冬官》有"圆者中规，方者中矩，立者中县，衡者中水"句，《管子·侈靡》有"水平而不流"句，应该还是有水与平相关的用例。

根据关教授提供的线索，笔者查证了六条文字的原文：

第一条：

《尚书·酒诰》：王："封，予不惟若兹多诰。古人有言曰：'人无于水监，当于民监。'"

监、鉴、鑑、鑒相通，都作镜子解释。许慎《说文解字》：

“鑑，大盆也。一曰監諸，可以取明水于月。从金監聲。”清代段玉裁《说文解字注》：“鑒亦镜也，《詩》云，我心匪鑒。……而镜亦可名鑒。是以经典多用鑑字、少用镜者。”

《酒诰》为周公对康叔的告诫，“周公以成王命诰康叔”，“古人有言曰：‘人无于水监，当于民监。’以水监但见己形，以民监知成败故也。”[1]

以大盆“取明水于月”，此“明水”的特征当有三：一则为“静”，二则为“平”，三则为“清”，否则如何作镜照得出“形”。苏力以为水的特征有动有静，有清有浊，有“平”的也有由高往低处流，“为什么单单抽象出‘平’的特征”？“从认知心理学上看，一般说来，最容易引起人们注意力的往往是物体的活动特征，而不可能是其静止稳定的特征”。[2] 但从《尚书·酒诰》中，我们可以明明白白地看到，周公抽出的恰是水之“平”“静”“清”的特征。何以如此？因为周公向康叔讲述的，不是什么“认知心理学”，而是政治、法律[3]成亡兴败的通则。“人无于水监，当于民监”不是否定“水监”，而是要进一步引申出“民监”，所谓“水则载舟，水则覆舟”，“天视自我民视，天听自我民听”[4] 是也。苏力觉得水之“平”与法之“平”这两种“平”是完全不同的，“这之间的关系实在太复杂了，太遥远了，很难让一个不轻信的普通人相信这种解释是有根据的。”[5] 他可

[1] （唐）孔颖达：《尚书正义·酒诰卷十四》。
[2] 苏力：《“法”的故事》，载《读书》1998年第7期。
[3] “诰”本来就是三代法律形式的一种。直到明朝，朱元璋在《大明律》之外还搞了个《明大诰》，当然，这属于“画虎不成反类犬”。周公旦与朱元璋之间乃云泥之别。
[4] 《尚书·泰誓》。
[5] 苏力：《“法”的故事》，载《读书》1998年第7期。

能也会觉得"水监"与"民监"两种"监"也是完全不同的，这之间的关系实在太复杂了，太遥远了，然而，在古人那里，这之间却是可以相通的，没那么复杂，也没那么遥远，如《文心雕龙》所说的那样"物虽胡越，合则肝胆"。在作为"监"即镜子的意义上它们是相通的，只是"水监"要照出的是"己形"，而"民监"要照出的是政治是否清明、法律制度是否公正、民众是否安居乐业等。而无论是"水监"还是"民监"，都只有在"平""静""清"的状态下才能达到"监"所要达到的效果，不同的只是一者是物理状态下的"平""静""清"，一者则需要心智的"平""静""清"，才能真正见出"民视""民听"。这两种"监"、两种"平"之间的关系乃是自《尚书》以来连绵不绝的"历史叙事"，是中国普通人一直相信的解释。或许苏力不是"普通人"的缘故罢，所以"很难相信"，所以才会从词源学上对许慎"灋……平之如水"的解释表示怀疑。

特别要指出的是，《酒诰》是今、古文尚书均有的篇目，即是今、古文家都认可的经典[1]，属于"先秦的文献"，且属于"十三经"之一，而且是"中国最古的记言的历史"[2]。

第二条：

> 《周礼·冬官考工记》："圜者中规，方者中矩，立者中县，衡者中水"。

---

[1] 关于今、古文尚书之争，参见朱自清：《经典常谈·尚书第三》，生活·读书·新知三联书店1980年版。

[2] 同上。

建筑史学家、曾任梁思成先生助手的杨鸿勋先生《宫殿考古通论》一书中，专门结合考古发现的实物图解释了《考工记》的这段话：

> 高大宫殿的修建，要求有必备的营造工具。《考工记》在当时的营造工艺指出：“圜者中规，方者中矩，立者中县，衡者中水。”
>
> （一）规——画圆用规，原始的规就是一条绳索（木工所用较短，土工所用较长），一端系有锥，可固定为圆心；另一端执以放线。
>
> （二）矩——作方用矩，三根木杆相交构成，两端长杆成直角，另一根短杆斜向固定。木工所用者小，土工所用者大，即后世所谓的“曲尺”或“方尺”。
>
> （三）悬——观测垂直用悬，即一段系有重物的线，用时以手引线，重物自然下垂，用以测定垂直，即后世所谓“垂线”或“线坠”。
>
> （四）水——抄平[1]用水，建筑地段抄平时，最初挖长沟灌水即可知道地势的高低。后来创造了一种器具，即所谓“平水”，也就是水平尺、水平仪的祖型。器形为一平底的长条木槽（甘肃秦安大地湾遗址出土5000年前的陶制平水，长约0.30米），用时内盛以水，置于测量的地段（地上先沿要测的方向摆放一长而直的板或枋，水槽放在上面）或部件上，观察槽内的水平线即可取平。

[1] “抄平”为建筑学行话，建筑工程施工时，用水准仪测定某平面的若干控制点，看是否在一个水平面上，即标高相同。

（五）画直线用绳，土工所用就是一条绳索，拉紧即可据以出直线。……木工所用者，后世称“墨斗”，即小线通过一盛墨的木斗，以染墨弹线。[1]

如果说先前看《考工记》“衡者中水”，笔者大致明白了其意思，但还没太大感觉的话，那么在看到杨鸿勋先生的解释和书中所附考古发现实物图后，确实心惊：原来早在夏商周三代前，先人们便发明了“平水”这样一种器具，也就是水平尺、水平仪的祖型。如果说规、矩、绳为确定圆、方、直的标准和工具，那么“平水”即为衡量“平”的标准和工具。如果说“规”为圆之代名词、“矩”为“方”之代名词、“绳”为“直”之代名词，那么“水”则成了“平”的代名词，故而有“平水”这样的工具和称谓。至此，我有种豁然开朗之感，得以明了许慎“灋……平之如水”和段玉裁注中“天下莫平于水”的生活来源。[2]

所以“衡者中水”，也即“平者中水”。“衡”者，平也，准也，因而汉语里有平衡、水平、水准等组词。由此可知许慎《说文解字》“水，准也”渊源有自。段玉裁《说文解字注》“水”词条解释为：“水，准也。准，平也。天下莫平于水。”另据许慎

[1] 杨鸿勋：《宫殿考古通论》，紫禁城出版社2001年版，第206~208页。有关线索由俞江教授提供。

[2] 另外，冯立升《中国古代的水准测量技术》一文中，也谈道“古人认为水平面应作为水平的基准，古人们很早就掌握了测量水平的方法”。“商周时代测定水平的方法有了进一步的发展，当时的殷人已经知道‘以水平地’之法。甲骨文的‘癸’字可以验证，甲骨文‘癸’字形，是以水测平的水沟体系的象形字。以水测平的方法是：测量时先挖直交的两条干沟，再在沟两端挖直角的水沟，灌水后可用渠内水做基准进行测量。《说文解字》中说：癸，冬时，水土平，可揆度也，象水从四方流入地中之形。‘癸’的本意即为测度水平。”冯立升：《中国古代的水准测量技术》，载《自然科学史研究》1990年第2期。

《说文解字》：“准，平也，从水，隼声。”段玉裁《说文解字注》：“准，平也。谓水之平也，天下莫平于水，水平谓之准，因之制平物之器，亦谓之准。《汉志》：绳直生准，准者，所以揆平取正是也，因之凡平均皆谓之准。《考工记》：准之然后量之。《易·系辞》：易与天地准是也。从水，隼声。”

“水平谓之准”，所以在《说文解字》中可以看到“准”就是以象形的“水”字为偏旁，或者说意符，以隼为声符。“准者，所以揆平取正是也”，“揆”即度量的意思，“准”即为度量的标准，所以用以度量的器具也叫称“准”。作为“揆平取正”的标准，“准”之“平均”应具有普遍性，否则无以保证其公平。而带有普遍意义的“揆平取正”也正是作为行为规范的“法”应具有的特征，故而《管子》正是从“准”、度量衡、规矩的角度出发，来给“法”下定义：

> 《管子·七法》：“尺寸也，绳墨也，规矩也，衡石也，斗斛也，角量也，谓之法。”
>
> 《管子·七臣七主》：“法律政令者，吏民规矩绳墨也。”

可见，从《周礼·考工记》“衡者中水”到许慎《说文解字》“灋……平之如水”一脉相承，后者源于经典，源于传统，源于共同记忆，更是源于生活。

关教授提示的还有一条见于《管子·侈靡》：“水平而不流，无源则速竭，云平而雨不甚，无委云，雨则速已。”

《侈靡》篇“水平而不流”一语属于事实描述。不过，这条虽有“水平”之语，从下文“政平而无威，则不行”来看，倒是支持苏力的观点的，因为《管子》属于齐法家的作品，虽有别于三晋法家，但毕竟仍属于法家。苏力没发现这条，因为他的注意力全在有关"水"之"自上而下"的语句，以为有"水平"字样的便是不利证据，有水之"上""下"字样的便是有利证据，以致将"上善若水"[1]都作为"强调水流动，自高向下的文字"，[2]老子若有知，恐怕也会啼笑皆非，容下文再作探讨。

除关教授提示的这几条之外，笔者在先秦文献中又找到了几条强调水"平"之特征的文字，不算《管子·侈靡》篇那一条，还有：

第三条：

> 《周礼·冬官考工记第六》："揉辐必齐，平沈必均。"

这说的是"轮人为轮"的程式。"揉辐必齐"即曲木以火炙之使之直，"使众辐之直齐如一也"；"平沈必均"郑玄解释为"平沈，谓浮之水上无轻重"[3]，即将两只车轮放入水中，看入水的水平面以观测两轮是否等量齐观。

第四条：

> 《周礼·冬官考工记第六》："是故规之以视其圆也，萬之以视其匡也，县之以视其辐之直也，水之以视其平沈之均也，量其薮以黍，权之以视其轻重之侔也，故可规、可萬、

[1]《道德经》第八章。

[2] 参见苏力《"法"的故事》，载《读书》1998年第7期，原注[4]。

[3]（东汉）郑玄注、（唐）贾公彦疏：《周礼注疏》，北京大学出版社1999年版，第1075页。

可县、可水、可量、可权也，谓之国工。”

这与前一条一样，还是在说轮人成轮后，以各种方法来检验轮子是否符合标准，其中“水之以视其平沈之均也”，《周礼注疏》解释为“两轮俱置水中，观视四畔入水均否，若平深均，则斫材均矣”[1]。

第五条：

《庄子·天道》：“天道运而无所积，故万物成；帝道运而无所积，故天下归；圣道运而无所积，故海内服。明于天，通于圣，六通四辟于帝王之德者，其自为也，昧然无不静者矣。圣人之静也，非曰静也善，故静也；万物无足以铙心者，故静也。水静则明烛须眉，平中准，大匠取法焉。水静犹明，而况精神！圣人之心静乎！天地之鉴也，万物之镜也。夫虚静恬淡寂漠无为者，天地之平而道德之至，故帝王、圣人休焉。休则虚，虚则实，实则伦矣。虚则静，静则动，动则得矣。静则无为，无为也，则任事者责矣。无为则俞俞，俞俞者，忧患不能处，年寿长矣。夫虚静恬淡寂漠无为者，万物之本也。”

之所以引了《天道》篇这么长一段文字，实在是因为上文讨论过的天人合一的宇宙观和思维方式，以及中国古代经典的比兴修辞法，在这段文字中体现得淋漓尽致。“作为一项哲学分析的

[1]（东汉）郑玄注、（唐）贾公彦疏：《周礼注疏》，北京大学出版社1999年版，第1078页。

范畴，天、人两极对举也早在先秦诸子思想中间取得了中心的位置。”[1] “天人合一”并非什么“迷信”，根据余英时先生的判断，“天、人两字经常分别指超越领域和现实领域”[2]。作为超越世界的象征，“天”在中国传统文化中乃价值之源，是现实世界效法的对象，《易》有言：“天生神物，圣人则之；天地变化，圣人效之。”[3] 孔子也说：“天何言哉？四时行焉，百物生焉，天何言哉？”[4]

《天道》篇这整段话都在强调一个“静”字，这“静”不是静止，而是“虚静”，即“无为”、自然而然，这虚静、无为中是包含（天道之）“运”和“动”的，所以说“静则动，动则得矣”。

其中“水静则明烛须眉，平中准，大匠取法焉”一语，意思是平静的水面如镜，可以清晰地照出人的须眉，水之静、平，可以作为大匠也即人间的当政者取法、效仿的标准。唐成玄英对这段话的解释为：“夫水，动则波流，止便静，悬鉴洞照，与物无私，故能明烛须眉，清而中正，治诸邪枉，可为准的，纵使工倕之巧，犹须仿水取平。故老经云，上善若水。此举喻言之义。”[5] 成玄英的解释实际上可以回答苏力的问题——水有各种特征，为什么单单抽象出“平”的特征，组成了这个“法”字？因为水只有在静的状态下才显现出“平”的特征，一“动”便无

---

[1] 余英时：《论天人之际：中国古代思想起源试探》，中华书局 2014 年版，第 65 页。

[2] 同上。

[3] 《周易・系辞传》。

[4] 《论语・阳货》。

[5] （清）郭庆藩：《庄子集释・天道卷五中》。

法像镜面那样“洞照”，所以，古人就是要单单抽象出水“平”之特征——“仿水取平”，组成这个法字，以作为人世之法效仿的对象，寄寓人世之法能够保持“清而中正”，虽然这种寄寓在现实世界中常常落空。

被苏力作为强调水之由高就低、自上而下特征的《道德经》“上善若水”一语，其实也是人（效）法水、法自然的意思。“上善”之“上”并非上下之“上”，而是“至”“尚”的意思，所谓“上善若水”也可以理解为至善若水、尚善若水。“上善若水”当然是尚水的虚静、无为，“为无为，事无事”[1]；“我无为而民自化，我好静而民自正”[2]；“治大国，若烹小鲜”[3]。若夫动，尤其是法家式的“自上而下”的动，正是老子最不以为然的“有为”，“民之难治，以其上之有为，是以难治”[4]。“人之迷，其日固久。”[5]

《天道》篇其下“水静犹明，而况精神！圣人之心静乎！天地之鉴也，万物之镜也”，可以视为是对《尚书·酒诰》“水监—民监”说的呼应。

第六条：

> 《荀子·宥坐》：“孔子观于东流之水。子贡问于孔子曰：‘君子之所以见大水必观焉者，是何？’孔子曰：‘夫水，徧与诸生而无为也，似德。其流也埤下，裾拘必循其理，似义，

[1]《道德经》第六十三章。
[2]《道德经》第五十七章。
[3]《道德经》第六十章。
[4]《道德经》第五十七章。
[5]《道德经》第五十八章。

其洸洸乎不淈尽，似道。若有决行之，其应佚若声响，其赴百仞之谷不惧，似勇。主量必平，似法。盈不求概，似正。淖约微达，似察。以出以入以就鲜絜，似善化。其万折也必东，似志。是故君子见大水必观焉。'"

《宥坐》篇列举了水的各种特征，但似乎两千多年前就预知其后无数世有个叫苏力的人会发出这样的疑问——"为什么单单抽象出'平'的特征，组成了这个法字，并且一定是代表、象征或指涉了法律要求公平的社会特征和维度？"所以，偏偏明确地说："夫水……主量必平，似法。"

"量"又是什么意思呢？《说文解字》："量，称轻重也。"清段玉裁《说文解字注》："量，称轻重也。称者，铨也。汉志曰：量者，所以量多少也。衡权者，所以均物平轻重也。此训量为称轻重者。"

"量"是"称轻重"的意思，"称"就是"铨"，那"铨"又是什么意思？我只能继续往下查。

《说文解字》："铨，衡也。从金全声。"

段玉裁《说文解字注》："铨，称也。称各本作衡。今正。禾部称、铨也。与此为转注。乃全书之通例。称即今秤字。"

这一查不打紧，又吃了一惊，兜兜转转，原来"称"就是"秤"字，"量"即以秤称轻重。"夫水……主量必平，似法"的意思就是以水主测量定当平正，似法[1]。至此，“灋……平之如水”已呼之欲出了，而我也终于可以认定许慎“灋……平之如水”确乎渊源有自，而非苏力揣测的那样系许慎“私人订制”。

由“夫水……主量必平，似法”，而“量，称轻重也”，“称即今秤字”，凡此种种，让人没法不联想到西方那位正义女神的标配之一——天平，而且，将“法”与“主量必平”的度量衡联系在一起的并不止《宥坐》篇，还有前面提到过的《周礼·考工记》和《管子·七法》、《管子·七臣七主》。当荀子及稷下学宫的稷下先生们写下“夫水……主量必平，似法”“尺寸也，绳墨也，斗斛也，衡石也，角量也，谓之法”[2]之时，他们根本不可能听闻爱琴海边希腊半岛上有手握天平的正义女神忒弥斯云云。

五、“灋……平之如水”乃向着“可能性”的行进

有一点苏力说得很对：“即使是所有的中西文中的‘法’这个字词中都有正义与公平的词根或词素或含义，这也不等于所有中西古代的法以及此后的法就是正义或公平，也不可能证明后来

---

[1] 清王先谦《荀子集解》释“主量必平，似法”为：“主，读为注。量，为阬受水之处也。言所经阬次，注必平之然后过，似有法度者均平也。”（《新编诸子集成·荀子集解》，中华书局1988年版，第525页）笔者请教关长龙教授，关教授谓：“释‘主量’为‘注坑’是唐杨倞《荀子注》的解读，后来注家多从之，其考虑是前后文讲水流动的特点等，但是从训诂的角度来说，把‘量’字由‘量器’再引申为‘坑’，又把‘主’字解释为‘注’的假借，就有些显得迂曲为说了。故亦有人解释‘主量’为‘以水为准也’（梁启雄《荀子简释》），我觉得‘量’字的意义就是由《说文》‘称轻重’之义引申为测量，与水有关的测量主要是指测量平正的，故‘主量’的意思就是‘主测量定当平正，似法’。我不同意杨倞的解读。”

[2] 《管子·七法》。

的法就一定与正义或公平有关。"[1]

苏力以为中国当代法理学家们放弃了整体的中国法律文化，只单单迷信许慎"灋……平之如水"这一解释的"特殊理由"或者说"先期热情和神秘忠诚"，就在于"近代以来中国法理学家试图强调中西法律的共同性。……急于证明古今中外的法律的一致性，乃至法学的一致性"[2]。

中国近现代法理学家们是否有这样的"特殊理由""先期热情和神秘忠诚"我不得而知，即便有，也确如苏力所说，逻辑上有些混乱，从中西文"法"字词中都有正义与公平的词根或词素或含义，推不出中西古代的法的公平性、一致性。前者属于语言或者说文化现象，后者属于制度。

反过来也一样，即便中国古代的法律制度是"自上而下"制定颁布的，时常并非正义或公平的，也反推不出汉字"法"没有"正义与公平的词根或词素或含义"。苏力说中国当代法理学家们逻辑混乱，就没想到过自己的逻辑与之如出一辙，只不过是颠倒了一下而已。为了强调并证明自己"自上而下"的水之隐喻比许慎"灋……平之如水"更有解释力，苏力从法家的著述中找到了一些强调实证法自上而下颁布的文字：

> 法字，水旁，意味着古人强调法乃自上而下颁布的。……"法者，宪令著于官府，刑罚必于民心"[3]；"法者，编著之

[1] 苏力：《"法"的故事》，载《读书》1998年第7期。
[2] 同上。
[3] 《韩非子·定法》。

图籍，设之于官府，而布之于百姓者也”[1]；“法者，上之所以一民使下也”[2]；“法者，所以齐天下之动，至公大定之制”[3]。所有这些关于法的界定都强调了法是自上而下发布的命令。[4]

如史华慈先生所说，法家尤其韩非是中国最早的实证主义者、行为主义者[5]，法家对法的界定强调法是自上而下发布的命令，这是毫不奇怪的。但即便同为法家，作为齐法家代表作的《管子》在指出法“一民使下”的同时，不也以“尺寸也，绳墨也，斗斛也，衡石也，角量也”来界定法？《管子·任法》固然说“夫生法者君也，守法者臣也，法于法者民也”，但同时不也强调“圣君任法而不任智……任公而不任私”“君臣上下贵贱皆从法，此谓为大治”？同样作为齐法家的慎到，强调的是法作为行为规范的普遍、平等适用性。所以，在苏力作为强调“自上而下”例证的慎到的话——“法者，齐天下之动，至公大定之制”，在我看来反倒恰恰是在强调法的“平”（“齐”）、“公”的特征。

法“自上而下”颁布是颁布的程序、方式，而“平”或不平、是否普遍适用属于法律的内在精神、价值，两者应该是并行不悖的：“自上而下”颁布的法可以且应该是公平正义的、普遍适用的，法家也主张“法不阿贵，绳不挠曲”[6]；公平、普遍适

[1]《韩非子·难三》。
[2]《管子·任法》。
[3]《慎子·佚文》。
[4] 苏力：《“法”的故事》，载《读书》1998年第7期。
[5] 参见［美］史华慈：《古代中国的思想世界》，程钢译，江苏人民出版社2004年版，第八章“法家：行为科学”。
[6]《韩非子·有度》。

用的法也是由权威机构颁布的。当然，这是应然层面，在实然层面两者往往背离。

历史上某时期的实证法、"自上而下"颁布的具体的法律制度是否具有"公""平"的内在精神、价值，与语言文字中的"法"字是否具有公平正义的词根、词素和含义是两码事。如苏力所说从中西文"法"字词中都有正义与公平的词根或词素或含义，推不出中西古代的法的公平性、一致性；同样，从中西古代的法可能存在不一致性，中国古代某时期、某些法律制度可能存在不公平性，也推不出中文"法"字就一定不含有公平正义的含义，许慎"灋……平之如水"的解释就是"不慎的解释"。

如卡西尔所说，语言并非是对既定秩序或现存秩序的复制或模仿，语言并非只有单纯的复制功能，而是具有创造和构造的功能。重要的不是语言的"功"（work），而是语言的"能"（energy）。[1] 此处"功"和"能"的区别实际上指向的是"现实"与"可能"的区别。"现实"与"可能"的区别，既不对低于人的存在物而存在，也不对高于人的存在物而存在。低于人的存在物，是拘囿于感官知觉的世界之中的，它们易于感受现实的物理刺激并对此作出反应，但是它们不可能形成任何可能事物的观念。此外，超人的理智、神的心灵，则根本不知道什么现实性与可能性之间的区别。只有在人那里，在人这种派生的理智那里，可能性的问题才会发生。[2] 康德的见解——对人类知性来说，在事物的现实性与可能性之间作出区分，既是必要的也是必须

[1] 参见［德］恩斯特·卡西尔：《人论》，甘阳译，上海译文出版社 1985 年版，第 167 页。

[2] 同上书，第 71 页。

的——不仅表达了理论理性的一般特性，同样也表达了实践理性的真理。[1]

在卡西尔看来，人的生活世界之根本特征就在于，他总是生活在“理想”的世界，总是向着“可能性”行进，而不像动物那样只能被动地接受直接给予的“事实”，从而永远不能超越“现实性”的规定。卡西尔认为，上述这种区别的秘密正是在于：人能发明、运用语言等各种“符号”，所以能创造出他自己需要的“理想世界”；而动物却只能按照物理世界给予它的各种“信号”行事，所以始终不知何为“理想”，何为“可能”。[2] 用歌德的话说：人类“生活在理想世界，也就是要把不可能的东西当作仿佛是可能的东西来对待”[3]。

因而，即便实证法中充满了不公不义，“灋……平之如水”时或不具有经验的真实性，仍具有理想的真实性。卡西尔提醒我们：在近代，我们已经变得极容易受经验真实性要求的影响，但我们或许常常处在这样的危险之中——忽略了事物的理想真实性。[4]

从历时性语言学[5]的角度来看，“法”字在时间轴上一直通过不断的诠释在演进。从黄帝蚩尤时代“惟作五虐之刑曰

[1] 参见［德］恩斯特·卡西尔：《人论》，甘阳译，上海译文出版社1985年版，第76页。

[2] 同上书，第五章“事实与理想”。

[3] 《歌德全集》（魏玛版）第47卷，第2部分，第142页。转引自［德］恩斯特·卡西尔：《人论》，甘阳译，上海译文出版社1985年版，第77页。

[4] 参见［德］恩斯特·卡西尔：《人论》，甘阳译，上海译文出版社1985年版，第260页。

[5] 历时性语言学研究的是语言在时间中变化和发展的现象，参见［瑞士］费尔南迪·德·索绪尔：《普通语言学教程》，高名凯译，岑麒祥等校，商务印书馆1999年版，第118~119页。

灋"[1]，到《管子·七法》"尺寸也，绳墨也，斗斛也，衡石也，角量也，谓之法"、《荀子·宥坐》"夫水……主量必平，似法"，再到许慎"灋……平之如水"，乃至近现代西法东渐后作为与LAW的对译之"法"，其内涵与外延一直处于变迁中，应了卡西尔的话：

> 作为一个整体的人类文化，可以被称之为人不断自我解放的历程。语言、艺术、宗教、科学，是这一历程中的不同阶段。在所有这些阶段中，人都发现并且证实了一种新的力量——建设一个人自己的世界，一个"理想"世界的力量。……不和谐者就是与它自身的相和谐，对立面并不是彼此排斥，而是互相依存："对立造成和谐，正如弓与六弦琴。"[2]

从这个意义上，"灋……平之如水"的解说与蔡枢衡从人类学角度对"灋"字的解说[3]也并不"彼此排斥"，因为这不属于静态语言学而属于演化语言学问题。"共时真理似乎是历时真理的否定，从表面看，人们会设想必须作出选择，事实上没有必要，一个真理并不排斥另一个理。"[4] "共时真理和历时真理如此协调一致，人们常把它们混为一谈。"[5]

---

[1] 《尚书·吕刑》。

[2] 参见［德］恩斯特·卡西尔：《人论》，甘阳译，上海译文出版社1985年版，第288页。

[3] 参见苏力：《"法"的故事》，载《读书》1998年第7期。

[4] ［瑞士］费尔南迪·德·索绪尔：《普通语言学教程》，高名凯译，岑麒祥等校，商务印书馆1999年版，第138页。

[5] 同上书，第139页。

蔡枢衡激烈批评许慎的“平之如水”为“后世浅人所妄增”[1]，恰是将语言的共时态与历时态混为了一谈。莫非说“水静则明烛须眉，平中准，大匠取法焉”的庄子和说“夫水……主量必平，似法”的荀子都是“后世浅人”？

“惟作五虐之刑曰灋”或者蔡枢衡从人类学角度对“灋”字的解说或许曾经是实然，但“夫水……主量必平，似法”与“灋……平之如水”却是向着“理想”与“可能性”的行进。因为语言并不是作为物理世界一部分的那种现实存在，而是具有一个“意义”。[2] 每一个别的语言学词汇都有一个特殊的“意义域”。[3] “灋……平之如水”正是古人对于“灋”的价值与意义的不断探寻和表达。

不仅如此，语言还是人类情感的无意识表露，甚至是希冀与吁求，因为人不可能过着他的生活而不表达他的生活[4]：

> 语言的一个最显著的特征：人类最基本的发音并不与物理事物相关，但也不是纯粹任意的记号。无论是自然的存在还是人为的存在都不适用于形容它们。它们是“自然的”，不是“人为的”；但是它们与外部对象的性质毫无关系。它们并非依赖于单纯的约定俗成，而是有其更深的根源。它们是人类情感的无意识表露，是感叹，是突迸而出的呼叫。这种感叹说由一个自然科学家——希腊思想家中最伟大的科学

[1] 参见苏力：《“法”故事》，载《读书》1998年第7期。
[2] 参见［德］恩斯特·卡西尔：《人论》，甘阳译，上海译文出版社1985年版，第72页。
[3] 同上书，第268页。
[4] 同上书，第283页。

家提出来，绝不是偶然的。德谟克里特第一个提出这个论点：人类言语起源于某些具有单纯情感性质的音节。[1]

事实上，通过对《旧约·创世记》讲述的许许多多故事的研究，艾伦·德肖维茨以为正义公理正是起源于冤屈和不公感，由此产生的对正义公理的吁求激发了改变和改善的意愿，而又历经了许多世代法律才得以发展成形，其《法律创世记：从圣经故事寻找法律的起源》第三部分的标题为"冤屈为正义公理的源头"[2]，其实也是该书的基本立论。

正义公理就诞生在《创世记》里所发生的冤屈中。虽然《创世记》里也有正义公理得以伸张，以及表现人性光明面的故事，不过大家原本就预期会在宗教的经典当中读到这些内容。而圣经之所以伟大，也就在于通过冤屈的故事，来传达正义公理之必要的观念。这部从上天所传下来的故事集，诉说的是无法无天与冤屈如何激发了改变和改善，而法律又如何历经了许多世代才得以发展成形。

想要了解正义公理的复杂性，不论是历史的还是现代的，都必须了解圣经《创世记》人物的七情六欲。我们不断地尽量利用法律及其他的社会控制机制，来压抑每个人都具有的人性黑暗面，并发挥每个人所具有的人性光明面。而《创世记》所要表达的就是这件事。

[1] 参见［德］恩斯特·卡西尔：《人论》，甘阳译，上海译文出版社1985年版，第147页。

[2] 参见［美］艾伦·德肖维茨：《法律创世记：从圣经故事寻找法律的起源》，林为正译，法律出版社2011年版。

> 只要世世代代的亚当与夏娃不断受到蛇的诱惑，只要世世代代的该隐压抑不了满腔的妒火，只要世世代代的亚伯拉罕捍卫正义公理，只要世世代代的雅各使诈得手，只要世世代代的塔玛为男人的好色承担淫妇之名，只要世世代代的约瑟受到诬告，只要上帝未能在世人眼前伸张正义公理，那么，《创世记》的故事就永远不会结束，直到人类的末日。[1]

艾伦·德肖维茨"冤屈为正义公理的源头"的观点，从逻辑上来说与老子"国家昏乱有忠臣，六亲不和有孝慈"[2]不谋而合。越是存在不公的地方，人们对公平正义的吁求、"突迸而出的呼叫"就应该越强烈，譬如《窦娥冤》中窦娥的唱词："地也，你不分好歹何为地；天也，你错勘贤愚枉做天。"[3]虽则《窦娥冤》是元代的杂剧，但窦娥可不是元代才有，也不止于元代，如果说在西方，有世世代代的亚伯、塔玛遭受冤屈，那么在中国，世世代代的窦娥也发出过并且仍然在发出"突迸而出的呼叫"，这样的呼叫、吁求自然而然会在语言中作出表达，何俟苏力猜测的那样，非得许慎个人遭遇不公才产生"灋……平之如水"的表达？相反，如果中文"法"字中没有表达出世世代代的窦娥们对于公平正义的吁求，才是可怪的，是识字读书人的失职。拿陈林林质疑马克斯·韦伯及其中国拥趸以中国传统司法为"卡迪司法""形式非理性""反逻辑"的话来说："只要承认中国古代存在'司法'，那么所谓'形式非理性的司法''反逻辑的司法'，

---

[1] 参见［美］艾伦·德肖维茨：《法律创世记：从圣经故事寻找法律的起源》，林为正译，法律出版社2011年版，第210页。

[2] 《道德经》第十八章。

[3] （元）关汉卿：《窦娥冤》第三折。

实质是一些'不发光的火''没有声音的乐句'这样的病句。"[1] 类似地，只要承认在中国古代存在法律，其语言文字、法律文化中"法"字与公平、正义毫无干系，倒是奇怪的。当然，语言文字、法律文化中的"法"（即便是狭义的"灋"）与公平、正义不可能无干是一回事，在实然层面、"行动中的法"中能否实现，实现多少公平、正义是另一回事。

前文已举出例证，先秦文献中不乏强调水"平"之特征的文字，《庄子·天道》篇"水静则明烛须眉，平中准，大匠取法焉"，《荀子·宥坐》"夫水……主量必平，似法"，"灋……平之如水"其实已经呼之欲出了。许慎并非"灋……平之如水"的发明者，而是整理者、诠释者。苏力以为许慎"灋……平之如水"的释义"不慎"，理由是许慎"没有引用任何其他令人可信的文字或实物材料来印证自己的解说"[2]。可是，许慎是在编古汉语字典而不是撰写符合近现代西方学术规范的法学论文。再者，在许慎所处的时代，直至清末，《尚书》《周礼》《庄子》《荀子》等都是士子们耳熟能详的书，属于基本学养，许慎编字典释"灋……平之如水"时若还要引用《尚书》《周礼》《庄子》《荀子》等"来印证自己的解说"才是可怪的，视彼时天下士子为不读书之人吗？

有意思的是，艾伦·德肖维茨《法律创世记：从圣经故事寻找法律的起源》一书从书名到内文都在探讨圣经"故事"，并从"故事"中寻找法律的起源。在艾伦·德肖维茨这里，《法律创世

[1] 陈林林：《古典法律解释的合理性取向——以宋"阿云之狱"为分析样本》，载《中外法学》2009 年第 4 期。

[2] 苏力：《"法"的故事》，载《读书》1998 年第 7 期。

记：从圣经故事寻找法律的起源》里的“故事”正是人类生活世界的投射，故事里的人物诸如亚伯、塔玛、约瑟等的遭遇是人世间受冤屈者的缩影，通过讲述他们的故事，《法律创世记：从圣经故事寻找法律的起源》实际上讲述的是西方的“法”的故事。只是，艾伦·德肖维茨笔下的“故事”与真实无间。而在苏力笔下，当他以为许慎“灋……平之如水”的解释是可疑的，“很难相信这种解释是有根据的”；当他以为自己得出的“一种完全不同于许慎的解释”的对“法”字水旁的解释——“水自上而下的性质”“意味着法乃自上而下颁布的”——“比许慎的解释可能更具解释力”；当他以为许慎的解释是“显然不慎的”，因而当他将许慎的“法”解说定性为“故事”时，“故事”二字就不像在艾伦·德肖维茨笔下与真实无间，而成了“可疑”“显然不慎”、缺乏根据的代名词。本文的论题则在艾伦·德肖维茨的意义上使用“故事”一词，因为许慎的“故事”，恰恰与苏力认为的“可疑”“显然不慎”、缺乏根据相反。

毛尖在《没有人看见草生长》一文中说她上学那会儿，“有很长一段时间，每天晚上我们从河东散步到河西，远远能看到一个人影在独自打球，他的动作非常花哨，好像边上有很多人在拦他，一个花步，一个移动，接着一个假动作，然后一个背投，球没中。”[1]

苏力，也像是夜幕下独自打球的那个人影。

2017 年 12 月于浙大紫金港

---

［1］ 毛尖：《没有人看见草生长》，载《上海文学》2010 年第 7 期。

“必也，使无讼乎”辨析

经由对语词的明辨，可以加深我们对现象的觉知。[1]

——J. L. 奥斯汀

一、旧事重提

2016年仲春时节，年过八旬的“资深旅人”（senior traveler，笔者在邮件中对张伟仁先生的戏称）张伟仁先生再度跨海来浙大讲学。适逢梁治平先生亦在月轮山设坛，两人原是“旧时相识”，此番在西湖边不期而遇，均甚为欢喜。张先生随即邀梁先生和笔者“加盟”其seminar作对谈。

4月9日上午这天的seminar，讨论的文本是《论语》，三个多小时，其实也就讨论了三句话。第一句：“知天命”[2]与“知其不可而为之”[3]矛盾否？第二句：“子为父隐，父为子隐，直

[1] J. L. Austin：“We may use a sharpened awareness of words to sharpen our perception of phenomena.”，“A Plea for Excuses”，*Proceedings of Aristotelian Society*，Vol. 57（1956–1957），p. 8.

[2]《论语·为政》。

[3]《论语·宪问》。

在其中矣。”[1] 当张先生说出第三句话——“听讼，吾犹人也，必也，使无讼乎？”[2] ——转头问梁先生和笔者怎么看这句话时，我不由心中一动，因为9年前，我与俞江曾为此切磋过。

二、与俞江旧信

随即，到俞江的个人网站“慕弘斋”里搜了下，不见了俞江为“必也，使无讼乎”而写下的四千余字长信，不知他什么时候自己撤下的，只剩下我的回信成了“独白”，当然，“独白”前有一小段俞江的按语作为“开场白”。为保留原貌起见，照录如下：

吾友大札：“必也使无讼”再辩

（俞江）按：学问越辩越明。不辩，何以明乎？吾友曾受过严格的思想史训练，但秉持“述而不作”的作风，总是不愿落于文字。这次被逼无奈，下赐珠玉。拙文能起抛砖引玉之效，此其幸哉。此札虽寥寥数语，然于其中关节，交代明白，万勿以随意视之。

俞江：

想想自己真是不像话：是我先挑起“战斗”，“引诱”你抱病写了四千来字的长文来卫道（作本义用），我却避战到现在……

深入（不是客套话）学习了大札后，却不禁为你抱屈：

[1] 《论语·子路》。
[2] 《论语·颜渊篇》。

为我这文盲（仍然不是客套话，最近我已经连续两次向一位路数较野的二年级本科生去请教词曲了，又从你的长文中看到你对学问的严肃态度，故有此自我认识）的一句话费如是笔墨，似乎有点儿牛刀小用、大炮虚轰了。你别不高兴，我这么说，实在是因为我们在“三岔口”打来打去，可能却是自家人打自家人。

第一次听到“新读”，是在杜维明主持的第一次经典会读班上，那次读的就是《大学》。敝校古籍所的关老师（他是一个“审问”之人）由杜维明指定，为我们这一群“南腔北调”的人演示标准的读音，在读的过程中，他顺便这么说了一句，旁的人也并不以为意。虽然我一向不务正业，但二十多年的“熏陶”，毕竟有点儿“法律意识”，所以多问了一句。关老师解释了一下：此处“必也”的意思是“如果一定要听讼的话”的意思。我当时就觉得这种解读对法学界在批“息讼”时往往把这句话解释为“一定要（尽其所能甚至不择手段地）搞到无讼”是一种颠覆。那天，短信里我说到“颠覆”，可能没说清，你误会了，以为我要“颠覆”的是你的正解，其实要颠覆的是那些歪解。我想知道，你的正解到底在法学界接受程度如何，怎么我觉得上上下下都以歪解为正解呢？看到的檄文也大抵如此。所以，我听到关长龙老师的解读才心中一喜，觉得不用通过义理（义理当然很重要，但现在不是一个“形式合理性”的时代嘛），或者用我（和陈林林等）翻译的那本书的说法，是一个注重 formality 的时代，那么咱也跟他们谈谈 formality，通过“形式性”的途径，也可以颠覆那些歪解，为孔子正名。我还请关老师多帮我留意一下"必也"的类似句法，因为他说先秦文献中此类用法颇常见。后来，在会读《论语》时，关老师在读到"君子无所争。必也射乎!"时提醒我，这个句式与"必也无讼乎"是一样的，中间也可以加个逗号。其实加不加逗号，倒不打紧，关键是这里是一个假设或让步的语气，即英文里的 if 条件从句句式。我手上的杨伯峻的《论语译注》（我的水平也就看看这个）在解释"必也射乎"时也解释为"如果有所争，一定是比箭吧!"我倒觉得，这种语气更符合我心目中孔子"温良恭俭让"的形象。另外，我觉得，把"必也"之"必"的意思放到前面理解为"如果一定要听讼的话"，比放在后面即你解读的"终有一天，必能无讼"，语气更为委婉，孔子好像很少用这种决然或绝对的口气说话的罢。再则，用逗号这么隔一隔，倒更能反映从现实（仍然需要听讼）到理想（无讼）的距离，表明孔子并不是像批判者所说的不切实际的迂腐之辈。

也不知道我说清楚了没有，说来说去，其实关老师的解读与你的解读没有本质上的区别，只有形式上的细微差别，但我觉得，这点细微的差别也是挺有意义的，起码让我这文盲弄清楚了古文的句法，也从此可以去堵堵那些比我更文盲但动不动就写"儒家伦理法批判"的家伙的嘴。记得郜元宝在《书城》上发过一篇文章，就是谈掌握语文工具的问题，很多人基本的工具都没掌握，就开始瞎批判。其实，我参加会读，义理这块倒觉得自己理解大致差不到哪里去，而最受益的是小学这块，因为底子太薄，字都经常念错。

你写了这么长一封信，给我一人看，未免明珠暗投，是不是掐掉抬头，拿去发表一下呢？因为正如我前面所说，歪解还是很流行的，好多人可能根本不知道正解。同时，这也可减轻一下我的"引诱罪"。

这回你来杭州时已经跟你坦白过了：我写不了长东西。只好让你吃亏了。

2007 年 6 月 13 日

三、周策纵文——对先秦"必也"句式的探讨

2007 年与俞江切磋后，就按下了"必也，使无讼乎"不表。这一"按"就是 7 年，2014 年 3 月 5 日，溜达到浙大紫金港晓风书屋，看到新出的周策纵先生的文集，就买了一套。回家后随意翻看，竟然在文集之四《经典训诂》的集子里看到有篇《说"必也"与"无已"》[1]，不禁又惊又喜，当即先睹为快。我发现周策纵先生跟我犯同一个毛病（或者说我跟周策纵先生犯同样的毛病），甚至"病状"比我还要严重，这"病"往坏里说叫"拖延症"，往好里说是谨慎。

周策纵先生在文中一开头便交代：

这个看法已经是二十七年以前的事情。我个人有一个习惯，有一点新的意见以后，总是很迟疑去发表。我以前也受到胡适之先生影响，他说写出一篇文章最好等几天过几个星期以后才发表。我现在这个看法，已经对人家说过多少次，

[1] 周策纵：《经典训诂》，世界图书出版公司 2014 年版，第 130~131 页。

却还没有发表。我总觉得个人的看法可能还不对，早一点发表的话也许后来会发觉弄错了，所以拖延很久，不过我想这个看法还是应该早一点提出来。我这个看法其实很简单，我对论语里面“必也”的句子，看法和一般的解释不同。

那么，这个“其实很简单”却纠缠了周策纵先生 27 年的看法是什么呢？还真是挺简单，那就是：

“必也”和“无已”是同一个意思，即“不得已的话”的意思。[1]

“不得已的话”，这句话是虚拟语气，是一个虚拟子句。[2]

周策纵先生这一看法与我在给俞江的旧信中的看法基本相同。不过，周策纵先生从经典训诂上予以了解释和论证。

那么我为了证明“无已”和“必也”同一个意思，倒是找出了一个很巧妙的例子。在《墨子·墨经》里面，《墨经上第四十》里面有一条说：“必，不已也。”……我们看看马宗霍，他有《墨子闲诂参证》，里面补充了一句，他说，说文八部：“必，分极也。”分至无可分，是为不已，不已犹不尽也。

[1] 周策纵：《说“必也”与“无已”》，载周策纵：《经典训诂》，世界图书出版公司 2014 年版，第 130~131 页。[原载《中国文哲研究通讯》(第一卷第三期)，台北“中央研究院”中国文哲研究所，1991 年 9 月]

[2] 同上书，第 131 页。

《说文解字》讲的还有点道理，他说分极就是“把两极的东西从中间分开来……”[1]

这“把两极的东西从中间分开来”的“分极”的意思《庄子·天下篇》也提及过，“一尺之棰，日取其半，万世不竭”，不过，是放在“骀荡而不得，逐万物而不反”的惠施名下的。“万世不竭”也即“不已”。

与现代汉语中通常作“必须”“必定”“必然”解的“必”不同，周策纵先生指出：

在春秋战国期间，孔子、孟子、墨子的时候，这个“必”的意思有“不以”“不已”，（如果）非要那么做不可的意思。

接着，周策纵先生提供了《论语》中的另一例句，特别值得注意的是，在该句中，“必不得已”是连在一起的：

我另外还有一个证据，就是论语也有一条：《颜渊第十二》里面：“子贡问政，子曰：‘足食，足兵，民信之矣。’子贡曰：‘必不得已而去……’”这个地方要注意，“必不得已”连在一起。“‘必不得已而去，于斯三者何先？’曰：‘去兵’。子贡曰：‘必不得已而去，于斯三者何先？’曰：‘去食。自古皆有死，民无信不立。’”这个地方有两次用到“必

[1] 周策纵：《经典训诂》，世界图书出版公司2014年版，第131页。

> 不得已”。[1]
>
> “必不得已而去”的“必不得已”，等于也有点讲“无已”的意思，但是加强语气了。这里如果说“无已”，本来也是可以，但现在他把两个重复起来用，就加强语气了。“必不得已”，非要去掉一个的话，你留下什么东西呢？所以我觉得把这一条和刚才《墨经》里面那一条连起来讲，就更明显了。“必”就等于“不已”，等于“不得已”，我觉得是非常明显。[2]

虽然意思已经“非常明显”，但博学而谨严的周策纵先生在《说“必也”与“无已”》文中，对《论语》里面除前述“子贡问政”以外其余含有“必也”句式的总共七条例子一一作了检讨。

> 第一条，《八佾第三》第七节：“子曰：君子无所争，必也射乎？揖让而升，下而饮，其争也君子。”
>
> 我刚才讲“必也”“无已”是讲成子句，是个子句，就等于在“必也”后面加一个逗号，要顿一顿。这意思是说君子是从来不争的，但如果要争的话——“必也”就是非要争不可的话——如果一定要争，那就只有射箭吧！
>
> 照我的翻译就是：君子对人没有什么争执，如果一定要有争执的话，只有射箭吧！“必也射乎”这个地方一定要有

[1] 周策纵：《经典训诂》，世界图书出版公司2014年版，第132页。
[2] 同上书，第132~133页。

一个虚拟语气，如果一定要争的话。[1]

至此，周策纵先生得出了一个先秦时期"必也"句式的公式：这种虚拟句法，在大句子之前，一定要有个否定语气，这个否定语气有时候明显得很，有时候是暗示的，它先要具备这是不办不可的条件。

"这个公式应用到后面几条，大致上是可以通的。"[2] 这是周策纵先生的谦辞，其实，岂止是"大致上是可以通的"，而是天衣无缝。

第二个例子是在《雍也第六》里面：

子贡曰："如有博施于民，而能济众，何如？可谓仁乎？"子曰："何事于仁，必也圣乎！尧舜其犹病诸。夫仁者，己欲立而立人，己欲达而达人。能近取譬，可谓仁之方也已。"

"必也圣乎"周策纵先生解为：这和仁有什么相干呢！如果一定要以仁来模拟的话，就是"圣"吧！因为"博施于民，而能济众"这种行为不是一般的"仁"，而是一定要有那种地位，能够让全体或多数群众都受益，才是"圣"。这个"必也"不能解释说一定要是圣。

---

[1] 周策纵：《经典训诂》，世界图书出版公司 2014 年版，第 133~134 页。
[2] 同上书，第 134 页。

第三例，《述而第七》：

> 子谓颜渊曰：“用之则行，舍之则藏，唯我与尔有是夫！”子路曰：“子行三军，则谁与？”子曰：“暴虎冯河，死而无悔者，吾不与也。必也，临事而惧，好谋而成者也。”

“必也，临事而惧，好谋而成者也”周策纵先生解为：如果我一定要同一个人一道去的话，那我要选择“临事而惧，好谋而成”的人。[1]

第四例就是本文着重讨论的《颜渊》篇中的那句话：

> 子曰：“听讼，吾犹人也，必也使无讼乎。”

周策纵先生在该例中特别提到了“过去的翻译”，也就是周策纵先生文中开头所说的“一般的解释”：

> 过去的翻译都是这样：审官司，我同别人都是一样的，我一定要使他不打官司。这句话也讲得很别扭。照我这个公式来看，这句话的前面有很多节略，为什么孔子说审官司我也不过同别人一样呢？你去设想这个环境：一定是有人讲（孔子做过审判官）：“老先生，你审官司一定与众不同，是很优秀的法官。”孔子就很谦逊地答复说：“我审官司不过是和别的法官一样，没有什么区别。”这是一个否定。“必也”，

---

[1] 周策纵：《经典训诂》，世界图书出版公司2014年版，第135页。

但是你如果必定要说我同别的法官有什么区别的话，只有一件事情有区别，就是我审官司的时候，使那个打官司的人不愿意再打官司。别的法官审得很公平的也有，同我一样，但是他们不会使那个打官司的人不再打官司。这个有道理在里面，你把孔子所有的思想看起来就晓得，因为孔子提倡礼，要谦逊、谦让、谦退，就不会争，不会来打官司，所以孔子说我审官司本来同别人都差不多，但是相信我的教训、思想的人，他就不会再来打官司。如果你要讲有差别的话，就是有这样的差别。我觉得我这个解释比传统的解释要好，要不然，孔子突然说我审官司同人家一样，一定使他不打官司。这个就很突然。……由"听讼，吾犹人也"这句话，可以想象到一定有人讲他听讼与一般人不同，因为他是来否定他与别人有什么不同，审官司本来是一样的。[1]

第五例，《子路第十三》：

子路曰："卫君待子而为政，子将奚先？"子曰："必也正名乎。"

"必也正名乎"周策纵先生解为：你说卫君要我做首相，这是不可能的事情，我也不会去做，但是假如一定要我说有这个可能，如果一定要把我弄在这样的情况底下，来定出一个政策，那我要做的头一件事情也许就是正名吧！[2]

[1] 周策纵：《经典训诂》，世界图书出版公司2014年版，第136~137页。
[2] 同上书，第137页。

“必也正名乎”，按一般的解释，也是解释为“必须正名”“必定是正名”，可是这根本说不通，哪里还像是孔子的口气？

第六例仍是《子路第十三》：

子曰：“不得中行而与之，必也狂狷乎！狂者进取，狷者有所不为也。”

“必也狂狷乎”周策纵先生解为：如果找不到中行的人，非要选择的话，那宁可找狂的或狷的人，狂放的人可以进取，狷者有所不为。[1]

第七例（周策纵先生记忆有误，以为还是在《子路第十三》，其实在《论语·子张第十九》）：

曾子曰：“吾闻诸夫子，人未有自致者也，必也亲丧乎！”

周策纵先生解为：人不会把自己的感情推到极端去，如果有的话，那只有这一种情况下才可以，那就是碰到父母之丧，悲哀到极点。[2]

之所以不厌其烦地照录周策纵先生收集的《论语》中总共八例含有“必也”的语句及其解释，除了“引用也是能力”[3]之

[1] 周策纵：《经典训诂》，世界图书出版公司2014年版，第137页。

[2] 同上书，第137~138页。

[3] 魏小河：《不要和书谈恋爱——〈阅读的故事〉》：“引用也是能力，这只要看看周作人那些‘文抄公’文章就知道了，周在众多书籍中寻觅裁剪出一篇新文章，这种拼贴所要求的阅读量和鉴别力不比所谓的原创难度小；唐诺则是另一路数，只引用这么几个人，不是广泛，但绝对的精专。”载【微信号】buzhidushu，不止读书，发布日期：2013年12月28日。

外，是想强调全部八个例子中"必也"无一例外地解作"如果不得已要如何如何的话"。所以，谦和、谨慎的周策纵先生在文末不无自信地归纳道：我们把这几条对照来看，而且把"无已""必也"两个意思相近、用法相类似的情况合起来看，我觉得我那种解释还是比较合理，合于当时的情况。[1]

"必也"句式在《论语》中无一例外地解作"如果不得已要如何如何的话"，即索绪尔《普通语言学》中所说的作为符号的"能指"的不变性：

> 能指对它所表示的观念来说，看来是自由选择的，[2] 相反，对使用它的语言社会来说，却不是自由的，而是强制的。语言并不同社会大众商量，它所选用的能指不能用另外一个来代替。这一事实似乎包含着一种矛盾，我们通俗地可以叫做"强制的牌"。……已经选定的东西，不但个人想改变也不能丝毫有所改变，就是大众也不能对任何一个词行使它的主权，不管语言是什么样子，大众都得同它捆绑在一起。[3]

"能指"固然具有不变性的一面，但如果加上时间的因素，

---

[1] 周策纵：《经典训诂》，世界图书出版公司2014年版，第138页。

[2] 说道"能指对它所表示的观念来说，看来是自由选择的"，对拼音文字亦是如此；但对汉语这样的象形文字来说，似乎不见得是任意的，参见唐诺：《文字的故事》，上海人民出版社2010年版，第二章"造字的困境与文字生产线的出现"。结合前述马宗霍《墨子闲诂参证》提到的说文八部对"必"的解释："必，分极也。"……可见以"必"这一能指来表示"不已也"的意思不是自由选择的、任意的。参见周策纵：《经典训诂》，世界图书出版公司2014年版，第132页。

[3] ［瑞士］费尔南迪·德·索绪尔：《普通语言学教程》，高名凯译，岑麒祥等校，商务印书馆1980年版，第107页。

也具有可变性：

> 时间保证语言的连续性，同时又有一个从表面看来好像是跟前一个相矛盾的效果，就是说语言符号或快或慢发生变化的效果，因此，在某种意义上，我们可以同时说到符号的不变性和可变性。[1]

时间因素的可变性，就“必也”句式而言，表现为周策纵先生所指出的：

> 好像汉朝初年还用过《论语》这种句式，不过，汉朝初年以后，这种句法就不太流行了。“无已”这个东西可还找得到，“必也……乎”这种句子就不大用了，这种语法大概在先秦，春秋战国之间较为常见，据我的看法是这样。[2]

索绪尔用两条轴线来表示“能指”的不变性与可变性：(1) 同时轴线 AB，它涉及同时存在的事物间的关系，一切时间的干预都要从这里排除出去；(2) 连续轴线 CD，在这轴线上，人们一次只能考虑一样事物，但是第一轴线的一切事物及其变化都位于这条轴线上。[3]

同时轴线 AB 揭示的语言状态为静态语言学的研究对象；而

---

[1] ［瑞士］费尔南迪·德·索绪尔：《普通语言学教程》，高名凯译，岑麒祥等校，商务印书馆 1980 年版，第 111 页。

[2] 周策纵：《说“必也”与“无已”》，载周策纵：《经典训诂》，世界图书出版公司 2014 年版，第 138 页。

[3] 参见［瑞士］费尔南迪·德·索绪尔：《普通语言学教程》，高名凯译，岑麒祥等校，商务印书馆 1980 年版，第 118 页。

连续轴线 CD 揭示的是语言从一个状态过渡到另一个状态的现象，为演化语言学的研究对象。[1]

索绪尔提醒我们：

> 我们在研究语言事实的时候，第一件引人注目的事是，对说话者来说，它们在时间上的连续是不存在的。摆在他面前的是一种状态。所以语言学家必须了解这种状态，把产生这状态的一切置之度外，不管历时态。他要排除过去，才能深入到说话者的意识中去。历史的干预只能使他的判断发生错误。……语言的使用也是这样：我们要集中在某一个状态才能对它加以描写或确定它的规范使用。[2]

一言以蔽之，《论语》中的"必也"句式是一种"语言事实"，我们在认识"必也使无讼乎"这句话时应该了解春秋战国时的语言状态，才能深入作为说话者的孔子的意识中去。

那些将"必也使无讼乎"解释为"一定使他不打官司"的"一般的解释"，实际上就是不了解孔子说话时的语言状态，以现代汉语中作"一定、必须、必定"的"必"去解释《论语》中的"必也"，犯了索绪尔所说的"分不清状态和连续性"[3] 的毛病，即混淆了同时轴线 AB 与连续轴线 CD，分不清语言的共时态与历时态。

---

[1] 参见［瑞士］费尔南迪·德·索绪尔：《普通语言学教程》，高名凯译，岑麒祥等校，商务印书馆 1980 年版，第 119 页。

[2] 同上书，第 120 页。

[3] 同上书，第 121 页。

于是乎，误解就产生了。

四、"必也使无讼乎"——"数千年来民族心理"的代表?

将"必也使无讼乎"解为"一定要使他不打官司"，如果只是出于语言的误解，那么误解似乎相对容易澄清，周策纵先生的经典训诂工作已经相当完满、清晰了。但事情好像没这么简单，"一定要使他不打官司"这样的解释既然能称为"一般的解释"，也就是通行的解释、主流的解释，有其观念上的、实质性的原因。即便博学明理如吴经熊，也是站在"一般的解释"一边的，并在《中国旧法制底哲学基础》一文中将"息事宁人的人生观"列为中国旧法制三特征之一作了辛辣的讥讽、批判。

> 孔子说："听讼吾犹人也，必也使无讼乎。"这句话我们可以拿来代表几千年来的民族心理。……我们固然用不着奖励争讼，但是将争讼的本身当作不道德的勾当，那是一种非常危险的事情。[1]

孔子在特定语境下的一句话被吴经熊作为了几千年来的"民族心理"的代表。"厌讼"究竟是否为几千年来的"民族心理"？存在"厌讼"的共同的"民族心理"吗？"厌讼"是受理案件的官员的心理还是民众的心理？面对诉讼的"民族心理"怎么观察？

---

[1] 参见田默迪：《东西方之间的法律哲学——吴经熊早期法律哲学思想之比较研究》，中国政法大学出版社2004年版，第110~113页。

滋贺秀三先生为我们提供了一种以诉讼形态来考察法文化的途径：

> 某种事实以及支持着该事实的思维架构是某一历史阶段的某一社会所特有的，或者说即使不完全是特有的但却特别显著地表现出来的话，就可以说这种东西不是自然本身而正是文化。在这个意义上，对于所谓法来说具有核心般意味的社会事实就是诉讼的形态。[1]

那么，有据可考察的中国历朝的诉讼形态如何呢？尤陈俊的文章综合了许多相关研究后谈道：

> 日益增多的历史实证性研究成果显示，至少自宋代以降，"好讼"之风在不少地方已经抬头和发展，清朝尤为突出，这不仅在当时的一些地方志记载中得到反映，而且还直观地体现在司法档案之中。[2]
>
> 利用多种类型的不同史料所作的综合分析显示，明清以来的很多区域均不同程度地呈现出词讼数量激增而非民众普遍"厌讼"的社会景象。[3]

---

[1] [日] 滋贺秀三：《中国法文化的考察——以诉讼的形态为素材》，载滋贺秀三等著，王亚新等编：《明清时期的民事审判与民间契约》，法律出版社1998年版，第2页。

[2] 尤陈俊：《"案多人少"的应对之道：清代、民国与当代的比较研究》，载《法商研究》2013年第3期。

[3] 尤陈俊：《"厌讼"幻象之下的"健讼"实相？——重思明清中国的诉讼与社会》，载《中外法学》2012年第4期。

要说明的是，尤陈俊的观察是建立在谨慎的“讼案实数”基础上的，以免在戳破“厌讼”幻象的同时又落入矫枉过正的“健讼”新说的陷阱：

> 麦柯丽综合汪辉祖所留记载中的若干线索，认为汪氏所收词状之中大概有5%构成新案。以这一比例为基准，她对那些为数众多的词状当中究竟包含了多少新案进行了粗略估算：偏远的宁远县每年有480起新案，湘乡这一要县则有720到960起新案，而即便采用蓝鼎元所报称的最低数字，位于东南沿海的揭阳和海阳每年的新案也多达1800起。当然，这毕竟只是她所做的大致估算而已，5%的比例未必各地皆准。在对四川巴县档案进行深入研究后，夫马进发现，在清代同治年间，巴县衙门每年所收到的词状数量为12,000至15,000件，但实际上，从现存的档案来看，新控讼案的件数每年只有1000至1400件（年平均1098件）。麦柯丽所称的线索，分别来自汪辉祖所撰的《病榻梦痕录》和《学治说赘》。汪辉祖曾在《病榻梦痕录》中提及自己在乾隆五十二年（1787年）任湖南宁远知县时，“三八收辞，日不下二百余纸计”，而他在《学治说赘》中则说道：“邑虽健讼，初到时词多，然应准新词每日总不过十纸，余皆翘词、催词而已。”[1]

[1] 尤陈俊：《“厌讼”幻象之下的“健讼”实相？——重思明清中国的诉讼与社会》，载《中外法学》2012年第4期。

此外，尤陈俊还提供了另一组“积案”的数字：

> 诉讼案件蜂拥而至的后果之一，便是造成了令地方官员为之头疼不已的“积案”问题。例如，根据各省巡抚在嘉庆十二年（1807年）的奏报，当时积压案件总数超过1000件的省府衙门有四个，分别是湖南（3228件）、福建（2977件）、广东（2107件）和江西（1610件）。而积案的大量存在，并非全因地方官员们懈怠其事所致。对于集司法和行政于一身的清代州县官来说，其平均每月能够审结的讼案数通常只有一二十件。在这种有限的理讼能力面前，即便是像汪辉祖那样的模范官员，往往也无法做到彻底清结所有的讼案，更何况有清一代，县级有权处理讼案的官员人数，就官方制度上的正式编制而言，始终在低水平上维持相对的稳定，而并没有随着词讼规模的不断扩大而相应增加。也正是基于这种不少地区讼案剧增乃至案件大量积压的事实，有学者认为，明末以降便有不少区域进入了“诉讼社会”。[1]

尤陈俊文中提供的积案数字给我们破解吴经熊的“民族心理”以“一线天”[2]。

面对诉讼，官府与民众的心理并不一致。对民众而言，户婚、田土、钱债等官府看来的“细故”案件，事关其切身利益，只要司法具有可及性（accessibility），诉讼成本在其可承受范围之内，

[1] 尤陈俊：《“案多人少”的应对之道：清代、民国与当代的比较研究》，载《法商研究》2013年第3期。

[2] 杭州灵隐飞来峰射旭洞中，举首可在石隙中见到一线天光，因名一线天。

何“厌讼”之有？要知道前述尤陈俊文中提到的数据是在官府实施“务限法”“三、八放告”等限制诉讼的措施之后的讼案数字。

对于正式编制与理讼能力极为有限，又集行政与司法于一身，以至于积案缠身的官员们来说，远超其理讼能力的讼案，在其看来当然是民风“好讼”“健讼”了。处于不同的位置和立场，民众与官府的心理并不一致，何来“厌讼”的共同“民族心理”？

再者，从孔子说“听讼，吾犹人也，必也，使无讼乎”这句话的语境和语气来看，孔子也并没有如吴经熊那样“将争讼的本身当作不道德的勾当”。从周策纵先生恢复的对话语境中可以看出，这是一个温和的对话、同情的感喟而不是愤怒的谴责。不要说偏于民事类的争讼，即便是刑事类的“折狱”，孔子的态度也是“哀矜”即悲悯而非愤怒的谴责：

> 孟氏使阳肤为士师，问于曾子。曾子曰：“上失其道，民散久矣。如得其情，则哀矜而勿喜。”[1]

这话虽然是借曾子之口说出的，但如同篇的前一语所道——“吾闻诸夫子”[2]。

值得注意的是，在吴经熊的同一主题的英文著述[3]中，“息事宁人的人生观”这第三个特点不见了。

对比两篇文章所做的观察和反省，吴经熊的研究者田默迪指

---

[1] 《论语·子张》。

[2] 同上。

[3] The legal systems of old and new China-A comparison, *AOL* 43-62. 转引自田默迪：《东西方之间的法律哲学——吴经熊早期法律哲学思想之比较研究》，中国政法大学出版社 2004 年版，第 113 页。

出：吴氏同一主题的英文著述"语气是实事求是与科学的，基本上是一个冷静分析和比较的问题。对西方读者的态度是谦虚及含蓄的"[1]。但是，同主题的中文著述"语气是具有挑战性的、争议的，并加上相当多讥讽的佐料。吴氏告诉中国读者的事实使他们感到痛苦，并有损他们的自尊和文化的自豪感。有些人也许觉得他的解释带来解放，有些人就更加对传统的束缚感到愤怒。吴氏的态度是充满心火的、自信的、革命的，但同时是感同身受、民胞物与的"[2]。

考虑到吴氏写作的时代背景——五四后民国时期，吴经熊虽不像吴虞、陈独秀那样激烈，但在时代氛围之下，也对孔子不无误解、讥讽、抨击。或者，借用秦晖的话说，也是"荆轲刺孔子"[3] 的表现形式之一种。

五、"必也，使无讼乎"——近景还是愿景？此岸还是彼岸？

孔子"必也，使无讼乎"的"无讼"或许可以作两种解读：其一，是以"无讼"为近景，也就是对手头审理的案件，依法公正断案，使当事人心服口服而不再缠讼。其二，是以"无讼"为

[1] 田默迪：《东西方之间的法律哲学——吴经熊早期法律哲学思想之比较研究》，中国政法大学出版社2004年版，第113页。

[2] 同上书，第113~114页。

[3] 秦晖："整个时期，其实儒家的地位我觉得一直受到两种东西的冲击，第一种东西，就是对中国现实政治中的那些最邪恶的东西，如果你持一种回避态度，就是说后王我惹不起我就去惹先王，荆轲不敢刺秦王就去刺孔子，荆轲刺孔子是很多人对儒家非议的一个很重要的原因。"秦晖：《儒家面临荆轲刺孔子与颂秦王的两重冲击》，载http://money.163.com/14/1216/11/ADJ7NATF002554JG.html，最后访问日期：2016年5月6日。

“愿景”。这一意义上的“无讼”类似于“止于至善”。其意在于“知止”，此“止”即ultimate concern，意旨终极性的关怀和寻求。而“知止”的目的在于：“知止而后有定；定而后能静；静而后能安；安而后能虑；虑而后能得。物有本末，事有终始。知所先后，则近道矣。”[1]

这种“知止”意义上的“无讼”，既然已经“近道矣”，实际上与“朝闻道，夕死可矣”[2]一样，是一种“虽不能至，心向往之”[3]的境界，也是在现实中不可能实现的境界。它“永远只是一个目标，也永远在努力的途程之中”[4]。譬如“仁”，从目标意义上来说，永远无法达到，“若圣与仁，则吾岂敢?”[5]“吾未见好德如好色者也”[6]；作为“努力的途程”而言，“我欲仁，斯仁至矣”[7]。

这种愿景意义上的“无讼”，仿佛康德的“永久和平”，用余英时先生的话来说，属于：

> 一种超越的世界，它不是我们眼睛能看见的、感官能感受到的世界。在现实世界之上还有一个世界，这个世界说它是人造的也可以，说它是宇宙间有某一种力量使人有这种感受也可以。……人不能没有这样一个超越的世界。如果没有

[1]《大学》。

[2]《论语·里仁》。

[3]《史记·孔子世家》。

[4][英]怀特海：《过程与实在》，李步楼译，商务印书馆2011年版，第15页。转引自景海峰：《“天人合一”观念的三种诠释模式》，载《哲学研究》2014年第9期。

[5]《论语·述而》。

[6]《论语·子罕》。

[7]《论语·述而》。

> 的话，现实世界的一切都是肯定的，就不能批评任何东西。
>
> 只有一个世界的状况就是如此，必须要有另外一个世界才能批评现实世界中种种不满意的行为，否则我们怎么会说理想和现实呢？超越的世界就是我们理想之所在。但说理想好像有点太现代化了，太理性了。而超越的世界在精神上有超脱的地方，不光是"理性"两个字所能代表的。[1]

因而，若无这种"必也，使无讼乎"的"止于至善"的寻道般的追求，孔子就不成其为孔子，真的"吾犹人也"，与寻常法官一样了，最多只是一个"有法必依"的称职的法官而已。

再者，众生畏果，菩萨畏因。孔子说"必也，使无讼乎"，应该是站在"畏因"的角度，站在埃里希所说的"构造性规范"[2]的角度，以为争讼虽免不了，毕竟是不得已的事情，故而希望通过"温良恭俭让"来使生活共同体减少纷争，毕竟家庭里讲"权利义务"是不可欲的生活。"在一个家庭中，若家庭中的成员相互主张他们的法律权利，则如大多数情况下的社会和经济联合体一样，这一家庭早已解体了。如果他们诉诸法官，那么他们已经到了断绝关系的地步。"[3]而后世统治者的"息讼"基本是站在"畏果"的角度，以各种手段强行限制诉讼。在后者的意义上，吴经熊的批判是成立的：

> 将不能拔除的自然现象当作根本上不道德的并且是讳莫

---

[1] 余英时：《别用现代视角看孔子》，载《时代周报》2014年3月30日。

[2] 参见［奥］尤根·埃利希：《法律社会学基本原理》（第1卷），叶名怡等译，九州出版社2007年版，第46~47页。

[3] 同上书，第117页。

如深的事情，其流弊不一而足。

(1) 民族容易落于"心理压迫"的状态。长久压抑心里的冤屈，终于怒不可抑地大发雷霆起来了，甚至是做村妇的谩骂了。慢慢就是那禁止争讼的道德的私生子！天下事往往因理想太高，其结果适得其反。总之我们如果想要铲除谩骂的习惯，非将争讼变成一种艺术和科学不可。法律就是争讼的艺术和科学哩！

(2) 民族容易学得一种假冒伪善的脾气。实在心里已经觉得很不平，还要咬紧牙齿装作大量，说是"宰相肚里好撑船"！什么"君子无争"，"吃亏就是占便宜"；原来情愿吃亏无非想要占便宜，这个居心可见一斑了！[1]

不过，这是后世的孔子的模仿者或利用者们所作所为所导致的后果。正如恩格斯给保尔·拉法格的信中所说："马克思大概会把海涅对自己的模仿者说的话转送给这些先生们：'我播下的是龙种，收获的却是跳蚤。'"[2] 孔子的拙劣模仿者们也同样，"总使一个国家变成人间地狱的东西，恰恰是人们试图将其变成天堂。"[3]

2016 年 8 月于浙大紫金港

[1] 吴经熊：《法律哲学研究》，上海会文堂，上海 1933 年，1937 年二版，第 1～26 页。转引自田默迪：《东西方之间的法律哲学——吴经熊早期法律哲学思想之比较研究》，中国政法大学出版社 2004 年版，第 111～112 页。

[2] 《马克思恩格斯选集》（第 4 卷），人民出版社 1995 年版，第 95 页。

[3] 荷尔德林原诗，哈耶克《通往奴役之路》第二章题记。[英] 哈耶克：《通往奴役之路》，王明毅等译，中国社会科学出版社 1997 年版，第 29 页。

雾失礼、制，“法”迷津渡
——“法”的历史疆域之变迁

藉由对语词的明辨，可以深化我们对现象的觉知。[1]

——J. L. 奥斯汀

我想在神的语言里
任何一个词都阐述了一串无穷的事实。[2]

——博尔赫斯

一、严复案语的问题意识究竟是什么？

（一）“法”迷津渡

严复在翻译《孟德斯鸠法意》（以下简称《法意》）时曾经提醒人们，“西文‘法’字，于中文有理、礼、法、制四者之异译，学者审之。”[3] 既然西文“法”字，在中文里有理、礼、

---

[1] “We may use a sharpened awareness of words to sharpen our perception of phenomena.” J. L. Austin, “A Plea for Excuse”, *Proceedings of the Aristotelian Society*, Vol. 57 (1956-1957), p. 8.

[2] [阿根廷] 博尔赫斯：《博尔赫斯全集·小说卷》“神的文字”，王永年等译，浙江文艺出版社 1999 年版，第 273 页。

[3] 严复“复案”，载 [法] 孟德斯鸠：《孟德斯鸠法意》，严复译，商务印书馆 1981 年版，第 3 页。

法、制四者之异译，也就是说，中文语词理、礼、法、制，都有西文“法”的含义，那何以中文语词“法”字最终胜出，成了西文“法”（在英语即LAW）字的对译？

从形式上、逻辑上即可看出，严复这句话中，前一加引号之“法”与后一不加引号之法内涵与外延大相径庭，所以严复才特意告诫“学者审之”。前一加引号之“法”，即与LAW对译之“法”，为西法东渐后的“法”，其内涵与外延约略与LAW对应；后文不加引号之法，即理、礼、法、制同列之法，为西法东渐前的法，其内涵与外延大体如许慎《说文解字》对“灋”的解释——“灋，刑也”。

其实，在许慎《说文解字》之前，《尚书·吕刑》篇就有：“苗民弗用灵，制以刑，惟作五虐之刑曰法。”在许慎《说文解字》之后，清段玉裁《说文解字注》：“灋，荆也。荆者，罚罪也。”[1] 段注再次确认许慎“灋，刑也”，并径直注明其功能在于“罚罪”，在今天的法律部门分类中显然属于刑事法律。

陈顾远先生以为：“盖法之本义即为刑耳。”[2] “法的本义为‘刑’而原于‘兵’。”[3] “法家以法为目的，特别重刑，而以霸道出之。”[4]

读过《红楼梦》的人，应该对曹雪芹第六十二回的神来之笔都不陌生：在宝玉的生日宴上，诙谐的史湘云行酒令时说出这么句酒底——“这鸭头不是那丫头，头上那讨桂花油。”这当然是借“鸭头”与“丫头”的谐音打趣，不必说两者在字形上毫无干系，

---

[1] “荆”为“刑”的异体字，同“刑”。

[2] 陈顾远：《中国法制史概要》，商务印书馆2011年版，第319页。

[3] 同上书，第319页。

[4] 同上。

便是在现实生活中也没人会将两者混为一谈，所以酒宴上人人都会意，史湘云话音未落，"众人越发笑起来，引的晴雯、小螺、莺儿等一干人都走过来说：'云姑娘会开心儿，拿着我们取笑儿，快罚一杯才罢。怎见得我们就该擦桂花油的？倒得每人给一瓶子桂花油擦擦。'"[1]

但严复案语中前后加引号与不加引号之"法"字，可不比"这鸭头"与"那丫头"，前一法字与后一法字字形、读音完全相同，因为作为语言符号，它们就是同一个符号，同一个字，但由于时空的巨大转换，即遭遇李鸿章所言三千年未有之变局，以至于同一能指，其"所指的概念在意义上的变化"巨大，导致了"所指和能指的关系发生转移"。[2]

然而，"法"字的能指和所指关系在西法东渐、中西古今交汇的津渡发生的转移鲜有人注意到。只有像严复这样真正学贯中西的人才会注意到这点，并告诫"学者审之"。只是，由于白话文的兴起加上文字改革，学人们读孟德斯鸠，大都读张雁深先生翻译的白话版的《论法的精神》，除了少数专业研究者，严复那用文言译的古奥的《法意》少有人问津，严复"审之"的提醒也就被人们遗忘了，随同被遗忘的还有"自家历史的原初记忆"[3]。

既然"法"字的能指和所指关系在西法东渐前后发生了巨大的转移，其内涵和外延大相径庭，如何在技术上、形式上使西法

[1] 参见《红楼梦》第六十二回"憨湘云醉眠芍药裀　呆香菱情解石榴裙"。

[2] 参见［瑞士］费尔南迪·德·索绪尔：《普通语言学教程》，高名凯译，岑麒祥等校，商务印书馆 1999 年版，第 112~113 页。

[3] 贺卫方：《东西方法律意义的沟通》，载王健：《沟通两个世界的法律意义》，中国政法大学出版社 2001 年版。

东渐前后之“法”区别开来就是个问题。如前所述，商务印书馆1981年版的严译《法意》采取了以是否加引号的方法来区分西法东渐前后之“法”，即以加引号之“法”作为西法东渐后LAW的对译，而西法东渐前理、礼、法、制同列之法则不加引号。[1]

不过，以是否加引号来表示西法东渐前后之“法”，只是商务印书馆1981年版严译《法意》对此段“复案”的独家技术处理，既未广为人知，更非通行的做法。譬如费孝通先生在《乡土中国》中的用法：

> 乡土社会是个无“法”的社会，假如我们把法律限于以国家权力所维持的规则，但是无“法”并不影响这社会的秩序，因为乡土社会是“礼治”的社会。[2]

费孝通先生此处加引号之“法”，乃严复案语后文中理、礼、法、制同列之法，作为技术处理方式，引号的用法恰与前述商务版严译《法意》相反。

另外，史华慈先生著有《论中国的法律观》一文[3]，其中

[1] 其实，虽然问题意识（problematic）来自严复，但在技术上，这种以是否加引号来区分西法东渐前后之“法”的方法并非出自严复，而属于商务印书馆重印“严译名著丛刊”的改进版。严译《法意》分七册，于1904—1909年由商务印书馆初版，1931年与《天演论》等其余七种译作汇为“严译名著丛刊”由商务印书馆再版，1981年重印。1981年版的“重印‘严译名著丛刊’前言”提到：包括《法意》在内，“重印本在编排体例上有较大改动。一是改直排为横排，繁体字改简化字。二是请了好几位专业人员对版本加以校勘，改正了若干明显的讹错或误植，并改断句为新式标点”。由此可知，以加引号之“法”作为西文“法”（在英语即LAW）的对译，区别于后文中理、礼、法、制同列之法，属于商务印书馆1981年版严译《法意》对严复这段极重要的案语的技术处理。

[2] 费孝通：《乡土中国》“礼治秩序”，北京出版社2005年版，第68页。

[3] 载许纪霖编：《史华慈论中国》，新星出版社2006年版。

谈到语词的翻译所带来的误解：

> 现在，我们可在惯用的英文中找到礼、法这两个词的对应词。"礼"被译作propriety，而"法"则被译作law。基于这种翻译，人们可能认为，在中国对于law的任何讨论，都将围绕中文"法"这一概念。不幸的是，实际情况颇为复杂。与propriety这个在含义上颇为苍白无力的词相比，"礼"的意蕴显得更为广泛丰富。另一方面，西方的law、droit、recht等词，其含义较为宽广，而中国"法"这一词的含义可能显得狭窄。……
>
> 法与刑也有联系，"法"变为刑罚的同义语，在现实与字面上，代表制裁，其首要意义是刑法。

史华慈先生以其非凡的洞察力和语言天赋，[1] 觉察到了与严复同样的问题。但从史华慈先生该文的中译本可以看到，其技术处理从方法上虽与商务印书馆1981年版严译《法意》如出一辙，都是试图通过是否加引号来区别作为西文law、droit、recht等词的对译的"法"与中国传统法中的"法"，但两者的具体处理却恰恰相反，商务印书馆1981年版严译《法意》中，加引号的"法"作为与西文law、droit、recht的对译，是西法东渐后之"法"，是广义之法；而在费孝通《乡土中国》与《史华慈论中国》中的

[1] 李欧梵：《哈佛两教授》，载《万象》2005年第6期：（史华慈）年少时在波士顿"拉丁中学"（是一间名校）就开始学拉丁文，在哈佛作本科生时专修的是法国哲学，"二战"服役期间又学了中文和日文，而他的德文和希伯莱文则有犹太人的家学渊源。除了法文外，他又兼及西班牙和意大利文，据闻有一次他到意大利开会，早晨打开报纸看后大谈中国新闻，别人都目瞪口呆，原来该地没有英文报纸，他看的是意大利文报纸，竟无知觉。

《论中国的法律观》一文中，加引号之“法”都指的是中国传统法中与“礼”相对的“法”，即严复案语后文中理、礼、法、制同列之法，其内涵大致与前文中提及的从《尚书·吕刑》到许慎《说文解字》、段玉裁《说文解字注》直至陈顾远先生对“灋(法)”的解释相当，属于偏于刑法的狭义之法。

故而，以是否加引号的技术手段来区别西法东渐前、后之“法”，存在随意性、不确定性，甚至出现“彼亦一是非，此亦一是非”[1] 的情形，彼之加引号之“法”，此之不加引号之法；彼之不加引号之法，此之加引号之“法”，令读者如堕雾里云中。笔者以为，作为一种技术手段，不若以古体字“灋”指称西法东渐前的法，而以其简形“法”字指称与 law、droit、recht 相应的西法东渐后的法。

这当然不是说在西法东渐前，汉语的书写中只使用古体字“灋”；或者说在西法东渐后古体字“灋”字已退出历史舞台，[2] 不过是与加引号与否一样，作为一种技术手段借以区别西法东渐前、后之狭义、广义之“法”，从而标示“法”一词的能指和所指关系在西法东渐、中西古今交汇的津渡发生的移转。

---

[1] 《庄子·齐物论》。

[2] 关于“灋”字在何时开始用简形，笔者曾就此问题请教浙江大学古籍所的关长龙教授，关教授谓：“灋字金文多如此，小篆已有简写者，隶变后多简写，汉代古文经多用旧形，今文经皆用简形。”“灋”字在汉以后已开始用简形，但简形在内涵与外延上与古体无殊，两者通用。查商务出版的严复译《法意》的最早版本，虽然已经是在与 law 对应的含义上使用“法”字，但封面用的仍然是古体字——《灋意》，可见直到 20 世纪初，古体“灋”字仍然与简形通用。因而“灋”字与“法”字只有古体、简体之别，为同一个符号（signal）。笔者只是如老子“强字之曰‘道’”（老子《道德经》第二十五章）一般，强将本为同一个符号的“灋”字与“法”字“为天下裂”（《庄子·天下篇》有“道术将为天下裂”之语），以古体字“灋”指称西法东渐前的法，即本义为“刑也”的狭义的法；而以其简形“法”字指称与 law 相应的广义上的“法”。

如此，我们可以借由"法"字的古体字"灋"字和简形"法"字，将本文开头严复案语中广、狭不同的前后两个"法"字清晰地区别开来："西文'法'字，于中文有理、礼、灋、制四者之异译，学者审之。"[1]

(二) 严复案语的问题意识

从文本理解，严复案语中"西文'法'字，于中文有理、礼、灋、制四者之异译"[2] 一语，换一下语序，也即中文"理、礼、灋、制四者"，"西文则通谓之法"。[3]

严复的案语可谓中西古今交汇的津渡之"航标"，提醒我们中国传统法的组成部分不是只有"灋"，若是，则中国传统法便只有"刑也"[4]。除了"灋"，"理""礼""制"亦是中国传统法的组成部分。尤其是"礼"，对"礼"的性质的界定是对中国传统法之认识聚讼的焦点所在。如颜厥安所说："礼与法[5]的关系一直是中国法制史研究的一个重点，几乎所有的中国法制史研究者都必须直接间接地处理这个问题。"[6] 本文第二、三部分将会处理这一问题。在此之前，只须提一下《唐律疏议》的起首

---

[1] 下文中，"灋"指中国传统法中偏重刑法的狭义之法，"法"指作为西文 law、droit、recht 等词的对译的广义之法。

[2] 严复"复案"，[法] 孟德斯鸠：《孟德斯鸠法意》，严复译，商务印书馆 1981 年版，第 3 页。

[3] 同上书，第 2 页。

[4] 触目皆是各种名目的中法史教科书之所以都呈现出千人一面的"以刑为主"的主流范式的特征，便与这种极其狭窄的视域相关。

[5] 颜厥安在这里未区分此法系狭义上的"灋"还是广义上的"法"，本文第二部分、第三部分将具体探讨，其实既存在属于中国传统法律体系内部两个分支的"礼"与"灋"的关系；也存在属于法律规范与宗教、道德规范之间关系的"礼"与"法"的关系。

[6] 颜厥安：《法与实践理性》，中国政法大学出版社 2003 年版，第 74 页。

“德礼为政教之本，刑罚为政教之用，犹昏晓阳秋相须而成者也”[1]，就可以知道在“礼”与“刑（灋）”的关系中孰为主，孰为辅。

实际上，严复的这一重要提醒涉及的，或者说，严复这一提醒的问题意识，在于中国传统法的家族谱系与范围问题。这两个问题指向的本质上是同一个问题——中国传统法的识别问题。也即“法”在中国传统法中究竟由哪些“成员”构成？如何识别？识别的标准是什么？

一旦“法”的识别标准确定，则中国传统法的成员资格（membership）就可以确定，是否确如严复指出的那样，包括“理、礼、灋、制”四者。同时，只要“法”的识别标准确定，就可以藉此确定历史上中国“法”的大体范围和疆域，两者的因果关系如《阿含经》所言：“此生故彼生，此灭故彼灭。”即“法”的识别标准为因，“法”的范围和疆域为果。

且说谭其骧先生自1955年起主持《中国历史地图集》[2]的编撰绘制，至1987年八巨册出齐，历时30余年。这其中，“不得不反复慎重考虑的一个首要问题”[3]，便是确定历史上中国的范围和历代的疆域。而历史上中国的范围和历代疆域的确定，则取决于“何为中国？”[4]的标准的确定。

---

[1]《唐律疏议》卷一。

[2] 谭其骧主编：《中国历史地图集》，中国地图出版社1982～1987年出版。

[3] 谭其骧：《历史上的中国和中国历代疆域》，载《中国边疆史地研究》1991年第1期。

[4] 近年来，由于国内国际的形势，也由于葛兆光《宅兹中国》、许纪霖《家国天下》等书的出版，“何为中国”这一问题又成了学界的焦点所在。而谭其骧、翁独健等先生早在20世纪即有此问题意识。

翁独健先生[1]慧眼卓识，一语道破其中的因果，引得谭其骧先生道出了《中国历史地图集》前言、后记中都未能言及的心得：

> 翁独健同志要我在这次会议[2]期间在大会上讲一通。我说，我不是民族史专家，有什么好说的？他说："不要你讲别的，只要你讲一讲你们在编绘《中国历史地图集》时是怎样划定各个历史时期的中国的范围的；也就是说，对历史上同时存在的许多国家地区和民族，你们是如何区别中外的？哪些算中国，哪些不算，标准是什么？"[3]

"哪些算中国"也即"何为中国"的识别标准，乃据以"划定各个历史时期的中国的范围"之因；唯当"何为中国"的识别标准确定了，才能确定中国历代的疆域。问题是，从西周初年的青铜器何尊的铭文"宅兹中国"之中国，到唐、宋、元、明、清及至现代中国，"中国"两个字的内涵和外延便是一直变化着的：

> "中国"这两个字的含义，本来不是固定不变的，是随着时代的变化而变化的，随着时代的发展而发展的。且不提《诗经》等古籍中的"中国"是什么意思，简单说起来，拿

[1] 翁独健，原名翁贤华，福建省福清县人，著名史学家、教育家。1928 年入燕京大学历史系学习。1935 年赴美留学，1938 年获哈佛大学博士学位，1939 年回国后，先后担任云南大学、燕京大学等校教授。

[2] 这是谭其骧先生在 1981 年 5 月下旬召开的"中国民族关系史研究学术座谈会"上的讲话，发表时谭先生又做了一些修改。

[3] 谭其骧：《历史上的中国和中国历代疆域》，载《中国边疆史地研究》1991 年第 1 期。

> “中国”两个字表示我们国家的主权所达到的范围，这个观念是鸦片战争之后才形成的。[1]

因此，既不能以古人的“中国”为历史上的中国，譬如唐朝人心目中的中国不同于宋朝人心目中的中国；也不能拿今天的中国范围来限定历史上的中国范围，中华人民共和国的版图“雄鸡一唱天下白”不同于清朝的版图“海棠叶”。所以，谭其骧先生认为：“我们应该采用整个历史时期，整个几千年来历史发展所自然形成的中国为历史上的中国。”如此，“何为中国”的识别标准就确定为：

> 我们是如何处理历史上的中国这个问题呢？我们是拿清朝完成统一以后，帝国主义侵入中国以前的清朝版图，具体说，就是从 18 世纪 50 年代到 19 世纪 40 年代鸦片战争以前这个时期的中国版图作为我们历史时期的中国的范围。所谓历史时期的中国，就以此为范围。不管是几百年也好，几千年也好，在这个范围之内活动的民族，我们都认为是中国史上的民族；在这个范围之内所建立的政权，我们都认为是中国史上的政权。简单的回答就是这样。超出了这个范围，那就不是中国的民族了，也不是中国的政权了。

有了这样一个识别“何为中国”的标准，“历史上的中国和中国历代疆域”就得以确定，煌煌八巨册的《中国历史地图集》

[1] 谭其骧：《历史上的中国和中国历代疆域》，载《中国边疆史地研究》1991 年第 1 期。

即为其果。

虽然谭其骧先生面对的具体问题是确定"何为中国"的识别标准以划定"历史上的中国和中国历代疆域"，但本文在问题意识和方法论上与谭其骧先生是类似的，只是面对的问题是"何为中国传统法"，试图借对严复案语的回溯，探讨中国传统法的范围或者说历史疆域而已。因而在阅读谭其骧先生的"讲话"时，时有"心有戚戚焉"之感。

与"中国"两字一样，由古及今，"法"字的内涵和外延也不是固定不变的，我们既不能以"灋"的范围为历史上的中国法的范围，那样的话，中国传统法就只剩"刑也"；也不应以为今天意义上的"法"的范围，只局限于历史上的"灋"之中。如同谭其骧先生以"整个几千年来历史发展所自然形成的中国为历史上的中国"，我们亦当以整个几千年来历史发展所自然形成的中国法为历史上的中国法，来勾勒出中国传统法的大体轮廓及历史疆域，以回应严复"学者审之"的提醒。

（三）何以"法"字而不是"礼"字胜出成了 LAW 的对译？

其实，苏力 1998 年发表的《"法"的故事》一文也注意到了严译《法意》第 3 页的这段案语[1]，但对严复的同一段案语，"审之"之下，苏力与笔者"所见异辞"[2]，笔者以为严复这一提醒的问题意识，主要不是法的实质性问题，而是法的形式性问题，即中国传统法的法源、成员资格、结构、范围（或者说疆

[1] 参见苏力：《"法"的故事》，载《读书》1998 年第 7 期。
[2] 《公羊传·隐公元年》。

域）等问题[1]。与此不同，苏力写作《“法”的故事》一文，是为了击刺其所在意的“沛公”——中国现当代法理学家们以为“法在中国从古以来都是同‘公平、正义’相联系的”“急于证明古今中外的‘法’的一致性”的“阿Q心理”，所舞之剑首先刺向的是苏力觉得横亘在他与中国法理学家们中间的“项伯”——许慎。据苏力称，“十三经”乃至先秦的文献中，“以水字开头的语句中，没有一句强调过水‘平’的特征”，因而苏力认为许慎“灋……平之如水”的释义在词源学上“值得怀疑”“显然不慎”“很难相信这种解释是有根据的”，以为自己对“法”字水旁的解释——“水自上而下的性质”“意味着法乃自上而下颁布的”——“比许慎的解释可能更具解释力”。

笔者对苏力的“沛公”以及我们祖上有没有阔过并不在意，但也不甚相信许慎如苏力说的这般“不慎”，其后，笔者果然在《尚书》《周礼》《庄子》《荀子》中找到了数例苏力考证之下认为不存在的强调水“平”之特征的文字，尤其是《荀子·宥坐》篇直接给出了“夫水……主量必平，似法”，可见“灋……平之如水”的释义渊源有自，并非苏力大胆想象的那样系许慎“私人订制”。如卡西尔所说，语言并非是对既定秩序的复制或模仿，“灋……平之如水”乃“由不平至平”向着“可能性”行进。[2]

---

[1] 大体上相当于拉兹在《法律体系的概念》起首提出的四问题中的第二个问题法律体系的“身份问题”（the problem of identity）和第三个问题法律体系的结构问题（the problem of structure），参见 Joseph Raz, *The Concept of A Legal System: An Introduction to the Theory of Legal System*, Second edition, 1980, Clarendon Press, Oxford, pp. 2-3。（本文以下简称《法律体系的概念》英文版）

[2] 参见本书笔者《“法”的故事的另一种讲法》一文。

不过，本文关注的并非法的公平性、正义性这样的实质性问题，而在于苏力以聪明的揣测轻轻放过的另外一个在他看来"也许是也许不是问题的问题"（借用苏力《"法"的故事》的句式），因为在我看来它并非"一个也许是也许不是问题的问题"，而就是一个问题，甚至是一个更为重要的问题：

严复似乎私心认为西文之"法"更类乎于中国的"礼"。这一点，当代中国许多熟悉西方法律的学者也都有这个感触。但是，严复这位自称"一名之立，旬月踟蹰"的翻译家，就选择了"法"而拒绝了"礼"。在我看来，这固然可能是由于严复之前的一些法典译作已经将西文之"法"译作法，约定俗成，成为严复必须依赖的路径。但这并不是唯一的理由，甚至不是一个重要的原因；因为，严复在翻译西学时，曾不惜劳力运用了几乎被人遗忘了的古词，以求翻译之"信达雅"。为什么在"法"的翻译问题上作了这种损害了其第一要求"信"的迁就？因此，更为重要的原因可能是严复所面临的时代是一个已不得不进行变革的时代，在这个年代里可以提"变法"（因为中国古代毕竟还曾有此一说），却无法提变"礼"（康梁当年也只敢托古改"制"或"变法维新"）。其次，由于礼所涉及的面如此之广，也无法想变就变。第三，我揣测，可能是严复寄希望于清代中央政府推行变革；因为法在中国传统中如前引文所示通常是同官府相联系的，是官府制定颁布的命令。如果这些揣测还有几分道理，那么，我们就看到，"法"之翻译是同中国当时正在或将要进行的由政府组织进行的以法律移植为特征的变法相联系的；我们还看到，即使在严复这样严谨的学者那里，一个词的翻译都已带上了强烈的时代印记和译者的先期热情。[1]

笔者固然不以“约定俗成”、路径依赖为唯一的理由，但不以为这“甚至不是一个重要的原因”，反倒觉得苏力所说的“更为重要的原因”即“可能是严复所面临的时代是一个已不得不进行变革的时代，在这个年代里可以提‘变法’（因为中国古代毕竟还曾有此一说），却无法提变‘礼’”实在不怎么重要，“礼”也不是不变的，毕竟孔子就有“殷因于夏礼，所损益，可知也；周因于殷礼，所损益可知也”[2] 的说法，甚至严复有没有想到过这样一个原因都值得怀疑。并且，既然以“法”而不是以“礼”来译西文之“法”已经约定俗成，形成了路径依赖，那么，即使严复“旬月踟蹰”，或许仍不免于其不惜劳力的劳力自身被遗忘，譬如约定俗成的“自由”一词之于严复“旬月踟蹰”的结果——“自繇”[3] 一词。

本文第四部分即试图探求中西接触、沟通的过程中，“法”字而不是“礼”字，如何、为何——当然不仅仅以“我揣测”打发了事，“子绝四”头一个不就是“毋意”[4] 嘛——胜出，从小斯当多译《大清律例》肇始，经马礼逊出于对小斯当多译《大清律例》和中国传统法的误解，而在《华英字典》第三部《英汉字典》作出“LAW，法，法律”的厘定，再到“约定”（只是此

[1] 苏力：《“法”的故事》，载《读书》1998 年第 7 期。

[2] 《论语·为政》。

[3] “由繇二字，古相通假，今此译遇自繇字，皆作自繇。不作自由者，非以为古也。视其字依西文规例，本一系名，非虚乃实，写为自繇，欲略示区别而已。”［英］约翰·穆勒：《群已权界论》，严复译，上海三联书店 2009 年版，“译凡例”。

[4] 《论语·子罕》：“子绝四——毋意，毋必，毋固，毋我。”“意”通“臆”。

"约"并非泛泛之"约"，而是中英《南京条约》、中美《望厦条约》、中美《天津条约》、中法《黄埔条约》、中法《天津条约》等国际条约）"俗成"，形成"路径依赖"，以致尘埃落定，LAW与"法"的对译成了"不言而喻"、理所当然、毋庸置疑。

而在此中"瀍"（《大清律例》）西渐、西法东渐的中西交汇的津渡，在"出口转内销"的过程中，歧路亡羊，雾失"理""礼""制"。"理""礼""制"被除名的过程，也伴随着中国传统法范围、疆域的大大萎缩。

二、中国传统法的识别

（一）以何种理论来识别中国传统法的成员资格？

既然中国传统法是一种法律体系，那么自然应该具有法律的共相。探讨中国传统法的识别标准，可以从探讨法律识别的共相问题起始，使中国传统法的识别建立在一般性的基础上，避免自言自语，自说自话，以致中国传统法的识别标准失之过宽，遭有识者所讥；反过来，也可以藉法律识别的一般性标准给中国传统法以公允的"成员国待遇"，避免中国传统法的识别标准失之过窄。后者尤令我们警惕，因为如史华慈先生所指出的，在全世界范围内，像中国这样激烈地否定传统的国家也是罕见的。中国传统法作为传统的一部分，也在激烈的否定之列。且过窄的法律识别标准导致对中国传统法的认识只见律典，不见其他法律形式，以致得出中华法系"诸法合体，民刑不分，以刑为主"的所谓"通说"，而此说"实际上把律典之外大量的各种形式的法律排除在中华法系之外，其消极后果是不言而喻的。它影响了对部门法史的开拓研究，又导致中华法系研究的一系列重大偏颇”[1]。

法律识别的“共相”也好，一般性标准也罢，在我们身处的第二个历史三峡中，中国传统法的识别也就不可能“闭关自守”。既然如贺卫方所说“来自西方的法律规范、原则、理论、概念……已经成为我们自己的知识”，既然“今天的历史学家对中国法律史的解说就没有办法摆脱这些外来的语词及背后的各种概念、原则等”[2]，那又何必强求摆脱，不如平心静气地接受这个事实，看看如何以这些外来的但已经成为我们自己知识的语词及背后的各种概念、理论来较为妥当地解说中国法律史。这其实也就是余英时先生所说的中、西“格义”的过程，尝试以中国本土的法律概念、观念来接引相近似的外来的法律概念、观念，如佛教进入中国那样。哪怕“格义”最初有勉强的附会，总胜于“歧路亡羊”，毕竟在中、西法概念“格义”方面是否能走上正路，亦关系到“中国进入现代普世文明的主流”。[3]

紧接着的问题是，中国传统法中究竟有哪些成员资格（membership）有待识别呢？而外来的法律理论也是多元的，在法律识别的问题上，究竟采用何种外来的法概念、理论来识别中国传统法的成员资格呢？

从严复“西文‘法’字，于中文有理、礼、灋、制四者之异译”这一案语看来，似“理、礼、灋、制”四者都具有 LAW 的成员资格，对这四者，可以先作下考察。

---

［1］ 杨一凡：《中华法系研究中的一个重大误区——“诸法合体，民刑不分”说质疑》，载《中国社会科学》2002 年第 6 期。

［2］ 贺卫方：《东西方法律意义的沟通》，载王健：《沟通两个世界的法律意义》，中国政法大学出版社 2001 年版。

［3］ 参见余英时：《我不是新儒家》，载微信公号“北京大学中国古代史研究中心”，发布日期：2016 年 12 月 18 日。

首先，是"理"。据以《康熙字典》《艺文备览》和清代学者陈先生的遗著《五车韵府》为底本的马礼逊《华英字典》[1] 三部曲之前两部《字典》和《五车韵府》对"理"的释义，理乃"事物、人类、宇宙藉以运行之原理、法则；公理；人类理性；宇宙藉以运行的秩序法则。'理'近乎于'道'，为形而上之原理"[2]。

"理"虽是在先的，是法之原，如孟德斯鸠所说"必有其所以存之理立于其先，而后法从焉"[3]，又如严复案语"法之立也，必以理为之原"[4]。但因"理"形而上的特性，须要有"挂搭处"，所以"理"实际上挂搭在"礼""灋"处。反过来，"礼""灋"等也"必以理为之原"。因而，探究作为"理"之挂搭处的"礼""灋"，便可体察"理"。

再看严复所说作为西文"法"字中文异译的"理、礼、灋、制"四者中的"制"，马礼逊《华英字典》三部曲之前两部《字典》和《五车韵府》"制"词条下都有：

---

[1] 《华英字典》共三部，分别为《字典》、《五车韵府》与《英汉字典》，6巨册，于1823年出齐，合计4595页，由马礼逊历经十几年的时间编纂而成。关于马礼逊及《华英字典》三部曲对沟通中、西两个法律世界尤其是其中最重要的语词"法"的决定性作用及其影响，笔者将在文章第四部分详述、分析。

[2] 《华英字典》第一部《字典》（以下简称《字典》）第二卷，第619页；第二部《五车韵府》（以下简称《五车韵府》）第一卷，第523~524页：理 LE：The principales in matter, in bodies, in the universe, and in man by which they are regulated; right principal; reason in man; the principle, order by which the universe is regulated...whatever is destitute of shape of figure belongs to Le and to 道 Taou. *A Dictionary of the Chinese Language, Part the first, containing Chinese and English arranged according to the keys*, Vol. Ⅱ, p. 619, by the Rev. Robert Morrison, printed at the honorable Easter India Company's Press, 1822, Macao. *Part the second, Chinese and English arranged alphabetically*, Vol. Ⅰ, 1819, 译文出自笔者。

[3] ［法］孟德斯鸠：《孟德斯鸠法意》，严复译，商务印书馆1981年版，第2页。

[4] 同上。

法制 or 制令，rules；laws；national regulations。[1]

“制”在古代中国作 rules，laws；national regulations 也是由来已久，《左传》“叔向使诒子产书”中已多次使用“制”字，诸如“昔先王议事以制”“国将亡，必多制”等。

相较于“礼”或“灋”，笔者以为“制”更中性、中立，更有包容性，如杜佑《通典》食货、选举、职官、礼、乐、兵、刑、州郡等，举凡“禮乐刑政”均可称为“制”，故而“制”作为西文“法”的“异译”之一是没问题的。笔者在文章第四部分将会具体分析，“制”作为 LAW 的对译实比以偏于刑制的“灋法”[2] 字作为 LAW 的对译其实更合适，能更全面地指称、覆盖中国传统法的疆域。

如果说本文不将中国传统法识别的重心放在“理”上是因其“形而上”的特性，那么，亦不放在“制”上则因“制”字本身基本上只是“器”或“具”，近乎于 containing vessel，即容器，若不置入“禮乐刑政”等具体的制度，就是空空的器皿。而“礼”“灋”“制”连称，即“礼制”“灋（刑）制”是也。

这样一来，严复所说作为西文“法”字中文异译的“理、礼、灋、制”四者就剩下了“礼”“灋”两者，本文要探究的主要就是这两者，特别是“礼”，因为“灋”从其制定方式及其显明的强制性特征属于西文“法”的范畴无疑，而“礼”究竟是否

[1] 《字典》（第一卷），第 232 页；《五车韵府》（第一卷），第 38 页。

[2] “灋法”这看上去有点古怪的排列并非笔者的发明，而是马礼逊《华英字典》第二部分《五车韵府》“法”词条的格式，两者以上下排列，以连字符连接。参见《华英字典》第二部《五车韵府》第一卷，东印度出版公司 1819 年版，第 146 页。

属于西文"法"的范畴，则众说纷纭，是需要识别的主要对象。甚至可以说，对"礼"的性质的界定是对中国传统法之认识聚讼的焦点所在。而由于过去、现在、未来并非三个各不相干的阶段，过去"根本就是在怎样去在的必不可少的构成条件"[1]，"时间过去"存在于"时间现在"乃至"时间将来"，因而对"礼"的识别就不只是中国法制史研究的一个重点，其实也关乎中国法的现在和未来，是法的中、西"格义"绕不过去的紧要处。

从"理性—认识—秩序"的古典自然法理论（而非霍布斯之后"意志—决定—契约"的现代自然法理论的视角[2]），以及历史法学、社会学法学等"扩张性的法概念"[3]的视角来看，"礼"无疑属于法的范畴：从自然法学的角度看，"礼"可视为自然秩序；从历史法学的角度看，"礼"可视为萨维尼所说的民族精神的体现；从社会学法学的角度看，"礼"属于埃利希所说的共同体的构造性规范[4]。

为避免法概念过于"宽泛"之讥，本文拟从哈特的法概念、拉兹的法律体系的概念出发，论证中国传统法乃礼与灋两类规则的结合，相应地，其基本结构为礼灋结构，即《左传·成公十三年》"国之大事，在祀与戎"象征的中国传统法的两支——礼与灋，其中礼起于祭，灋（刑）起于兵。哈特对法概念的探讨所蕴含的法的识别问题、两类规则的结合问题、规则的多样性问题，

---

［1］熊伟：《"在"的澄明——谈谈海德格尔的〈存在与时间〉》，载《读书》1987年第10期。

［2］参见颜厥安：《法与实践理性》，中国政法大学出版社2003年版，第228页。

［3］同上书，第73~80页。

［4］参见［奥］尤根·埃利希：《法律社会学基本原理》，舒国滢译，中国社会科学出版社2009年版，第16页。

拉兹法律体系概念关切的法律体系的“成员资格”、结构问题等，正可以与严复的重要提醒互为观照。

(二) 哈特“承认规则”与中国传统法的识别

多年以前读哈特《法律的概念》，不求甚解。多年以后重读，才恍悟哈特此书其实探讨了法律的识别（the problem of identity）与结构（the problem of structure）问题，拉兹只是在哈特开辟的道路上继续前行。

1. 语词辨析：回到语词的现场

《法律的概念》全书只在探究一个语词——法，但这一探究不是就词论词，而是强调回到其语言现场。这应该与哈特深受日常语言学派的影响有关。[1] 在该书“序”中，哈特即开宗明义：

> 在探究词的意义时，就词论词的做法不足为训，故本书也可以被视为一个描述社会学的尝试，在各种类型的社会情境之间或社会关系之间，有许多重大的差别通常并不是直接显现出来，通过考察相应词语的标准用法，考察这些词语如何取决于具体的社会联系，就可以最清晰地把握这些重大的差别，然而这种考察经常受到忽视。在这一研究领域，特别

[1] 陈嘉映：“二次大战以后，日常语言学派达到全盛时期，这一时期的代表人物有莱尔、奥斯汀、斯特劳森，他们都是英国哲学家，都在牛津任教，因此，日常语言学派有时也称作牛津学派。实际上，牛津大学的另一些学科也蔚然有日常语言分析之风，例如当时在牛津大学任法理学教授的哈特（Herbert Hart），深谙日常语言分析的技术，1961 年出版的《法律的概念》一书被誉为法理学的经典。”陈嘉映：《语言哲学》，北京大学出版社 2003 年版，第 215 页。

明显的是如J. L. 奥斯汀[1]教授所说，我们可以用“对词的深化认识去加深我们对现象的理解。”[2]

在正文第一章，哈特再次引用奥斯汀的话强调不应只盯住词：

在探索和寻觅此类定义的过程中，“我们不是紧紧盯住词……而且要看到这些词所延及的实际对象，我们正在用对词的深化认识去加深我们对现象的理解。”[3]

其中，哈特两次引用的奥斯汀这句话的原文为：

We may use a sharpened awareness of words to sharpen our perception of phenomena.

In the field of study it is particularly true that we may use, as Professor J. L. Austin said, "a sharpened awareness of words to sharpen our perception of phenomena."[4]

一句话中奥斯汀连用了两个 sharpen，sharpen 的意思，查牛津

---

[1] 此即日常语言学派的J. L. 奥斯汀，张文显等所译哈特《法律的概念》中文版译为奥斯汀，为避免与分析法学家 John Austin 混淆，均从陈嘉映所译，统一译为奥斯汀。

[2] [英] 哈特：《法律的概念》，张文显、郑成良等译，中国大百科全书出版社1996年版，“序”。

[3] [英] J. L. 奥斯汀：《为宽恕而声辩》，载《亚里士多德会刊》1956年总第57期。转引自 [英] 哈特：《法律的概念》，张文显、郑成良等译，中国大百科全书出版社1996年版，第15~16页。

[4] See H. L. A. Hart, *The Concept of Law*, Preface, 1994 edn., Clarendon Press, Oxford.（本文以下简称《法律的概念》英文版）

词典为“to make something sharper，to become sharper”，即“使之更锐利，使之更锋利”，并提供了一个例句：This knife needs sharpening。刀为什么需要磨呢？当然是日久生锈，钝了。语言、思维亦是如此，会发生“钝化”，缺乏博尔赫斯所说的“认知和临即感”，需要“新发于硎”[1]。而awareness，有“警觉”[2] 的意思，sharpen 也好，awareness 也罢，都在强调打破固有的、惯常的思维，避免思维的钝化，使思维保持足够的灵敏、警觉，而回到语词的“现场”，才是“柳暗花明”即达至对现象的深化认识的途径。由此来看，中译本的翻译——“我们可以用‘对词的深化认识去加深我们对现象的理解’”，实际上是同义反复。[3]

问题是对词的“深化认识”乃至对现象的深刻理解怎么达到呢？英文原文中是隐含有方法的，就是前面所说的让思维“新发于硎”、保持警觉，回到语词的“现场”，等等，奥斯汀[4]以“强盗情景”的模拟来揭示“命令说”，哈特在《法律的概念》中对“强盗情景”的重述与分析[5]，都是这种回到语词“现场”的演练。

其实，我们可以从《中庸》“博学之，审问之，慎思之，明辨之”得到启发，从而“刷新”（refresh）sharpen 一词的释义，

[1] 参见唐诺：《文字的故事》，上海人民出版社 2010 年版，第 204~206 页。

[2] 《柯林斯高阶词典》awareness 词条：Someone who is aware notices what is happening around them or happening in the place where they live。

[3] 据梁治平先生告知，他手边有许家馨、李冠宜合译的《法律的概念》（法律出版社 2006 年版），其中，这一句译为：“在此研究领域之中，诚如奥斯汀教授所言，我们确实可以借由‘深化对语词的认识，来加深我们对现象的认识’。”与张文显等的译本如出一辙，只是把末尾“理解”改成了“认识”而已。

[4] 即著《法理学的范围》的 John Austin。

[5] 参见［英］哈特：《法律的概念》，张文显、郑成良等译，中国大百科全书出版社 1996 年版，第 19~28 页。

那就是"明辨"。所以，J. L. 奥斯汀的话可以译为："藉由对语词的明辨，可以深化我们对现象的觉知。"[1]

之所以对 J. L. 奥斯汀这句话的中译极尽"吹毛求疵"之能事，并非笔者穷极无聊，实在是因为分析、明辨语词、概念正是分析法学所长，而"明辨"的意思是隐含于 sharpen 中的。通过对语词的明辨这样的方法，可以深化我们对现象的认识。故而，"明辨"语词是方法，"深化我们对现象的认识"是效果。"深化"本身不是工具、方法，是没法 use 的，只是一种结果。不通过对语词的明辨，所谓"对词的深化认识"云云只能是空泛的 bullshit（"扯淡"）[2]，而想要"深化对现象的认识"，更是无从谈起。

当然，更重要的是，本文亦可视为"明辨"语词的一次尝试，回到语言现场，特别是语言的"棋局"发生剧变的现场[3]，意欲通过对第二个历史三峡"中法西渐—西法东渐"这一"津渡"古今中西之"法"的辨析，求证严复"西文'法'字，于中文有理、礼、灋、制四者之异译"这一重要提醒，在严译《法意》出版百年之后[4]，回应严复"学者审之"的叮嘱，以免先贤一直听不到回声，太过寂寥。

而如 J. L. 奥斯汀所表明的，"藉由对语词的明辨"，试图达

[1] 对 J. L. 奥斯汀这句话的翻译，尤其是前一个 sharpen 实含有"明辨"之意，笔者曾以邮件与梁治平先生讨论，得到了梁治平先生的指点。

[2] 参见［美］哈里·G. 法兰克福：《论扯淡》，南方朔译，译林出版社 2008 年版。

[3] 如索绪尔所言，语言"从一个共时态过渡到另一个共时态，只消把一个棋子移动一下就够了"。［瑞士］费尔南迪·德·索绪尔：《普通语言学教程》，高名凯译，岑麒祥等校，商务印书馆 1999 年版，第 128 页。第 129 页："每着棋都会对整个系统有所反响，下棋的人不可能准确地预见到这效果的界限。……一着棋可能使整盘棋局发生剧变……对语言来说，情况也恰好一样。"

[4] 严译《法意》初版于 1904—1909 年由商务印书馆出版。

至的，则是“深化我们对现象的觉知”。“觉知”在奥斯汀的原文中是 perception，从柯林斯字典的释义来看，perception 意味着对隐晦的事物的警觉、洞察：Someone has perception realizes or notices things that are not obvious。

联系苏力《“法”的故事》一文中引用的作为题记的福柯的话：“我努力使那些仅仅因其一目了然而不为人所见的东西为人们看见。”[1] 关于古今中西之“法”字内涵和外延的变迁、差异，到底是“一目了然”还是“隐晦”？乍看似乎有些矛盾，其实不然，因为福柯话中的“一目了然”是修饰“不为人所见”的，在“不为人所见”这点上，“隐晦”与“因其一目了然而不为人所见”是一致的。

那么，“因其一目了然”会导致“不为人所见”的结果吗？何以如此呢？

第一，某事物似乎“一目了然”但其实未必，在有洞察力的人（someone has perception）眼里“一目了然”的东西在常人虽“视”而“不见”，所以对一般人而言，该事物并非“一目了然”而是隐晦的。

第二，某事物曾经“一目了然”，但时移世易，沧海桑田，尤其是经过“三千年未有之变局”，人们已经丧失了原初记忆，故而某些东西已经面目模糊，人们已经虽“视”而不见[2]，难以了然。比如对于“礼”，人们即使看到了此字，却已经不识其

[1] Michel Foucault, “The Archeology of Knowledge,” in *Foucault Live*, trans. John Johnson, Semiotext (e) Foreign Agent Series, 1989, p. 46. 转引自苏力：《“法”的故事》，载《读书》1998 年第 7 期。

[2] 《旧约·以赛亚书》6：9，《新约·使徒行传》28：26：“他说：你去告诉这百姓说：你们听是要听见，却不明白；看是要看见，却不晓得。”

为何物，费孝通《乡土中国》中所言对从前的中国人来说如此"谙熟"的东西如今早已晦暗不明。

所以，福柯"因其一目了然而不为人所见"的话对一般人而言当不得真，福柯之所以这样说那是因为他是福柯，苏力之所以引用作为题记，"一目了然"属于他们，对我等常人而言，古今中西之"法"概念问题，尤其是其在西法东渐过程中所经历的中西古今之变绝非"一目了然"的，而是云山雾罩，需要通过对中西古今"法"这一语词的辨析，使隐晦（not obvious）的事物为人们所见，达至对"法"的中西古今之变的觉知。

2. 法律存在不同类别

哈特在《法律的概念》起首便引出了三个反复争论的问题，即：法律与以威胁为后盾的命令有何区别与联系？法律义务与道德义务有何区别与联系？什么是规则以及规则达到何种程度才成为法律？[1] 这三个争论点归根结底指向的无非是"什么是法律"这一问题，对此的思考"通常多以探究法律定义的方式表现出来"[2]。何以如此？这是因为：

> 作为一种文字上的启示，定义是利用一个独立的词来给出语言上的界说，它主要是一个标明界限或使一种事物与其他事物区分开来的问题。[3]

---

[1] 参见［英］哈特：《法律的概念》，张文显、郑成良等译，中国大百科全书出版社1996年版，第6~14页。

[2] 同上书，第14页。

[3] 同上。

> 常见的是定义一次要做两件事情，一件事情是通过提供一个代号或公式来把被定义的词转换成其他易懂的用语；另一件事情是通过解释该词所涉及的事物的特征（既包括此事物与同类事物的共有特征，也包括使之与其他种类事物区别开来的特征）来划定它的范围。[1]

但哈特又指出借助定义以识别、界定法律的方式并不总是有效的，在《法律的概念》第二章“法律、命令与指令”中，哈特回到日常语言的现场，考察了英国法理学中占支配地位的奥斯汀“以威胁为后盾的命令”的法律定义的缺陷。

在第三章“法律的多样性”中，哈特指出奥斯汀“以威胁为后盾的命令”法律定义将多样化的法律简化为了一个单一的简单类型[2]。事实上，除了刑法这类“所执行的社会功能是设定和限制某些种类的行为，以作为它所适用的人们作为或不作为之事，而不管他们愿意与否”[3] 的法律外，还有其他重要类别的法律，它们所执行的是完全不同的社会功能，与以威胁为后盾的命令全然不同。不同于刑法这种以威胁为后盾的命令的其他类别的法律中，第一类是规定有效合同、遗嘱和婚姻的订立方式的法律规则，这种法律不强加责任和义务，而是通过授予人们以某些指定的程序，遵循某些条件，在法律强制框架范围内创设权利和义务结构，来为个人提供实现他们愿望的便利。[4] 哈特认为如

[1] [英] 哈特：《法律的概念》，张文显、郑成良等译，中国大百科全书出版社1996年版，第15页。
[2] 同上书，第34页。
[3] 同上书，第29页。
[4] 同上书，第29~30页。

此授予个人以合同、遗嘱、婚约等方式形成与他人的法律关系的权利，是法律对社会生活的最大贡献之一，也是法律的特征之一，而这一特征被将所有法律都当作以威胁为后盾的命令所遮蔽。这类授予个人以权利的法律与刑法之间在功能上存在根本区别。[1] 第二类也属于授予权力的法律，但所授予的权力不是私人性质的而具有公共或官方性质。这种权力在司法、立法和行政这三个部门到处可见。[2]

哈特对包含于法律制度中的各种类型的法律作了充分的分析，以避免将所有的法律简化为一个单一类型即"以威胁为后盾的命令"的偏见。笔者的"醉翁之意"当然在于将其运用于对中国传统法的分析：中国传统法中如果不是只有"以威胁为后盾的命令"类型的"刑（灋）"，那么还有什么类型的法律？以什么样的形式来表现？

尽管哈特认为法律的特征在于它融汇了不同种类的规则，[3] 但他也明了"在法理学中寻求一律（uniformity）的渴望是强烈的"，[4] 而这种强求一律、将多样化的法律类型简化为"以威胁为后盾的命令"的单一类型的结果当然是对法律体系的曲解。我国中法史研究主流范式将中华法系的基本特征概括为"诸法合体，以刑为主"正是这种强求一律的产物。

[1] [英] 哈特：《法律的概念》，张文显、郑成良等译，中国大百科全书出版社1996年版，第30页。
[2] 同上书，第31页。
[3] 同上书，第51页。
[4] 同上书，第34页。

3. 两类规则的结合——法律的核心

在考察分析了奥斯汀“以威胁为后盾的命令”的法律定义的缺陷之后，哈特转而寻求“圈出并描述一组核心因素”[1] 来探求什么是法律的问题。这组核心因素概括一下便是：法律由不同类别的法律规则组成，或者说法律是设定义务的第一级规则和授予公、私权力（利）的第二级规则[2]两类规则的结合。“法理学科学的关键”，就在于这两类规则的结合中，这便是哈特《法律的概念》的基本观点。[3] 哈特认为，如果对这两类规则及其相互作用得以了解的话，法律的大部分特征就能得到最好的澄清，故而哈特赋予它们的结合在阐明法律的整个理论框架中以中心地位。[4]

如果说从前读《法律的概念》时，只是了解了一下何为“第一级规则”，何为“第二级规则”，此番重读，关注点则在于哈特强调两类规则的“结合”（combination）与“相互作用”（interplay）。

4. 法律识别的准则：承认规则

两类规则中，由于第一类规则在张文显等所译中文版中译为“基本的”“第一性的”，第二类规则译为“依附性的”“第二性的”，从字面上看，似乎第一类规则更为重要似的：

---

[1] 英文版原文为：“To isolate and characterize a central set of elements”，p. 16。张文显等译中文版译为“能剔出并刻画一组核心因素”，同上书，第 17～18 页。

[2] 张文显等所译《法律的概念》中文版将 primary rules 与 secondary rules 分别译为“第一性规则”与“第二性规则”，本文参考了何兆武先生等所译柯林伍德《历史的观念》的译法，分别译为“第一级规则”与“第二级规则”，原因见下文。

[3] 参见［英］哈特：《法律的概念》，张文显、郑成良等译，中国大百科全书出版社 1996 年版，第 81～83 页。

[4] 同上书，第 83 页。

按照可以被认为是基本的或第一性的那类规则，人们被要求去做或不做某种行为，而不管他们愿意与否。另一类规则在某种意义上依附于前者或对前者来说是第二性的，因为他们规定人们可以通过做或不做某种事情或表达某种意思，引入新的第一性规则，废除或修改旧规则，或者以各种方式决定它们的作用范围或控制它们的运作。第一类规则设定义务，第二类规则授予权力，公权力或私权力。第一类规则是基于物质运动或变化有关的行为，第二类规则提供了不仅引起物质的运动或变化，而且引起义务或者权利的产生或变更。[1]

但其实哈特原文中"basic"的意思无非是"初始的""初级的""最起码的"意思，[2]"parasitic upon"无非是 rely on[3] 的意思，即第二类规则的存在以第一类规则为前提条件的意思，不然，第二类规则不可能凭空存在，而不意味着第二类规则在重要

[1] [英] 哈特：《法律的概念》，张文显、郑成良等译，中国大百科全书出版社1996年版，第83页。英文原文为："Under rules of the one type, which may well be considered the basic or primary type, human beings are required to do or abstain from certain actions, whether they wish to or not. Rules of the other type are in a sense parasitic upon or secondary to the first; for they provide that human beings may by doing or saying certain things introduce new rules of the primary type, extinguish or modify old ones, or in various ways determine their incidence or control their operations. Rules of the first type impose duties; rules of the second type confer powers, public or private. Rules of the first type concern actions in volving physical movement or changes; rules of the second type provide for operations which lead not merely to physical movement or change, but to the creation or variation ofduties or obligations." H. L. A. Hart, *The Concept of Law*, Clarendon Press, Oxford, second edition published 1994, p. 79。

[2] 《牛津词典》：basic: of simplest kind or at the simplest kind level。《柯林斯高阶词典》：You can usebasic to describe something that is very simple and has the most necessary features。

[3] 参见《牛津词典》"parasitic"词条。

性上低于第一类规则。

我从柯林武德《历史的观念》中论哲学的性质的两段话中得到了启发：

> 哲学是反思的。进行哲学思考的头脑，绝不是简单地思考一个对象而已；当它思考任何一个对象时，它同时总是思考着它自身对那个对象的思想。因此哲学也可以叫做第二级的思想，即对于思想的思想。例如，就天文学这一事例而言，发现地球到太阳的距离乃是第一级思想的任务；而发现当我们发现地球到太阳的距离时我们到底是在做什么，便是第二级思想的任务了，在这个例子中即逻辑和科学理论的任务。[1]
>
> 哲学不能把认识过程的研究和被认识的事物的研究分别开来。这种不可能性直接来自哲学是第二级的思想这一观念。[2]

由于哲学是反思性的，所以它要以对“被认识的事物的研究”“发现地球到太阳的距离”这类第一级的认识为条件，在这个意义上可以说以第一级的认识为前提条件，属于“第二级”的思想或认识，但你不能说作为“第二级”的思想或认识的哲学在重要性上低于第一级的认识，如果不能对认识过程作研究，如果不作反思，我们便无从认识到第一级认识对我们的意义，无从“发现当我们发现地球到太阳的距离时我们到底是在做什么”。

所以，我更愿意仿照何兆武先生的译法，将哈特《法律的概

---

[1] [英] 柯林武德：《历史的观念》，何兆武、张文杰译，商务印书馆 1997 年版，第 28 页。

[2] 同上书，第 30 页。

念》中的第一类规则 primary rules 译为"第一级规则"，第二类规则 secondary rules 译为"第二级规则"，"第一级规则"与"第二级规则"之间"第一""第二"的排序是逻辑上的先后，后者以前者的存在为条件，而不是重要性上前者更重要，是"第一性的"，后者次要，是"第二性的"。

事实上，属于第二级规则的"承认规则"乃是识别什么是法律的准则。"承认规则"（rule of recognition）中的 recognition 一词的释义之一便是"识别"，《牛津词典》recognition 词条：the act of identifying what sth is。所以，rule of recognition 也可以称为"识别规则"，即识别何为法规范的准则。明眼如阿列克西和颜厥安都已经将这点挑明了：

> 根据哈特，法律是一个规则的体系，这些规则可以藉由承认规则来鉴别。[1]
>
> 此处我们亦可以英国法哲学家哈特的理论加以解析。哈特曾提出承认规则以指明一个社会当中可提供社会成员据以判断何为法规范之准则。[2]

哈特认为藉以识别第一级的义务规则的承认规则的存在对于从前法律世界进入法律世界具有决定性的意义。[3] 在《法律的

[1] ［德］罗伯特·阿列克西：《法概念与法效力》，王鹏翔译，商务印书馆 2015 年版，第 19~20 页。
[2] 颜厥安：《法与实践理性》，中国政法大学出版社 2003 年版，第 79 页。
[3] 参见［英］哈特：《法律的概念》，张文显、郑成良等译，中国大百科全书出版社 1996 年版，第 95~96 页。

概念》第六章“法律体系的基础”（The foundation of a legal system）[1] 中，哈特将复杂的社会情形下第二级的承认规则产生并被接受、用以作为识别第一级的义务规则的权威依据，视为一个法律体系的基础。

> 在第二级的承认规则被接受并被用于作为识别第一级的义务规则的情形下，这些真理才能显示出来，其重要性才能得到适当的估量。而此种情形正是（如果有什么东西值得称之为的话）一个法律体系的基础。[2]
>
> 凡这样的承认规则被接受的地方，就为民众和官员提供

---

[1] 张文显等所译中文版将这一章的标题译为“法律制度的基础”，笔者以为是欠妥的，因为前一章即第五章中哈特已经表明了《法律的概念》全书的基本观点：法律是设定义务的第一级规则和授予公权力、私权利的第二级规则的结合。“结合”与“相互作用”在哈特的这一模式（pattern）中占有核心地位，因而第五章的标题即为“法乃第一级与第二级规则的结合”（Law as the union of primary and secondary rules）。用拉兹在《法律体系的概念》中的话来说，这意味着法律体系的结构问题，即法律规范之间的内在关系问题，“某一法律体系的内在结构即其内在关系的模式。”（The internal structure of a legal system is its pattern of internal relations.《法律体系的概念》英文版，第 24 页）哈特第六章标题里的用词是 a legal system，因为只有在“一个体系”里，才隐含、存在法律规范之间如何“连结”“结合”的问题，而张文显等所译中文版“法律制度”这一词显然并不隐含这样的关系模式。

[2] 英文原文为：These truths can，however，only be clearly presented，and their importance rightly be assessed，in terms of the more complex social situation where a secondly rule of recognition is accepted and used for the identification of the primary rules of obligation. It is this situation which deserves，if anything does，to be called the foundations of our legal system. p. 100。需要指出的是，张文显等译的中译本此处将第二性的承认规则误译为“第一性的承认规则”了：“只有在比较复杂的社会情况中，即在第一性的承认规则被接受并被用于确认主要的义务规则的情况中，这些真理才能显示出来，其重要性才能得到适当的估价。正是这种情况才值得（如果有什么东西值得的话）称为一个法律制度的基础。”［英］哈特：《法律的概念》，张文显、郑成良等译，中国大百科全书出版社 1996 年版，第 101 页。

了确认第一级的义务规则的权威性标准。[1]

不仅如此，承认规则还是衡量一个法律体系内其他规则的效力及位阶的标准，在这一重要意义上，承认规则是最终的规则，也是最高的标准。[2]

5. "礼"乃中国传统法的承认规则

论及"承认规则"的存在与表现方式，哈特这样说：

> 这样一个承认规则的存在可以采取各种各样的，或简单或复杂的形式。它可能就像许多社会的初级法律一样，不过是在一个书面文件中记载的或者一个公共石碑上的铭刻的一个权威性的规则目录或文本。毫无疑问，作为一个历史性问题，这一从前法律世界到法律世界的迈进可能是经历了几个不同阶段而完成的。……有决定性意义的是承认对这一书面或碑文的认证具有权威性，即承认为消除对规则存在的怀疑的适当方式。[3]
>
> 它的存在与一个法规的存在不同，它必须存在于实

---

[1] Wherever such a rule of recognition is accepted both private persons and officials are provided with authoritative criteria for identifying primary rules of obligation.

[2] The rule of recognition providing the criteria by which the validity of other rules of the system is assessed is in an imporant sense, which we shall try to clarify, an ultimate rule: and where, as is usual, there are several criteria ranked in order of relative subordination and primacy one of them is supreme.

[3] [英] 哈特：《法律的概念》，张文显、郑成良等译，中国大百科全书出版社1996年版，第95~96页。

践中。[1]

那么，在中国传统法中，“承认规则”又在哪里？以怎样的方式来表现？一句话，在“礼”中。

从《尚书》开篇的叙述模式便可看出“礼”作为承认规则的功能和地位：

> 《尚书·尧典》：“昔在帝尧，聪明文思，光宅天下，将逊于位，让于虞舜，作《尧典》。乃命羲和，钦若昊天，历象日月星辰，敬授民时。”

张伟仁先生2013年给浙大“晨兴计划”的学生讲中法史课，便是从《尚书·尧典》“乃命羲和，钦若昊天，历象日月星辰，敬授民时”一句讲起。祭天地、定正朔之“礼”即权威性、合法性的宣告。

虽则对尧、舜时的社会形态会有争议，但从《尧典》起头的这样的叙述模式直到中华法系解体之前，都是一脉相承的，从发生史的角度来说，它就是真实的、有意义的。

在《尚书·皋陶谟》中，这一权威性宣告方式更明确了：

> 天叙有典，敕我五典五惇哉！天秩有礼，自我五礼有庸哉！同寅协恭和衷哉！天命有德，五服五章哉！天讨有罪，五刑五用哉！

[1] [英]哈特：《法律的概念》，张文显、郑成良等译，中国大百科全书出版社1996年版，第112页。

《尚书·洪范》中的表达为："天乃锡禹'洪范'九畴，彝伦攸叙。"

如果觉得只有典籍的记载构不成"交叠证据"（cross-references），那还有金文为证：

> 《豳公盨铭文》："天命禹敷土，随山浚川，乃差地设征，降民监德，乃自作配乡（享）民，成父母。"

"差地设征"即根据土地肥瘠程度来征税，按哈特两类规则的分类，这属于设定义务的第一级的义务规则，但这类规则的权威性、确定性来自第二级的"承认规则"——"天命禹敷土"。何为"天命禹敷土"？金文简略，不可能在青铜器上铸刻很多铭文，参照《尚书·禹贡》与《史记·夏本纪》就知道了：

> 《尚书·禹贡》："禹别九州，随山浚川，任土作贡。禹敷土，随山刊木，奠高山大川。"
>
> 《史记·夏本纪》："禹乃遂与益、后稷奉帝命，命诸侯百姓兴人徒以傅土，行山表木，定高山大川。"

这两段话中，重要的是"奠"和"定"字，孔颖达《尚书正义》疏为："定其高山大川。谓定其次秩尊卑，使知祀礼所视。"通过"祀礼"，行山表木，即刊木立为表记[1]，"差地征税"才算取得了合法性。

---

[1]（唐）司马贞：《史记索隐》："表木，谓刊木立为表记。"

又《何尊铭文》曰：“唯武王既克大邑商，则廷告于天，曰：余其宅兹中国，自兹乂民。”“廷告于天”的祭祀之礼相当于自“天”获得权威性、合法性的承认规则，自此才能“宅兹中国”，颁行法律，治理百姓。

作为中国传统法的“承认规则”，礼乃最终规则，最高标准。梁治平先生《“礼法”探原》[1]一文中引述了《礼记·曲礼上》那段著名的话：“道德仁义，非礼不成；教训正俗，非礼不备；分争辨讼，非礼不决；君臣上下父子兄弟，非礼不定；宦学事师，非礼不亲；班朝治军，莅官行法，非礼威严不行；祷祠祭祀，供给鬼神，非礼不诚不庄。是以君子恭敬撙节退让以明礼。”随后，评论道：“这段关于礼的经典表述，不但突出了礼的规范性质，而且表明，总名为礼的这种社会规范，也是当时各种活动及行为最终的和唯一的判准，具有普遍的和最高的权威性。”梁先生这一对“礼”的基本判断、对中国传统法的认识与其写作《法辨》一文时颇为不同。[2]

《法辨》一文开头时梁先生其实也对能否在中文中找到西文“法”的唯一对应词表示了怀疑，“把一种文字译成另一种文字，常常遇到‘词不达意’的困难。问题的产生可能不在于译者掌握和运用语言的熟练程度，也与语言自身的表现力无关，而在于根

[1] 梁治平：《“礼法”探原》，载《清华法学》2015年第1期。

[2] 用梁治平先生自己的话说，“我意识到自己变了，尽管这并不妨碍我继续运用贯彻其中的研究方法，也不妨碍我在许多具体问题上仍然坚持原来的结论。我开始从一个新的也是更具反省意味的立场上去理解和把握传统，对传统与现代的关系的看法也不像从前那么简单和武断，而比这些更重要的是，这种变化不是盲从或者赶时髦的结果，而是出自耐心的研究和严肃的思考，出自一种学术的和理性的开放立场：既不轻易放弃自己的研究所得，也不固守自己的结论，而是以公平心对历史，对古人，对他者”。参见梁治平：《梁治平自选集：法律史的视界》，广西师范大学出版社2013年版，“代跋”。

本不可能找到一个恰合其义的对应词。"[1]

但写《法辨》时梁先生对中国传统法的认识用他自己的话说尚嫌"简单和武断"，因而实际上还是只将"灋（刑）"作了西文"法"的对应词，词的背后是物，也就是说，梁先生当时对中国传统法的认识基本上限于"灋（刑）"这一支，而不见"礼"这一支。而在《"礼法"探原》一文中，梁先生给了至少三代的"礼"以根本法的地位："礼即是三代的根本法"，是"最终的和唯一的判准，具有普遍的和最高的权威性"，虽然没有指其为"承认规则"，但哈特所说的承认规则的两个基本特征"最终性"和"最高性"都已经在其中了。

与梁先生不同的是，我以为"礼"不仅是在三代而且直到中华法系解体前一直属于根本法、承认规则，直到乾隆朝所修的《钦定大清会典》，其"凡例"中仍谓："本朝开国以来及见修会典告成以前，一应典制荟萃源流斟酌详备，于朝庙典礼各定为一仪，于官司事例各定为一则，化参差之迹成画一之规。"哪怕是最后的《清帝逊位诏书》仍然用的是源自《尚书·尧典》的同样的叙述方式和语言："人心所向，天命可知，予亦何忍因一姓之尊荣，拂兆民之好恶？"当然，"礼"的具体表现形式在不同时期有所不同，或不成文，或成文；或称为"礼"（如《周礼》），或以"令"（魏晋"律""令"分野后）的形式来表现。

王沛的考证也可以佐证"礼"至少在先秦乃确认法律规则的准则，也即承认规则。在《刑鼎源于何时——由枣阳出土曾伯陭钺铭文说起》一文中，王沛认为：

---

[1] 梁治平：《法辨：中国法的过去、现在和未来》，贵州人民出版社1992年版，第58页。

在以往的研究中，“礼”常被笼统地解释为习惯法或类似性质的规范，以与作为制定法的“刑书”相对应，这是不确切的。先秦的“礼”，主要指礼典仪式，通过烦琐的程序彰显规范的神圣，正如前文分析兮甲盘之论述那样。[1]

铸法令于盘，当和西周的礼制密切相关。西周时代制定法的合法性是通过礼制的程序体现出来的。[2]

先秦法律颁布、生效均有赖于礼制。前文举《逸周书·尝麦》例，阐明西周刑书之修订，必须倚仗礼制程序步骤无误；此处东周之例也是如此。大搜礼的功能之一就是制定与颁布法律。[3]

另外，王沛在另一篇文章中也再次强调了“礼”乃确认规则的合法性的准则，具有宣示法律的功能：

西周金文中的礼均是指具体的礼典……礼仪以其庄严的形式让人相信，其确立的准则是合法有效的。

礼典仪式本身就具有宣示法律关系的功能，成文法律之有效亦有赖于颁布之礼仪，是为“礼乐不兴，则刑罚不中”《论语·子路》之意义。

《逸周书·尝麦》篇中所述，在礼的仪式中颁布刑书，正是给刑书赋予合法性。《语丛》中的“知礼然后知刑”，亦

---

[1] 王沛：《刑鼎源于何时——由枣阳出土曾伯陭钺铭文说起》，载《法学》2012 年第 10 期。

[2] 同上。

[3] 同上。

有此方面的意义。[1]

成文法、刑书的颁布有赖于礼的仪式，这正体现了作为第一级义务规则的刑书与作为承认规则的"礼"两类规则的结合、相互作用。

（三）拉兹："主要法律适用机关所承认的规则即法律"

拉兹《法律体系的概念》全书一开头提出的借以着手探讨法律体系理论四问题中的第二个问题为法律的识别问题，即法律体系的成员资格（membership）问题，试图解决的是：一项给定的法律属于某法律体系的标准是什么？也即何为鉴别法规范的准则？据以判断哪些法规范构成了一个给定的法律体系。[2] 换言之，也即判断一个法律体系的法源的标准是什么？

当这个给定的法律体系为中国传统法律体系时，问题便明确为：中国传统法律体系的法源有哪些？哪些规则构成了中国传统法律体系，通过何种标准来识别？而这一问题与法源的取向有关。以往，我们在探讨中国传统法律体系的法源时，基本上是不自觉地采取了一种立法渊源取向的视角。

奥斯汀和凯尔森可以说是立法渊源取向的代言人。奥斯汀把

[1] 王沛：《〈论语〉法观念的再认识：结合出土文献的考察》，载《华东政法大学学报》2012年第1期。

[2] "From an analytic standpoint a complete theory of legal system consists of the solutions to the following four questions: 1. The problem of existence…2. The problem of identity (and the related problem of membership: What are the criteria which determine the system to which a given law belongs? These are the criteria of membership, and from them can be derived the criteria of identity, answering the question: which laws form a given system?" See Joseph Raz, *The Concept of A Legal System: An Introduction to the Theory of Legal System*, Second edition, 1980, Clarendon Press, Oxford, p. 1.

直接或间接由一个立法者制定的所有法律看作一个法律体系。凯尔森除了用基本规范取代了奥斯汀的最高立法者之外，没有什么其他的改变。奥斯汀和凯尔森的法律体系理论可以形象地表现为树形图表，两者的差异在于在奥斯汀那里，树形图表的连结点是立法者，而在凯尔森那里是法律规范。[1] 我们常见的中国法律制度史教科书上有关历代法律渊源的叙述基本上可以视为对奥斯汀和凯尔森的上述理论的翻版。

与奥斯汀和凯尔森在法源问题上的立法渊源取向不同，霍兰德（Holland）把法律看作由享有主权的政治上的权威所实施的关于人们外在行为的一般规则。霍兰德认为，真正决定法律是实在法（区别于非法律的习惯等）的关键因素不在于它被创制的方式，而是在于它得以实现的方式。萨尔蒙德（Salmond）关于法律的定义与霍兰德可谓“英雄所见略同”：根据他的定义，法律包括法院所承认并适用的规则。

萨尔蒙德解释说，虽然有若干种创制法律的具体方式，不过，由于所有的法律都是由法院承认和适用的，法院根本就不会承认任何不属于法律的规则，因此，我们为了把握真实法律的本质，必须去法院而不是立法机关。[2]

同样，拉兹对奥斯汀和凯尔森的渊源原则（the principle of origin）——视法律的创制为确定法律体系成员资格的唯一标准——作了批评，而主张引入一种更有希望的进路，那就是建立在权威性承认原则（the principle of authoritative recognition）基础之上的法

[1] See Joseph Raz, *The Concept of A Legal System: An Introduction to the Theory of Legal System*, Second edition, pp. 95-100.

[2] Ibid., p. 190.

律识别标准。[1] 为此，拉兹引入了"一时法律体系"（a momentary legal system）的概念，这一术语是与"一个法律体系"（a momentary legal system）相对而言的。"一时法律体系"乃"一个法律体系"的子体系，包括该法律体系在某个时期内的全部有效法律。[2]

拉兹之所以引入"一时法律体系"这一概念以区别于"一个法律体系"的概念，来探讨法律规范的识别标准问题，是因为"一个法律体系"问题存在类似于"提修斯之船"的同一性问题，而对其的探讨取决于其所属的社会形态，因而不仅仅取决于法理上的考量，还取决于其他社会科学方面的考量。[3] 故而拉兹不愿越界，不想过多地讨论法律体系的同一性问题，而把自己的探索限定于"一时法律体系"的识别标准上。[4]

拉兹明确作出"一个法律体系"与"一时法律体系"之别这一重要的区分，可以避开作为总体的法律体系的边界的模糊性，而比较精确地来探讨、分析"一时法律体系"的成员资格问题。借由"一时法律体系"的成员资格的识别标准问题即某时期的全部法律如何识别，可以提炼出一般性的标准，探讨如前所述拉兹《法律体系的概念》全书起首借以着手探讨法律体系理论的四问题中的第二个问题，即法律体系的成员资格问题，或者说法规范的识别标准。

拉兹归纳了霍兰德、萨尔蒙德、哈特等人的观点，在此基础

---

[1] See Joseph Raz, *The Concept of A Legal System: An Introduction to the Theory of Legal System*, Second edition.

[2] Ibid., pp. 34-35.

[3] Ibid., pp. 187-188.

[4] Ibid, p. 189.

上提出了“一时法律体系”的识别标准：“一时法律体系包含建制化的主要法律适用机关所承认的全部法律。”[1]“主要法律适用机关所直接或间接、明确或含蓄的承认构成了一时法律体系的全部法律。”[2]

这样一个“一时法律体系”的成员资格的识别标准，通过对法律体系理论的探讨分析，突破了奥斯汀和凯尔森的法律渊源原则，在法理学上反哺了法概念理论。从拉兹“一时法律体系”的识别标准——“一时法律体系包含建制化的主要法律适用机关所承认的全部法律”，可以推出拉兹对于“法”的定义：建制化的主要法律适用机关所承认的规则即法。由此，拉兹回应、论证了《法律体系的概念》全书开头提出的问题意识和主旨：“法律体系理论乃对‘法’作出适当定义的前提。”[3]

可以看出，拉兹赞同萨尔蒙德的主要观点，认为并非每一项法律都是法律创制机构制定的，因此，作为法律创制机关的立法者的重要性只是现代法律体系的特点，而不是所有法律体系的特点。由法理学出发，为了探求“所有法律体系”而不仅仅是现代法律体系的特点，拉兹甚至放宽了萨尔蒙德法律定义中“法院”的范围，改为“主要法律适用机关”，这就使我们能够在法源问

---

[1] “Accordingly, it can be said that a momentary legal system contains all, and only all, the laws recognized by a primary law-applying organ which it institutes.” See Joseph Raz, *The Concept of A Legal System: An Introduction to the Theory of Legal System*, Second edition, p. 192.

[2] “Thus a primary organ recognizes, directly or indirectly, explicitly or implicitly, all the laws of the momentary system.” See Joseph Raz, *The Concept of A Legal System: An Introduction to the Theory of Legal System*, Second edition, p. 193.

[3] “It is a major thesis of the present essay that a theory of legal system is a prerequisite of any adequate definition of a law, and that all the existing theories of legal system are unsuccessful in part because they fail to realize this fact.” See Joseph Raz, *The Concept of A Legal System: An Introduction to the Theory of Legal System*, Second edition, p. 2.

题上把相关的理论适用于考察中国法律史，因为我们都知道，在中国古代，并不存在现代意义上的独立的法院，尤其是地方各级衙门往往是行政和司法合一的，但并不妨碍其成为"主要法律适用机关"。这样，除了立法渊源取向的视角，我们还可以从法律适用的视角来探求中国传统法的法源，从而使我们对中国古代法律体系的叙述更加丰富、完整。

根据拉兹的理论，一旦我们采取法律适用取向的标准，主要法律适用机关的特点和行为对于确立一种法律体系的成员资格来说是非常重要的。那么，"主要法律适用机关"的产生以什么为标志呢？当决定适用一种制裁的权力被集中在相对少数的几个人手里时，而如果它们已经掌握这种权力很长时间，并且已经广泛地使用这种权力定罪量刑时，主要机关就产生了。拉兹认为，研究主要机关的基本要素有助于认识介乎法律和前法律之间的规范体系。拿中国古代无"法"之名而有法之实的"礼"来说，史华慈先生敏锐地观察到其在功能上属于法，但礼的范围太大了，几乎无所不包。如梁治平先生所归纳的：

> 礼为文明表征，甚至可以说，礼就是文明。其形态则由低而高，由简面繁，从日用器物到生活仪节，从生产技艺到人伦纲纪，从家庭组织到社会规范，从乡俗土风到典章制度，终至无所不包。
>
> 礼既涵摄政治、经济、军事、法律、文化、教育、宗教、道德诸领域以及日常生活的各个方面，其重要性也就变得无所不在。礼亦非诸法之法，法上之法，而是巨细靡遗，规范万有。换言之，礼既是根本法，也是普通法、一般法，其形

态略近于后世所谓习惯法。自社会学角度观察，礼似乎包含了民风（folkways）、民仪（nones）、制度（Institution）、仪式和政令等。[1]

因此，“礼”只有其中一部分、只能在有限的范围内是法。那么，其中哪些部分属于法？这个有限的范围究竟在哪里呢？拉兹的法律体系理论为我们确定“礼”的哪些部分属于法的范围提供了识别、判断的标准，那就是“主要法律适用机关所直接或间接、明确或含蓄的承认”。

无独有偶，滋贺秀三先生在中国法律史的研究中也谈到过考察法源的两条途径。在《清代诉讼制度之民事法源的概括性考察——情、理、法》一文中，滋贺指出：在任何国家的法制史中，关于法律渊源的研究都是不可或缺的。或者毋宁说，法制史的研究首先是从对法律渊源的论述开始的。在中国法制史的研究中，法律渊源理论作为所谓法典编纂沿革的问题，很早以来一直受到关注。尽管在这个方面也仍有无数应做而未做之事，但法律渊源的研究还有一条途径，或者说是一条不可或缺的途径。这就是，着眼于现实的诉讼场景，通过分析审判事例，来揭示什么被作为审判的依据。

当然，立法渊源取向和法律适用取向的标准并非是水火不容的，主要法律适用机关当然不可能否认立法者所创制的法律，只是它所承认和适用的规则会比制定法更宽而已。接下来，我们将综合立法渊源取向和法律适用取向的视角、观察法律规则的内在视角和

[1] 梁治平：《“礼法”探原》，载《清华法学》2015年第1期。

外在视角来尝试认识中国传统法律体系的基本结构。看看"礼"在这一基本结构中处于什么样的地位，扮演着什么样的角色。

三、"失礼则入刑"——中国传统法的基本结构

如果说上一部分借用分析法学的法律识别理论来探讨中国传统法的识别问题，即中国传统法律体系由哪些成员构成，更确切地说，即"礼"究竟是否属于西文"法"的范畴，那么这一部分则试图通过对中国传统法律体系"失礼则入刑"的基本结构的探讨分析，进一步论证"礼"及其在魏晋后的具体表现形式"令"乃中国传统法的"主""本"，即构造性规范、主要规则、基本行为模式。

（一）"法律体系的内在结构即其内在关系模式"

拉兹《法律体系的概念》起首提出的借以着手探讨法律体系的四问题中的第三个问题为法律体系的基本结构问题：

> 3. 结构问题：存在一个所有的法律体系或某些类型的法律体系共享的结构吗？属于同一法律体系的法律规范之间是否存在什么关系模式并见诸所有法律体系，或者显示了不同类型的重要法律体系之间的差异？[1]

[1] "3. The problem of structure: Is there a structure common to all legal systems, or to certain type of legal systems? Are there any patterns of relations among laws belonging to the same system which recur in all legal systems, or which mark the difference between important types of system?" See Joseph Raz, *The Concept of A Legal System: An Introduction to the Theory of Legal System*, Second edition, p. 2.

拉兹批评奥斯汀的“主权者的命令”的法律定义排除了这一可能性：法律规范之间的内在关系乃构成一个法律体系的要素。拉兹实际上借对奥斯汀的批评回答了他自己全书开头提出的第三个问题，那就是：属于同一法律体系的法律规范之间存在内在的关系模式，所有法律体系概莫能外，因为法律规范之间的这种内在关系乃是构成一个法律体系的要素。既然是要素，那缺乏了，自然也就构成不了一个法律体系。拉兹进一步解释道：所谓法律规范之间的内部关系指的是法律规范之间相互关联、互相依存的关系。[1]

> 在探寻法律体系的结构时，我们应该只关注那类我们称之为内在关系的关系。当且仅当两项法律之间一者以另一者的存在为条件，或者影响其适用时，我们才称两者间存在着内在关系。除此之外的其他的关系，我们称之为外部关系。某一法律体系的内在结构即其内在关系的模式。[2]

---

[1] “The first element of the definition of law is our only clue to Austins opinion concerning the structure of a law. He never tackled the problem directly, but he says enough about the meaning of the term general command to enable us to reconstruct a rudimentary doctrine of the structure of laws. It will be one of our main contentions in this chapter that this doctrine Austin regards the issuing of a general command by the sovereign as legislation excludes the possibility of any internal relation between laws constituting a necessary element in a legal system. By internal relation between laws we mean relation between laws one or more of which refer to or presuppose the existence of the others.” See Joseph Raz, *The Concept of A Legal System: An Introduction to the Theory of Legal System*, Second edition, p. 6.

[2] “In searching for the structure of legal systems we should be concerned only with one kind of relation which we call an internal relation. An internal relation exists between two laws if, and only if, one of them (part of) a condition for the existence of the other or affects its meaning or application. Other relations will be called external relations. The internal structure of a legal system is its pattern of internal relations.” See Joseph Raz, *The Concept of A Legal System: An Introduction to the Theory of Legal System*, Second edition, p. 24.

作为一种法律体系，中国传统法的内在结构或者说其内在关系的模式如何？

(二)"失礼则入刑"——中国传统法的基本结构及其表现形式

1."失礼则入刑"——中国传统法的基本结构及其变奏

简言之，中国传统法的基本结构乃"失礼则入刑"。[1] 中国传统法的这一内在结构或者说内在关系模式自《尚书·皋陶谟》起就逐渐形成了。

> 《尚书·皋陶谟》："天叙有典，敕我五典五惇哉！天秩有礼，自我五礼有庸哉！同寅协恭和衷哉！天命有德，五服五章哉！天讨有罪，五刑五用哉！政事懋哉！懋哉！"

这段话中，从"天叙有典"迄至"五服五章哉"之前，"五典""五礼""五服"均可归于"礼"这一支；"天讨有罪"之"五刑"属于"刑"这一支。"礼"与"刑"都属于今天广义上的法，违背了"礼"则"有罪"，要受到"五刑"的惩罚。"失礼则入刑"的模式已可见。

到了西周，周公制礼，"礼"规范化、制度化，并由"刑"来保障强制执行。"礼"符合拉兹所说的作为法律规范的三个基本特征：

---

[1] 《后汉书·陈宠传》。

> 法律的三个最普遍、最重要的特征乃规范性、制度化和强制性。规范性意味着法律用以作为人们行为的指导；制度化意味着法律的适用和修改在很大程度上是由机构来进行的；强制性意味着运用强制力来内在地保证最终的服从、适用。[1]

这里，值得注意的是关于强制力的问题，拉兹在这里连续用了两个副词“内在地”（internally）、“最终”（ultimately）。以之考察“礼”与“刑”的关系，“内在地”意味着“礼”作为正面的行为模式与作为违反礼制的后果而受到惩罚的“刑”之间的内在关系，也即拉兹所说的一个法律体系的内在结构——“法律规范之间相互关联、互相依存的关系”，两类法律之间“一者以另一者的存在为条件，或者影响其适用”。而“最终”则意味着“礼”作为共同体的规则通常靠自觉的服膺，无须也不应时时要依靠强制力保障实施，只有在严重违反礼制的情形下才用得着“刑”最终出场。

现存《周礼》亦称《周官》，传说为周公所作，也许并不可靠，但作为一套理想的政治制度，自其成书，对后世的政治法律制度影响深远，从发生史的意义上是真实的。全书有六篇：

---

[1] “The three most general and important features of the law that it is normative, institutionalized and coercive. It is normative in that it serves, and is meant to serve, as a guide for human behavior. It is institutionalized in that its application and modification are to a large extent performed or regulated by institutions. And it is coercive in that obedience to it, and its application, are internally guaranteed, ultimately, by the use of force.” See Joseph Raz, *The Concept of A Legal System: An Introduction to the Theory of Legal System*, Second edition, p. 3.

天官冢宰第一

地官司徒第二

春官宗伯第三

夏官司马第四

秋官司寇第五

冬官考工记第六

这种以官统事的基本架构和体例直到在《大清会典》中依然可以看到。特别值得注意的是，《秋官司寇》即后世的刑部，掌刑事，但却是放在《周礼》中的，也就是说，在固有法系中，实际上是以"礼"统"刑（灋）"的，"礼"才是广义的法的总名，"刑（灋）"从属于"礼"，是辅助、保证"礼"实施的强制性手段，从后世"德（礼）主刑辅"的基本结构看《周礼》便一目了然。

春秋战国和秦朝，"礼坏乐崩"，中国传统法的基本结构"礼—刑（灋）"结构出现了不同的变奏，"礼"这一支衰败，地位和比重下降，随着铸"刑书"、刑鼎，"重刑少赏""行罚，重其轻者，轻者不至，重者不来"[1]，"民固骄于爱，而听于威"[2]，如李泽厚先生所言，所谓法家即罚家，刑九赏一，于是乎，"刑（灋）"这一支抬头。

"反者，道之动也"，[3] 进入汉以后，"法律儒家化"的进程开启，其实，这不过是"礼"这一支又逐渐复位，《汉书·刑法

[1]《商君书·靳令》。

[2]《韩非子·五蠹》。

[3]《道德经》第四十章。

志》中可以看到对《尚书·皋陶谟》和《周礼》的“礼刑”结构的追述和重新肯定：

圣人既躬明哲之性，必通天地之心，制礼作教，立法设刑，动缘民情，而则天象地。故曰：先王立礼，“则天之明，因地之性”也。刑罚威狱，以类天之震曜杀戮也；温慈惠和，以效天之生殖长育也。《书》云“天秩有礼”，“天讨有罪”。故圣人因天秩而制五礼，因天讨而作五刑。大刑用甲兵，其次用斧钺；中刑用刀锯，其次用钻凿；薄刑用鞭扑。大者陈诸原野，小者致之市朝，其所繇来者上矣。

《书》云“天秩有礼”，“天讨有罪”——明确地将“礼刑”结构追述到了《尚书》，“其所繇来者上矣”一语对此再一次予以确认。

贾谊的一段话则可视为对“礼刑（灋）”结构的内在关系所作的说明：

凡人之智，能见已然，不能见将然。夫礼者禁于将然之前，而法（灋）者禁于已然之后，是故法（灋）之所用易见，而礼之所为生难知也。若夫庆赏以劝善，刑罚以惩恶，先王执此之政，坚如金石，行此之令，信如四时，据此之公，无私如天地耳，岂顾不用哉？然而曰礼云礼云者，贵绝恶于未萌，而起教于微眇，使民日迁善远罪而不自知也。孔子曰：“听讼，吾犹人也，必也使毋讼乎！”为人主计者，莫如先审取舍；取舍之极定于内，而安危之萌应于外矣。安者非一日而安也，危者非一日而危也，皆以积渐然，不可不察也。人主之所积，在其取舍。以礼义治之者，积礼义；以刑罚治之者，积刑罚。刑罚积而民怨背，礼义积而民和亲。[1]

"夫礼者禁于将然之前"，可见"礼"作为"禁"乃是行为规范，属于广义之法，且是正面的行为模式，"使民日迁善远罪而不自知也"。"法（灋）者禁于已然之后"，可见此"法（灋）"乃狭义之法，即《尚书·吕刑》篇说的"五虐之刑曰灋"，即刑事法律，就因果关系而言属于违背礼制的已然后果而须承担的法律责任。修辞上也可以看出，从前文"夫礼者禁于将然之前，而法（灋）者禁于已然之后"的对举，到后文"以礼义治之者，积礼义；以刑罚治之者，积刑罚"的对举，"礼—法（灋）"与"礼—刑"是通用的，也就是后来许慎编定《说文解字》时"法（灋），刑也"之意。所以，"礼—刑"结构也即"礼—法（灋）"结构。

陈宠用了一个"则"字将"礼—刑（灋）"结构的内在逻辑关系作了最为明确简洁的表达——"失礼则入刑"：

《后汉书·陈宠传》："臣闻礼经三百，威仪三千，故《甫刑》大辟二百，五刑之属三千。礼之所去，刑之所取，失礼则入刑，相为表里者也。"

这样，自《皋陶谟》开启的"礼—刑（灋）"关系模式虽然

[1]《汉书·贾谊传》。

在春秋战国和秦有不同的变奏但到了汉以后随着法律儒家化又回归到“德（礼）主刑辅”的模式，并通过陈宠这位最高司法官员（廷尉）之口获得了“失礼则入刑”的明确表达，承上，启下。

《唐律疏议》“德礼为政教之本，刑罚为政教之用，犹昏晓阳秋相须而成者也”的“本用”说无非是“失礼则入刑”“德主刑辅”模式的另一种表达。不过，《唐律疏议》“德礼”并提，“为政教之本”，可证“德主刑辅”之“德”绝不仅仅是道德规范，“德”乃“德礼”的简称，作为政教之本，更是法律规范。

《大清会典》仿“昔成周之制”，分吏、户、礼、兵、刑、工六部“以官统事以事隶官”，并谓此“实万古之大经，莫能易也”[1] 仍不出《周礼》所奠定的“失礼则入刑”的“礼—刑（灋）”结构，仍表明“其所繇来者上矣”的意思。

2. 中国传统法“礼—刑（灋）”结构的具体表现形式

作为中国传统法律体系的基本结构，或者说内在关系模式，“礼—刑（灋）”结构虽在不同时期有不同的变奏，但“失礼则入刑”的基本模式在中华法系解体之前作为“万古之大经，莫能易也”。不过，作为“礼—刑（灋）”结构的具体表现形式，经历了“礼”主要以不成文的形式出现到成文化的变化。

如果说在汉以前“礼”可能主要以不成文的形式出现，那么至少从汉时起，“叔孙通所撰礼仪，与律令同录，臧于理官”。[2] 以拉兹的法定义，建制化的主要法律适用机关所承认的规则即

---

[1]《大清会典》序。

[2]《汉书·礼乐志》。

法。[1] 与律令同录，为理官所承认的"礼"当然属于法。

瞿同祖先生《中国法律与中国社会》中的基本命题"法律儒家化"，除了如前所说可以视为"礼—刑（灋）"结构经历了秦朝"法繁于秋荼，而网密于凝脂"，[2]"刑（灋）"这一支畸形上位，在汉以后"礼"这一支反弹与复位，在法律的具体表现形式上，特别是魏晋律令分野之后，"法律儒家化"则表现为"礼"的内容被纳入"令"中，以成文化的形式表现出来，并以"律"来保证执行。

李玉生在文章中强调"令"的重要性并指出"令"与"礼"的关联：令可能是后世礼的一种载体，从前规定在礼（如《周礼》）中的制度性规定到后世就体现在"令"里。魏晋作为中国律令体系发展的关键时期，中国传统法在法律形式上实现了律令分野，两者不仅在法典形态上分别独立，而且有了内容和规范性质上的区分，即律主要为刑事法规，而令则为正面制度性法规。李玉生并且认为，在中华法系的形成过程中，律、令都起了很大的作用，甚至令的作用更大。过去，我们虽然看到了令是中国古代的一种法律形式，却往往只是把它作为君主、皇帝的诏令等同看待，而没有看到在汉代，令已向系统化、法典化努力，它也是一种法典形式，而区别于律。章太炎《检论·汉律考》："周世书籍既广，六典举其凡目，礼与刑书次之，而通号以《周礼》。汉世乃一切著之于律。……迄唐，有《六典》《开元礼》。由是律始

[1] See Joseph Raz, *The Concept of A Legal System: An Introduction to the Theory of Legal System*, Second edition, pp. 192-193.

[2] （汉）桓宽《盐铁论·刑德》。

专为刑书，不统宪典之纲矣。”[1] 因此，日本学者研究中华法系时，将这种以律、令为主导的法律体系称为“律令法系”，律令体系是中华法系的一个重要的形式特征。[2]

高明士《中国中古礼律综论》中也持类似的看法，同样指出了“礼”与“令”的关联：

> 西晋司马氏以出身于东汉儒家大族，而将中国儒家政治理想之书由“圣经”作为“国法”，实是“古今之巨变”。在施政之具体做法，就是建制新的律令制度，同时也进行编纂礼典，此事虽没能如愿完成，但其具体以礼律建国，确实是“古今之巨变”，尤其颁行令典，除建立制度外，更具儒家教化意义。……宋神宗元丰二年（1079）六月二十四日，左谏议大夫安焘等上《诸司敕式》，神宗谕焘等曰：“禁其未然之谓令。”（《宋会要辑稿·刑法》）也将令解为“禁其未然”。礼所以解为令，或令解为礼，这是因为令典含有大量纳礼入令条文的缘故。所以令典的规定，具有礼教的作用，也在建立尊卑、贵贱、亲疏、长幼的等差秩序。《新唐书·刑法志·序》曰：“令者，尊卑贵贱之等数，国家制度也。”其意除说明令典的性质是规定国家的制度以外，又以令典来规定礼制；这个礼制，正如《荀子·富国篇》说：“礼者，贵贱有等、长幼有差、贫富轻重皆有称者也。”[3]

---

[1] 转引自李玉生：《魏晋律令分野的几个问题》，载《法学研究》2003年第5期。

[2] 参见李玉生：《魏晋律令分野的几个问题》，载《法学研究》2003年第5期；《唐代法律体系研究》，载《法学家》2004年第5期。

[3] 高明士：《中国中古礼律综论》，商务印书馆2017年版，“导论”。

从"礼禁于未然之前"的句式到"禁其未然之谓令"的句式，从逻辑上就可以推导出"礼"乃"令"的前身，"令"乃"礼"的转世、成文化。至于"礼—刑（灋）"结构"失礼则入刑"的内在关系模式，在《晋书·刑法志》中则有了逻辑相同而符号也即法律的具体表现形式不同的表达——"违令有罪则入律"："故不入律，悉以为令。施行制度，以此设教，违令有罪则入律。"[1]

到了唐朝，法律的主要表现形式为令、格、式、律，"礼"制的内容被纳入成文法令、格、式中，于是，"失礼则入刑"的内在关系模式就成为——失令、格、式而入于罪则一断于律。

> 《唐六典》卷六云："凡律以正刑定罪，令以设范立制，格以禁违止邪，式以轨物程事。"
>
> 《新唐书·刑法志》云："令者，尊卑贵贱之等数，国家之制度也；格者，百官有司之所常行之事也；式者，其所常守之法也。凡邦国之政，必从事于此三者。其有所及人之为恶而入于罪戾者，一断于律。"

到了清朝，"失礼则入刑"的结构在具体法律形式上，表现为失《大清会典》《大清会典则例》《大清会典事例》中吏、户、礼、兵、工等各部"典""则例""事例"（相当于"礼""令""格""式"），则入于"律例"（"刑"）。

---

[1]《晋书·刑法志》。

(三)“国之大事，祀与戎”：对“礼—刑（灋）”结构出于内在视角的解释

广义的法包括“礼”与“灋”，即礼灋结构，这一“灋”为狭义法，即刑事法律规范。中国传统法何以是“礼—刑（灋）”结构？我们可以尝试以哈特所说的理解法律规则的两种视角——“内在观点”和“外在观点”作出解释：

> 以下再次就规则的“内在”方面和“外在”方面所做的对比，可以用以揭示在理解法律和任何社会结构方面赋予这种区别重要意义的东西是什么。当一个社会群体有某种行为规则时，这一事实就为许多密切相关但却不同类型的主张提供了机会。因为就规则来说，有关的可能是：或者仅仅作为一个本人并不接受这些规则的观察者，或者作为接受这些规则并以此作为指导的一个群体成员。我们可将这些主张分别称为“外在观点”和“内在观点”。[1]

我们先从“内在观点”看看古人自己是如何解释“礼”“灋”的起源及其“礼—刑（灋）”结构的。我们可以从《左传》“国之大事，在祀与戎”[2] 中找到解释：礼起于祭——

[1] [英] 哈特：《法律的概念》，张文显、郑成良等译，中国大百科全书出版社1996年版，第90页

[2] 《左传·成公十三年》：“十有三年春……公及诸侯朝王，遂从刘康公、成肃公会晋侯伐秦。成子受脤于社，不敬。刘子曰：‘吾闻之，民受天地之中以生，所谓命也。是以有动作礼义威仪之则，以定命也。能者养以之福，不能者败以取祸。是故君子勤礼，小人尽力，勤礼莫如致敬，尽力莫如敦笃。敬在养神，笃在守业。国之大事，在祀与戎，祀有执膰，戎有受脤，神之大节也。今成子惰，弃其命矣，其不反乎？’”

"祀"，刑（灋）起于兵——"戎"，中国传统法的两支"礼"与"刑（灋）"便由此而来，并形成了"失礼而后刑"的结构。

1. 从"祀"到"礼"

根据许慎《说文解字》对"礼"之本义的解释："礼者，履也，所以事神致福也。"所谓"履也"，是指履行一定的仪式，具体说来就是以牺牲玉帛等来祭祀神灵祖先以求得它们的福祐。

礼虽然起源于祭祀，但如陈来所说，"礼"在后来的发展，并非直接继承了祭祀意义上的礼，更重要的是，在原始社会中祭祀乃是一种团体的活动，而团体的活动具有一定的团体秩序，包含着种种行为的规定。礼一方面继承了这种社群团体内部秩序的传统，另一方面发展为各种具体的行为规范和各种人际关系的行为礼节。陈来的这段话指出了从祭祀之礼到行为规范的发展轨迹。[1]

韦伯在《儒教与道教》一书中也表达了同样的意思，概括了从祭祀之礼到官职礼仪、社会惯例（习俗）的变迁途径：伟大的自然诸神日益非人格化，对它们的祭祀简化为官职礼仪，清除了这种礼仪中的一切情感成分，最后使之等同于社会惯例。[2] 当然，笔者并不赞同韦伯所说的"清除一切情感成分"的观点，温情脉脉正是"礼"的特征，一如温庭筠的词"斜晖脉脉水悠悠"的意境。

《论语·为政》篇中子张与老师孔子之间有段著名的对话，

[1] 参见陈来：《古代宗教与伦理——儒家思想的根源》，生活·读书·新知三联书店1996年版，第225页。

[2] ［德］韦伯：《儒教与道教》，王容芬译，商务印书馆2003年版，第223页。

也向我们透露了礼在夏商周三代的嬗变：

> 子张问：“十世可知也？”
>
> 子曰：“殷因于夏礼，所损益，可知也；周因于殷礼，所损益，可知也，其或继周者，虽百世，可知也。”

此段对话含义丰富：其一，在孔子看来，夏、商、周三代的政治法律制度的总称谓是“礼”而不是“灋”；其二，礼有损有益，也就是有扬弃有继承，周礼与殷礼的大不同就是，人礼重于鬼神之礼；其三，孔子的回答还向我们指示了中国政治法律制度在三代以后的未来走向。

礼发展到西周，经过周公“制礼作乐”的过程，终于发展到如孙希旦在《礼记集解》中所说的这样一个内容极其庞杂的系统：“夫礼，始于冠，本于昏，重于丧、祭，尊于朝聘，和于乡射，此礼之大体也。”朱自清先生在《经典常谈》里则用现代语言概括为政治制度、宗教仪式、社会风俗习惯等。从其功能上则起着“经国家，定社稷，序民人，利后嗣”[1] 的作用，以至于“道德仁义，非礼不成；教训正俗，非礼不备；分争辨讼，非礼不决；君臣上下，父子兄弟，非礼不定……”[2] 所以，陈来说中国古人企图用一个包容性很大的礼，来达到一个弥散性的目标。

虽然由于史料的阙如，去周未远的孔子已经在感叹：“夏礼，吾能言之，杞不足徵也；殷礼，吾能言之，宋不足徵也。文献不

---

[1]《左传·隐公十一年》。
[2]《礼记·曲礼上》。

足故也。足则吾能徵之。"[1] 我们现在常见的中国法制史教材由于受狭义法概念的导引，只能根据《左传》的零星记载"夏有乱政，而作禹刑""商有乱政，而作汤刑""周有乱政，而作九刑"等，往往着重罗列一些罪名和刑罚，因此而遮蔽了礼在夏商周三代作为政治法律制度主体的地位。对中国古代文献作过扎实考证功夫的老一辈法史学家程树德先生在《九朝律考》中明言：

> 三代皆以礼治，孔子所谓殷因于夏礼，周因于殷礼，是也。《周礼》一书，先儒虽未有定说，而先王遗意，大略可见。其时八议八成之法，三宥三赦之制，胥纳之于礼之中，初未有礼与律之分也。[2]

何以"分争辨讼，非礼不决"？

如前所述，礼源于祭祀，是一种以血缘为纽带，调整氏族内部关系的传统习惯。这样一种带有氏族制色彩的行为规范为什么在国家产生以后不但没有消亡，反而经过"损益""制礼作乐"的过程，成为治理国家、维护社会秩序、规范人们的权利义务的基本行为模式和"分争辨讼"的基本依据？这岂不是与我们学过的历史唯物主义"国家是建立在氏族制的废墟上"的基本常识相悖？

要回答这个问题，不能不到中国古代国家产生的特点中去寻求原因。

马克思在《政治经济学批判》中曾将古代国家的产生比作文

[1] 《论语·八佾》。
[2] 程树德：《九朝律考》，商务印书馆2010年版，第13页。

明婴儿的诞生，“从古代社会产生的路径而言，各式文明小孩，在其出生时也有区别，‘有营养不良的小孩，也有早熟的小孩，也有发育不健全的小孩。在古代氏族中属于此类范畴者甚多，惟希腊人为发育正常的小孩”。[1] 恩格斯则在《家庭、私有制与国家的起源》中总结了欧洲国家产生的三种方式：古希腊、古罗马和日耳曼式，指出国家是在氏族制的废墟上兴起的。

侯外庐等据马恩的理论研究中国古代国家的产生，沮丧地发现与“正常”的古希腊式不符（甚至与古罗马式和日耳曼式也不合）：

> 如果文明用“家族、私有、国家”三项来做文明路径的指标，那么，“古典的古代”是从家族到私产再到国家，国家代替了家族，“亚细亚”的古代是从家族到国家，国家混合在家族里面，叫做“社稷”。因此，前者是新陈代谢，新的冲破了旧的，这是“革命”的路线；后者却是新陈纠葛，旧的拖住了新的，这是维新的路线。前者是人惟求新，器亦求新；后者却是“人惟求旧，器惟求新”。[2]

侯外庐先生有解释：此处，“器惟求新”的“器”是指社会阶级分化以来统治者对被统治者的政权形式。“旧人”指的是被氏族血缘纽带束缚着的人。陈来在《古代宗教与伦理——儒家思想的根源》一书中指出，撇开价值评判，侯外庐等的观察是一种极重要的观察。

张光直《中国青铜时代》“连续与突破——一个中国古代文

[1] ［德］马克思：《政治经济学批判》，徐坚译，人民出版社1955年版，第173页。
[2] 侯外庐主编：《中国思想通史》（第1卷），人民出版社1957年版，第11~12页。

明起源的新说"中的事实观察与侯等相似，认为中国古代国家的形成有三个特点：其一，血缘关系未被地缘关系取代，而表现为亲缘加地缘；其二，政治秩序而不是技术、生产力是国家产生的原动力；其三，"天人合一"的宇宙观——"政统"的合法性依据。

虽则张光直的事实观察与侯外庐等相似，但价值评判与侯外庐等不同：认为中国国家产生与西方只是途径不同而已，西方表现为文明的"突破性"，中国表现为文明的"连续性"，无所谓"正常"与不正常、先进与落后。用梁漱溟先生在《东西文化及其哲学》中的观点，人生的基本问题没什么不同，但生活的"样式"（文化人类学中的 pattern，解决人生基本问题的办法）有所不同，主要有西方式、中国式和印度式三种。中国与西方是途径的不同而不是阶段的不同。

有关价值评判的问题，是"一人一义，十人十义""此亦一是非，彼亦一是非"的问题，争议永远无有结果。我们注重的还是中国古代国家产生的特点对政治法律制度的影响。由于中国古代国家产生表现为"连续性"或者说"人惟求旧，器惟求新"，"亲缘加地缘"，国家并不是建立在氏族制的废墟上，使以宗法为核心的"礼"在国家产生后并没有失去其作用，经过整合与系统化，仍然发挥着"经国家、定社稷、序名人、利后嗣"的作用，用恩格斯在《反杜林论》中的话来说，与西方相比，中国古代国家在统治方式上着重在传习的力量。与此同时，作为强制手段的"灋"也由于"报虐以威"的需要应运而生。于是，从"国之大事，祀与戎”中就引出了中国法的礼、灋这两支[1]。

2. 从“戎”到“灋”

《尚书·吕刑》是一篇记载由周穆王的司寇吕侯主持的立法活动的重要法律文献。据《史记·周本纪》，穆王名满，是康王之孙、昭王之子，50岁时即位。“夏商周断代工程”的学者们利用存世的数件青铜器铭文和史籍记载考证出穆王元年为公元前976年。[2] 相传穆王年轻时好游历，荒于治理。《山海经》里有《穆天子传》，传说这位穆天子就是周穆王，他曾经乘坐八匹骏马拉的车一直游玩到瑶池，与西王母相会，西王母用琼浆玉液款待这位穆天子。李商隐有《瑶池》诗：

瑶池阿母绮窗开，黄竹歌声动地哀。
八骏日行三万里，穆王何事不重来。

据叶嘉莹先生“迦陵说诗”：周穆王乘坐八骏拉的马车去往瑶池的半道上，到了黄竹这个地方，天降大雪，满地都是饿殍。人间有这么多的悲哀和苦难，所以尽管周穆王有日行三万里的八骏，可是再也没有重到西王母的瑶池。[3]

---

[1] 需要说明的是，“国之大事，祀与戎”的表达虽然发生在鲁成公十三年，出自刘康公之口，但刘康公所叙述的“国之大事，祀与戎”的史实并不是只发生在这一年，刘康公是在追述此前的历史和传统。而且，当刘康公总结归纳出这一表达并被《左传》记录下来之春秋之际，恰是“礼坏乐崩”之时，所以刘康公这话是对坏礼者的责备。

[2] 参见夏商周断代工程专家组：《夏商周断代工程1996—2000年阶段成果报告·简本》，世界图书出版公司2000年版，第26~27页。

[3] 参见叶嘉莹：《好诗共欣赏》（“迦陵说诗”系列），中华书局2007年版，第115~116页。

周穆王很长寿，《史记》说他在位共55年，因而《吕刑》开篇相当于“引言”部分说：“惟吕命，王享国百年，耄荒度作刑。”《列子·周穆王》篇曾赞叹：“穆王几神人哉！能穷当身之乐，犹百年乃徂。”[1] 也就是说穆王在玩得动的年纪玩够了，到了八九十岁玩不动的年纪想起来要好好治理一下国家，便任命吕侯为司寇，采纳吕侯的建议修刑律、发布诰令以约束四方，于是就有了这篇我国现存最早而有系统的法律文献，穆王也借由这次著名的立法活动而名世。由于建言修刑法及具体主持立法活动及实施者均是吕侯，故史官以《吕刑》名篇。吕侯以子孙封国于甫，[2] 后人亦称为甫侯，所以《吕刑》又称为《甫刑》。要说明的是，现存《吕刑》篇并非是吕侯修订的刑法本身，而是对这次重要的立法活动的追述。《吕刑》通篇虽然一直是以穆王的口气在说话，但反映的应该是主持立法活动的吕侯的法律思想。通过这篇古老的法律文献，我们可以了解灋的起源，刑与灋的关系，古人对刑法的看法及对后世的影响。

《吕刑》篇以穆王的口气回溯了一个古已有之的传说：黄帝之时，中原部落的首领黄帝联合炎帝与九黎苗民部落的首领蚩尤在涿鹿之野展开了一场大战，据说两军打得天昏地暗，血染遍野。《易》“坤卦”第六爻“上六”的爻辞为“龙战于野，其血玄黄”。为《易》作疏者说这指的可能是牧野之战，但用以解释涿鹿之战也未尝不可。大战以黄炎联军的取胜而告终，按照“胜

[1] 《尚书·吕刑》、《史记·周本纪》和《列子·周穆王》都是把周穆王在位前与在位的年数相加得“百年”之数，王充《论衡·气寿》篇却说“享国百年”之数不算在位前的，所以清朝孙星衍的《尚书今古文注疏》谓“不知王充之说何据”。我们还是从前一种说法。

[2] 古地名，大约在今河南南阳西。

者王侯败者寇”的叙事逻辑，黄炎正义之师历数了“寇贼”苗民的种种罪状，并在我们现在可见的文献中首度披露了刑、灋的起源及刑与灋的关系：

> 苗民勿用灵，制以刑，惟作五虐之刑曰灋。爰始淫为劓、刵、椓、黥，越兹丽刑并制，罔差有辞。

这句话的意思是苗民不敬神灵，不遵善道，也不听民众的申辩，并用五种残酷的刑罚来对付百姓，这“五虐之刑”也叫作“灋”。

由此我们知道，第一，刑从其起源时便与战争联系在一起，《国语》里也说：“大刑用甲兵，其次用斧钺，中刑用刀锯，其次用钻凿，薄刑用鞭扑，以威民也。故大者陈之原野，小者致之市朝。”学者们谓之“兵刑同源”或“刑起于兵”，梁启超《先秦政治思想史》解释道：“古代兵刑不分，作士之皋陶，其职在防蛮夷滑夏，盖含有以武御暴之意。故后世刑官之常，犹名之曰‘司寇’。”[1]

第二，起码在产生时，灋与刑是一回事，灋就是刑，刑就是灋，灋从一开头就带有血腥的痕迹。我们现在常见的法理学教科书上讲法的起源时，往往称引许慎《说文解字》的说法：“灋，刑也。平之如水，故从水；廌所以触不直者而去之。”但那实际上已经是包含了晚起的“灋”的意思，而不是初始的“灋”，更不同于西法东渐以后的“法”。即便是许慎的“灋”，也不否认

[1] 梁启超：《先秦政治思想史》，东方出版社1996年版，第58页。

"灋，刑也"。

《吕刑》篇接着解释，由于九黎苗民部落滥用"五虐之灋"，导致生灵涂炭，人民哀告于上天，与《酒诰》里的殷人失德的冲天酒气一样，伟大的天帝在九天之上也闻到了血腥味儿，起了悲悯心：

> 上帝监民，罔有馨香德，刑发闻惟腥。皇帝哀矜庶戮之不辜，报虐以威，遏绝苗民，无世在下。乃命重、黎绝地天通，罔有降格。

这可以视为刑、灋发展的第二阶段，即以"绝地天通"作为象征的统一的、有组织的暴力的出现。尽管在这里，《吕刑》篇的叙事方式采取了先是说"惟作五虐之刑"的是苗民，正义者是出于"报虐以威"，才"师夷之长技以制夷"的羞答答的"曲笔"。

不管怎么样，反正从此，刑、灋作为安定、维持社会秩序的不可或缺的工具得以"正名"，"为我所用"，因而《吕刑》篇接下来说"伯夷降典，折民惟刑""士制百姓与刑之中，以教祗德"。正统与异端的区别在于异端是"淫"为刑，而伯夷降典不仅有刑典，还有礼典，在"礼"失效之处才用刑；而且在不得已用刑时有其原则——"中"，即刑罪相当，不轻不重；最后还要考虑刑罚适用的最终目的和价值，是为了引导民众敬重德行，自我约束。到这时，刑、灋的性质也发生了变化，由原来的"五虐之刑"变成了有内在价值追求的行为规范："典狱，非讫于威，惟讫于富。"意思是说刑罚的目的不是威吓老百姓，而是使受罚者悔过自新，使民众得到教益，治者与受治者都因此而得到上天的福祐。

你也许可以对《吕刑》上篇追述历史时“成王败寇”的叙事逻辑抱持将信将疑的态度，但正如阿克顿勋爵对历史的深刻认识：历史并非纯粹的事实，而是有道德与信仰的法则贯穿始终。我们在阅读历史的同时也是在阅读我们先人的信仰，用阿克顿的话就是“read the faith into history”。[1] 我们的先人从一开始，就认为刑、灋是一种“国之利器”，也是一种“凶器”，不得已而用之，亦唯有德者能用之。直到清纪晓岚撰《四库全书》总目，谈到刑时仍然持这一看法：“刑为盛世所不尚，亦为盛世所不能废。”如果我们能恢复一点对刑、灋的“原初记忆”，知道刑、灋并非中国古代法的全部，而侧重于古代法的刑事部分，那么对纪晓岚的这一说法也许可以抱持理解的同情，而不认为这是在整体地轻视法律的作用。

布迪和莫里斯在《中华帝国的法律》中说：“真正引人注意的是这样一种现象，即中国人最初是以明显的敌意来看待法律的，似乎法律不仅是对人类道德的背叛，而且也是对宇宙秩序的破坏。如果我们想到法律在其他文明古国中的崇高地位时，上面这种情形就越发地引起我们的注意了。”其实，布迪、莫里斯所说的中国人最初对法律的看法，或许限定为对刑、灋的看法更适当。[2]

---

[1] 参见冯克利：《阿克顿的历史解释“模型”》，载《南方周末》（文化版）2008年11月27日。

[2] ［美］布迪、莫里斯：《中华帝国的法律》，朱勇译，江苏人民出版社2003年版，第8页。

（四）对"礼—刑（灋）"结构出于外在视角的解释

所谓"外在观点"，也就是外部观察者的视角，相对于中国古人，现当代的国人与西方人都属于"他者"，都属于从"外在观点"去观察和解释中国传统法。对于"失礼则入刑"或"违令有罪则入律"的中国传统法的"礼—刑（灋）"结构或曰"律令体系"，我们可以试从以下几种"外在观点"予以解释。

1. "礼—刑（灋）"结构——分配正义与矫正正义

荀子谈到"礼"的起源和功能，在于"分"：

> 礼起于何也？曰：人生而有欲，欲而不得，则不能无求。求而无度量分界，则不能不争；争则乱，乱则穷。先王恶其乱也，故制礼义以分之，以养人之欲，给人之求。使欲必不穷于物，物必不屈于欲。两者相持而长，是礼之所起也。

这一"分"字既作名词——"度量分界"，也作动词——以此度量分界"分之"，来消弭纷争。一旦作为"度量分界"的"礼义"定了，则"贵贱有等，长幼有差，贫富轻重皆有称者也"[1]。故而荀子再次将"礼义"比作度量衡，也就是规矩、规范：

> 故绳墨诚陈矣，则不可欺以曲直；衡诚县矣，则不可欺以轻重；规矩诚设矣，则不可欺以方圆；君子审于礼，则不

[1]《荀子·礼论》。

可欺以诈伪。故绳者，直之至；衡者，平之至；规矩者，方圆之至；礼者，人道之极也。[1]

同样，司马光也将“礼”与定“分”相联系，是国家的基本制度——“纪纲”：

臣闻天子之职莫大于礼，礼莫大于分，分莫大于名。何谓礼？纪纲是也。何谓分？君、臣是也。何谓名？公、侯、公、卿、大夫是也。[2]

礼有等差，从形式性的角度看，“礼”类乎于分配正义，在亚里士多德那里，分配正义的要义本来就是分配的成比例，即平等的人之间占有或分得平等的份额，不平等的人之间不应平等地分配：

两个人相互是怎样的比例，两份事物间就要有怎样的比例。因为，如果两个人不平等，他们就不会要分享平等的份额。只有当平等的人占有或分得不平等的份额，或不平等的人占有分得平等的份额时，才会发生争吵和抱怨。从按配得分配的原则来看这道理也很明白。人们都同意分配的公正，要基于某种配得，尽管他们所要的并不是同一种东西。民主制依据的是自由身份，寡头制依据的是财富，有时依据的是高贵的出身，贵族制则依据德性。所以公正在于成比例。因

[1] 《荀子·礼论》。
[2] （北宋）司马光：《资治通鉴·周纪一》。

> 为比例不仅仅是抽象的量，而且是普通的量。比例是比率上的平等。[1]
>
> 分配的公正在于成比例，不公正则在于违反比例。[2]

相应地，在"失礼则入刑"或"违令有罪则入律"的中国传统法的"礼—刑（灋）"结构下，"礼""令典"既属于分配正义，"刑（灋）""律"则属于"失礼""违令"的矫正正义。[3]

> 它只问是否其中一方做了不公正的事，另一方受到了不公正对待；是否一方做了伤害的行为，另一方受到了伤害。既然这种不公正本身就是不平等，法官就要努力恢复平等。如果一方打了人，另一方挨打；或者一方杀了人，另一方被杀了，做这个行为同承受这个行为，这两者之间就不平等，法官就要通过剥夺行为者的得来使他受到损失。[4]

2. "礼—刑（灋）"结构——构造性规范与裁判性规范的结合

荀子"制礼义以分之"和司马光"礼莫大于分"的意思，如果借用埃利希在《法律社会学基本原理》中对规则的分类，那么，作为"度量分界"以使"贵贱有等，长幼有差，贫富轻重皆

---

[1] ［古希腊］亚里士多德：《尼各马可伦理学》，廖申白译注，商务印书馆2003年版，第134~135页。

[2] 同上书，第136页。

[3] 参见［古希腊］亚里士多德：《尼各马可伦理学》，廖申白译注，商务印书馆2003年版，第五章第三节"分配的公正"、第四节"矫正的公正"。

[4] 同上书，第137页。

有称者也”的“礼”则属于“构造性规范”：

> 法律必须由国家创制不是法律概念中的本质因素，它也构不成法院或其他裁决机构裁决的基础，它也不是裁决必然产生的法律强制的基础。……在联合体之概念的范围内，法律是一种构造方式，换句话说，法律是一种为联合体每一个成员分配在团体中地位——不管这些成员在团体内是支配者还是被支配者（Uberordnung，Unterordnung）——和职责的规则；现今完全不可能承认存在于这些联合体中的法律其主要目的是为了裁决因社区关系而产生的争端。据以裁判法律纠纷的法律规范即裁判规范仅仅是一种具有有限功能和目的的法律规范。[1]

相应地，“刑（灋）”属于失“礼”后的“裁判性规范”，只具有有限的功能。

3. “礼—刑（灋）”结构——主要规则与辅助规则的结合

一般认为，社会学法学的法概念是比较宽泛的、扩张性的（over-inclusive），而分析法学的法概念则比较严格，属于限缩性的（under-inclusive），[2] 但其实较为狭窄的是边沁、奥斯汀等传统的分析实证主义法学的法概念，哈特的法概念则不然，甚至与埃利希有共通之处。

---

[1] ［奥］尤根·埃利希：《法律社会学基本原理》，舒国滢译，中国社会科学出版社2009年版，第16页。

[2] 参见颜厥安：《中国法制史与其他法学课程的关系》，载颜厥安：《法与实践理性》，中国政法大学出版社2003年版。

> 如果我们要理解法律，不言而喻，十分重要的是去观察法院正要实施法律制裁时是如何执行法律的。但这一点不应诱使我们去想象，所有要去理解的东西都发生在法院里。法律作为一种社会控制手段作用，不是在私人诉讼或公诉中见到的，这些活动虽然至关重要，却始终是补救法律失败的辅助性措施。法律存在于法院之外被用于控制、指导和计划生活的各种方式中。[1]

哈特《法律的概念》中对规则的分类除了人所共知的第一级规则（primary rules）与第二级规则（secondly rules）的分类，还有一个重要的分类，那就是主要规则（principal rules）与辅助规则（ancillary rules）的分类。作为一种社会控制手段，“在法院之外被用于控制、指导和计划生活”才是主要规则，类乎于埃利希的“构造性规范”；法院在“补救法律失败的辅助性措施”也即实施法律制裁时执行的法律乃辅助规则，类乎于埃利希的“裁判性规范”。

在中国传统法“礼—灋（刑）”结构中，“德（礼）主刑辅”“大德（礼）小刑”，“礼”处于“主”“右”的地位，属于主要规则；“灋法”处于“辅”“助”之地位，属于辅助规则。《春秋繁露》中，这类表达与论证随处可见：

> 《春秋繁露·阳尊阴卑》：“天之近阳而远阴，大德而小刑也。是故人主近天之所近，远天之所远，大天之所大，小

[1]［英］哈特：《法律的概念》，张文显、郑成良等译，中国大百科全书出版社1996年版，第41页。

天之所小。是故天数右阳而不右阴，务德而不务刑；刑之不可任以成世也，犹阴之不可任以成岁也；为政而任刑，谓之逆天，非王道也。”

《春秋繁露·天辨在人》：“故刑者，德之辅，阴者，阳之助也。”

《春秋繁露·阴阳位》：“天之任阳不任阴，好德不好刑如是也。”

《春秋繁露·基义》：“天出阳为暖以生之，地出阴为清以成之，不暖不生，不清不成，然而计其多少之分，则暖暑居百而清寒居一，德教之与刑罚犹此也。”

至于如《唐律疏议》“礼为政教之本，刑罚为政教之用，犹昏晓阳秋相须而成者也”[1] 的“本用”说无非是“主辅”说即主要规则与辅助规则的另一种表达。

哈特曾批评奥斯汀“以威胁为后盾的命令说的极端形态”，“把辅助的规则和主要的规则做了一个倒置”，“刑法和所有其他设定义务的法律早已符合强制命令的简单模式，但这样做会把所有授权的并规定法律权力行使方式的规则简化成这种单一的形式”。[2]

倘不理解中国传统法“德（礼）主刑辅”“失礼则入刑”“违令有罪则入律”的“礼—刑（灋）”结构，只强调作为辅助规则的“刑（灋）”“律”，而不见“礼”“令”这些主要规则，

[1] 《唐律疏议》卷一。
[2] [英] 哈特：《法律的概念》，张文显、郑成良等译，中国大百科全书出版社1996年版，第42页。

就会得出"诸法合体，以刑为主"的所谓中华法系的"基本特征"，用哈特的话说，乃辅助规则和主要规则的倒置。

张文显教授等译的中文版哈特《法律的概念》对 primary rules-secondly rules 与 principal rules-ancillary rules 两对规则的翻译时有混淆，有时将 primary rules-secondly rules 这对规则译为第一性规则与第二性规则，有时又将 primary rules 译作"主要规则"：

> 只有在比较复杂的社会情况中，即在第一性的承认规则被接受并被用于确认主要的义务规则的情况中，这些真理才能显示出来，其重要性才能得到适当的估价。正是这种情况才值得（如果有什么东西值得的话）称为一个法律制度的基础。
>
> 凡是这样一个承认规则被接受的地方，就为私人和官员提供了确认主要的义务规则的权威性标准。[1]

两段话中，对 primary rules of obligation，中文版均用了"主要的义务规则"这样的译法，这就与第三章"法律的多样性"里的 principal rules 混了，无以区分。据《柯林斯词典》：principal means first in order of importance。也就是说，principal rules 与 ancillary rules 这对规则的分类依据是规则的地位的主次和在重要性上的差异。正如"德（礼）主刑辅""礼—刑（灋）"结构中"德（礼）"为主，为主要规则（principal rules）；"刑（灋）"为辅，为次要规则（ancillary rules）。

[1] ［英］哈特：《法律的概念》，张文显、郑成良等译，中国大百科全书出版社 1996 年版，第 101 页。

而据《柯林斯词典》：primary is used to describe something that occurs first。也就是说，primary rules 与 secondly rules 这对规则的分类，分类的标准不是规则的地位、重要性的主次，而是发生逻辑上的先后，比如承认规则虽然属于第二级的规则，但重要性绝不亚于甚至更重于设定义务的第一级规则，因为它是判断、识别第一级规则的规则，是从前法律世界进入法律世界的标志。

要说明的是，虽则本文第二部分论证了中国传统法的承认规则在“礼”中，但“礼”中不仅仅只有第二级的承认规则，如前所述，“礼”还包括作为分配正义的“度量分界”，使“贵贱有等，长幼有差，贫富轻重皆有称者也”。所以，“礼”既有设定公私权力（利）的第二级的规则，也有设定义务的第一级规则，“礼”是一个混融的体系，不能简单地拿 primary rules 与 secondly rules 来套，以为“礼”非此即彼。

4. “礼—刑（灋）”结构——行为模式与行为后果

从前述一系列表述“礼者禁于将然之前，灋者禁于已然之后”[1]“失礼则入刑”[2]“违令有罪则入律”[3]“令者，尊卑贵贱之等数，国家之制度也；格者，百官有司之所常行之事也；式者，其所常守之法也。凡邦国之政，必从事于此三者。其有所及人之为恶而入于罪戾者，一断于律”[4]可以推出中国传统法“礼—刑（灋）”基本结构的内在逻辑关系模式：“礼”“令”为如哈特所说“存在于法院之外被用于控制、指导和计划生活”的

[1]《汉书·贾谊传》。
[2]《后汉书·陈宠传》。
[3]《晋书·刑法志》。
[4]《新唐书·刑法志》。

正面的行为模式，而"刑""律"规定严重违"礼""令"有罪须承担的法律后果。"刑""律"以"礼""令、格、式"的存在为前提，若无"礼""令、格、式"作为行为模式在先，则如瞿同祖先生所言，没有行为模式的单纯惩罚是没有意义的。所谓"有无相生，难易相成，长短相形，高下相盈，音声相和，前后相随，恒也"[1]，难以想象没有"将然之前"的行为模式，只有行为后果的"已然之后"。

四、灋失礼、制——原初记忆在"出口转内销"过程中的丧失

如前所述，礼乃中国传统法的"承认规则"、构造性规范、主要规则，中国传统法的基本结构乃"失礼入刑"的"礼—灋"结构，以"礼"统"灋"，那何以在中西交流的津渡"法灋"胜出，成为西文 LAW 的对译呢？

（一）小斯当多译《大清律例》：law 与"律""灋"（律例）对应关系的建立，"礼""制"在内容上被遮蔽

1810 年，小斯当多[2]译《大清律例》在伦敦出版，是中国

[1]《道德经》第二章。

[2] George Thomas Staunton（1781—1859），也译作司当东、史当多等，是近代中英关系史上无法绕开的一位重要人物，其父乔治·伦纳德·斯当东准男爵（Sir George Leonard Staunton，1737—1801），也被称为老斯当东，曾任 1792 年英国马戛尔尼（George Macarmey，1737—1806）使清使节团副使，小斯当多则是此行的见习侍童（page boy）。小斯当多亦是英国第二次访华即 1816 年阿美士德（William Pitt Amherst，1773—1857）使团的副使。转引自［英］小斯当东：《小斯当东论中国与中国法——小斯当东〈大清律例〉译者序（1810 年）》，屈文生、靳璐茜译，载《南京大学法律评论》2015 年第 1 期。

的法典第一次以完整的形式在西方出版，英译本的名称为：*Ta Tsing Leu Lee; Being the Fundamental Laws, and a Selection from the Supplementary Statute of the Penal Code of China*。对小斯当多此英译本的副标题，笔者与张伟仁先生在邮件中曾有过探讨，整理如下：

笔者：小斯当多这《大清律例》英译本的副标题应该怎么翻译？

张伟仁先生：The title of Staunton's book can be rendered：大清律例—清代基本法律和若干刑事则例。

笔者：您说 The title of Staunton's book can be rendered：大清律例—清代基本法律和若干刑事则例，那意味着 Ta Tsing Leu Lee; Being the Fundamental Laws, and a Selection from the Supplementary Statute of the Penal Code of China 这个书名的副标题在语法上 of the Penal Code of China 只修饰 a Selection from the Supplementary Statute，不修饰 the Fundamental Laws？我看了小斯当多的《大清律例》译者序，小斯当多是知道《大清律例》只是刑法典，“律”只是刑事的基本法律这点的。

张伟仁先生：The subtitle means “Ta Tsing Leu Lee” is “the fundamental laws” of the Qing, and in this book there are a number of bylaws selected from the Qing Penal Code. It is confusing because the Qing had many more “fundamental laws” than Ta Tsing Leu Lee and the bylaws were selected from the penal section of Ta Tsing Leu Lee, there is not an independent “Penal Code of China”. For these reasons I don't think you need to translate the complete title.

笔者：张老师，我只是想搞清楚“法”概念的中西古今的混淆，严复在翻译《法意》时说过西文的 law，在中文里有理、礼、灋、制四者之异译，那最终为何"法"字胜出，"法"字胜出对后人认识、看待中国传统法产生了什么影响等。我当然知道清有许多的基本法律，远不止《大清律例》。因为小斯当多翻译《大清律例》是一个重要的关节点，对后来马礼逊编《五车韵府》《英汉字典》都有影响，所以我想从语词、语法角度看看小斯当多是怎么译《大清律例》的标题的。我问过外语系的老师，说是 Being the Fundamental Laws, and a Selection from the Supplementary Statute of the Penal Code of China 这个书名的副标题在语法上 of the Penal Code of China 除修饰 a Selection from the Supplementary Statute，应该也修饰 the Fundamental Laws。我就有点搞不清小斯当多这个副标题的本义了。

张伟仁先生：Many people have different opinions about what "law" means. I do not believe any of the opinions matters much. Least of all any of them really affected the development of legal institutions. I am more interested in what various norms actually function in society.

笔者：我也并不在意 opinions，我在意的是古今中西"法"的范围问题。[1]

重读小斯当多当年的《大清律例》译者序，再次确认小斯当多是知道《大清律例》只是刑法典的：

[1] 笔者与张伟仁先生 2015 年 12 月 14~18 日的邮件。

在任何情况下，译者都这么安慰自己：如实翻译《中国刑法典》本身就十分有趣，因为翻译其他任何一部中国作品都无法能像本书一样，简明地解释中国政府的独特体系、组织结构及国内政策的基本原则、国民习惯和性格与它们的关系，以及它们之于中国人总体情形的影响。[1]

小斯当多非常明确地称自己翻译的《大清律例》为《中国刑法典》，而且他也知道除此之外，“可以想象这个国家的法律一定众多而复杂”[2]。

在所有尚未翻译成欧洲语言的现存中国古典和现代出版物中，《大清律例》（或《中华帝国刑法典》）无疑属于第一流的作品。因为它涉及的主题意义重大，制定之初就具备绝对的权威。时至今日，它在不同阶段都不断得到认可和巩固。这部作品具备相对简单的风格和简明的形式，两大优点融于一体，所以比起大多数类似中文作品，它在许多方面都更加易于理解。

吉本先生（Mr. Gibbon）说过，“法律是国家历史中最具启发性的部分”。但从宏观角度而言，中国的法律脱胎于人们从漫长历史中获取的智慧和经验，而中国政府属于一个举世无双的帝国，疆域和人口都足以睥睨世界。可以想象这个国家的法律一定众多而复杂。令人尴尬的是，中国的法律还

---

[1] [英] 小斯当东：《小斯当东论中国与中国法——小斯当东〈大清律例〉译者序（1810年）》，屈文生、靳璐茜译，载《南京大学法律评论》2015年第1期。

[2] 同上。

常与民事、政治和礼仪制度的历史和现状等诸多细节混杂在一起，以至于单个探讨这些主题的作品有时候会长达一百卷，总数便更是达到了惊人的程度。[1]

如果想从这些为数众多、形形色色的材料找出某种简明的方式来描述中国法律制度的真正精神和特点，这种尝试即使不是毫无希望，至少也算是个大胆之举。然而，《大清律例》可以避免这些辛劳和没有止境的搜寻，因为无论怎样谨慎地挑选，官方材料肯定具备最高的权威性。中国政府由几个各不相同却并非完全独立的分支或部门组成，分别负责民事和军事事务、公共收支、国家仪式和典礼、公共工程和司法管理，每一个部门都受特定的法典和制度约束；但帝国的法律，最严格也最恰当地说是刑法，相形之下是独属刑部的一个最为特殊的领域。所有法规，无论是与刑罚直接相关的规定（通过谴责惩罚抗命行为），或间接相关的规定（通过强制实施），或多或少都与每个部门有联系。这些部门在落实法律的过程中也维护着整个体制。

因此，《大清律例》虽然只由刑部一个部门制定，但它间接涉及中国政府的其他各个组成部门，它可传达出有关民事和军事事务、公共岁入和工程、仪式制度规章等信息。虽然它并不像专门探讨这些主题的作品一样清楚全面，欧洲读

[1] 小斯当多这里所说的中国的法律"长达一百卷"应该指的是乾隆朝所修的《大清会典》，因为康熙朝与雍正朝的会典"典"与"例"不分，分别为162卷与250卷，至乾隆朝始"典"与"则例"分开，分为《清会典》100卷，《清会典则例》180卷。嘉庆朝会典告成于嘉庆二十三年（1818年），小斯当多译书时尚未告成。且嘉庆朝会典分为《清会典》80卷，《清会典事例》920卷，目录8卷；《清会典图》132卷，目录2卷，总计1140卷。会典本身的卷数也与小斯当多文中卷数不合。

者应该还是可以了解到这些内容。

小斯当多出于如其所说为“避免这些辛劳和没有止境的搜寻”，“想从这些为数众多、形形色色的材料找出某种简明的方式来描述中国法律制度的真正精神和特点”的目的，选择了“具备最高的权威性”，在“最严格”的意义上属于法律的范畴，且“最为特殊的领域”下手，翻译《大清律例》，当然是可以理解的，也是颇为明智、经济的选择。其贡献就不说了[1]，这里，主要探讨一下这一“选择性翻译”所带来的后果：

第一，从内容看，基本法律“之一”成为“唯一”。如前所述，小斯当多选择翻译《大清律例》的原因在《译者序》中已有交代，一方面，出于时间精力等考虑不得已；另一方面，“最高权威性”“最严格”这样的选择标准则是出于其形式化的法律观。

在英国，如哈特所说，18世纪是边沁的世纪，阿蒂亚和萨默斯也证实了这点，而且认为不仅是18世纪，边沁的影响延及19世纪乃至迄今：

> 边沁强调理想的法律应该采取成文法规则的形式。终其一生，他都在强调立法的好处，推动普通法的法典化。[2]
>
> 边沁理论中的这四个特点与我们所指出的英国政治与法律著作中暗含的形式化的法律观（vision of law）相契合。所

[1] 参见侯毅：《欧洲人第一次完整翻译中国法律典籍的尝试——斯当东与〈大清律例〉的翻译》，载《历史档案》2009年第4期。

[2] ［美］P. S. 阿蒂亚、R. S. 萨默斯：《英美法中的形式与实质——法律推理、法律理论和法律制度的比较研究》，金敏、陈林林、王笑红译，中国政法大学出版社2005年版，第190页。

有法律都是由一个正当的权威机构设定或制定的；法律与道德没有必然联系；法官不得创造或改革法律；所有的权利，包括财产权，都来源于法律；所有这些理念都与形式化的法律观相契合，而与更实质性的法律观不相一致或不怎么相容。与此同时，这些理论显然不可能不受到英国的政治和宪政体制的事实的影响。法律"命令说"在语言上所体现出的特征与议会在英国政治体系中新近扮演的角色相吻合。自从1688年"光荣革命"以来，议会在法律上的最高权威地位逐渐得到确认，尽管在边沁的时代，议会所代表的不过是一小部分平民。再者，那时由议会颁布的一般法（或公法）大多数是刑法，当然更接近于法律的命令模式。[1]

从边沁和奥斯汀的时代起……从宽泛的角度来看，边沁式实证主义的特征支配了英国的法律理论和法律体系。……有关法律本质的命令或强制说牢牢地占据着主导，而这，正如我们前面所指出的，与判别法律有效性的纯粹形式标准的适用密切相关。什么是法律，只能根据它是否主权者的命令来确定；主权者的命令，也只有主权者的命令，才是法律。因此，确定某样东西是不是法律与其实质内容无关；与理性的指示无关；与对法律本质或永恒法（the law of God）的吁请无关。[2]

---

[1] ［美］P. S. 阿蒂亚、R. S. 萨默斯：《英美法中的形式与实质——法律推理、法律理论和法律制度的比较研究》，金敏、陈林林、王笑红译，中国政法大学出版社2005年版，第191页。

[2] 同上书，第203~204页。

所谓“边沁、奥斯汀时代”一言以蔽之，即异于英国的普通法传统，重视、高看立法，尤其是法典。

另外，哈特还谈到过奥斯汀“以威胁为后盾的命令”说对英国法律理论的广泛影响：

> 有人认为，在这类情景中，当一个人对另一个人发出以威胁为后盾的命令，强制（前述意义上的强制）他服从时，我们就发现了法律的本质，或者至少可以说是发现了“法律科学的关键”。[1]
>
> 他接着又谈及法律与道德的区别。曾对英国法理学产生了广泛影响的奥斯汀的分析，就是以此为出发点的。[2]

哈特还多次谈到刑事法规在各种类型的法律规则中是最接近于奥斯汀“以威胁为后盾的命令”的法定义的[3]，小斯当多生当边沁、奥斯汀时代，时风熏习之下，出于传统实证主义的形式化法律观而选择翻译《大清律例》，就完全可以理解了。

问题是，如张伟仁先生邮件中指出的——“the Qing had many more ‘fundamental laws’ than Ta Tsing Leu Lee”（清朝除了《大清律例》外还有许多的“基本法律”），这也是小斯当多“译者序”中承认“可以想象”的。但在“选择性”翻译《大清律例》而没有也不可能有后续对大清其他众多基本法律翻译的跟进的情

---

[1] J. Austin, *The Providence of Jurisprudence Determined*, Lecture I, ed. Hart, London, 1954, p. 13.

[2] [英] 哈特：《法律的概念》，张文显、郑成良等译，中国大百科全书出版社1996年版，第7页。

[3] 同上书，第二、三章。

况下，作为基本法律"之一"的《大清律例》在西方人眼里于是乎难免成为"唯一"的基本法律。

第二，从书名标题看，《大清律例》凸显、易误解为清朝唯一的基本法律。小斯当多对《大清律例》书名的英译本来没有问题，但副标题的表述中间用逗号一隔，凸显、"一目了然"的感觉是《大清律例》Being the Fundamental Laws，即便精通中国传统法又在美国负笈多载、其后又在哈佛等校教授中国传统法的张伟仁先生也在将小斯当多《大清律例》英译名回译为中文时译作《〈大清律例〉——清代基本法律和若干刑事则例》，当然，张先生如此译的原因可能是由于他不认为存在 an independent "Penal Code of China"，但至少提示人们，小斯当多副标题的翻译有可能让人们忽略了后面的 of the Penal Code of China，径直将《大清律例》作为 the Fundamental Laws，尤其是在其他 Fundamental Laws 缺席的情形下，至少在西方人的认知和想象里，《大清律例》可能就径直等于"基本法律"之全部。而这样的认知和想象不幸后来又在中法西渐—西法东渐的"出口转内销"的过程中又转回了中国，影响国人至今。

第三，从语词来看，通过无意、有意不断的"化约"，英文语词 LAW 与中文语词"律例""灋法"的对应关系建立。

如严复所指出的，英文 law 在中文里有理、礼、灋、制四者之异译，也就是说，理、礼、灋、制四者都有法的含义，且如本文第二、三部分所讨论的，使中国传统法从前法律世界迈入法律世界的决定性的第二级规则"承认规则"是在"礼"中，中国传统法内部"礼—灋"结构的关系是礼主刑辅，以礼统灋。至于"律"的性质，在魏晋律令分野后已经明确属于定罪量刑的刑事法律，故西晋《泰始律》谓“律以正罪名，令以存事制”[1]，《唐六典·刑部郎中员外郎》总结为：“律以正刑定罪，令以设范立制。”一言以蔽之，“律”在二元结构中属于“刑”，属于“灋”这一支，也即许慎《说文解字》“灋，刑也”，段玉裁《说文解字注》“刑，罚罪也”。《大清律例》属于刑法典无疑。笔者曾问及俞江对《大清律例》如何定性，俞江亦答曰：“就是刑法典。没其他意见。”并特意补了一句：“By the way，田涛虽然点校了大清律例乾隆版，但一直持就是刑法典的观点。”[2]

本来，小斯当多译《大清律例》的英文标题是确切的，英文标题 *Ta Tsing Leu Lee*；*Being the Fundamental Laws*，*and a Selection from the Supplementary Statute of the Penal Code of China* 回译为中文即《〈大清律例〉：中国刑法典中的基本法律与若干刑事则例》。倒是

---

[1] 《太平御览》卷六三八引杜预《律序》。（北宋）李昉等撰，中华书局影印本1985年版。转引自刘广安：《令在中国古代的作用》，载《中外法学》2012年第2期。刘广安文中写道：晋代杜预指出，“律以正罪名，令以存事制”。进一步明确了令与律的区别，令是一种正面规定国家制度并指导人们正确作为的行为规范，律是一种规定罪名并制裁非法犯罪的行为规范。令的教化作用，晋代也有明确的认识，即《晋书·刑法志》中所言：“故不入律，悉以为令。施行制度，以此设教。”唐宋时期，令的指导作用有了新的概括说明。《唐六典·刑部郎中员外郎》总结为：“律以正刑定罪，令以设范立制”。这与晋代杜预区别令与律的认识是相同的，但表述更加完整了，律规定罪名和确定刑罚的两个方面都概括了，令建立制度和设立行为准则的两层含义也概括了。《新唐书·刑法志》总结为：“令者，尊卑贵贱之等数，国家之制度也。”这一总结指出了令规定国家制度的重点所在是，维护尊卑贵贱有别的等级秩序和行政制度。《宋史·刑法一》记载：宋神宗谕“禁于未然之谓令”。宋神宗强调了令在治理国家中的指导作用和预防作用。明太祖朱元璋在洪武元年颁行《大明令》时，不仅强调令的指导作用，而且突出令的教化作用：“令以教之于先，律以齐之于后。……天下果能遵令而不蹈于律，刑措之效亦不难致。”［（明）丘濬：《大学衍义补·定律令之制》，载《文渊阁四库全书·子部》辑本。转引自刘广安文］

[2] 笔者：“《大清律例》篇名有吏律、户律、礼律诸篇，乃与唐律‘其有所违及人之为恶而入于罪戾者，一断以律’一个意思，而不是什么‘诸法合体，以刑为主’，没错吧？”俞江：“就是‘出礼入刑’四字。”

张伟仁先生，可能是出于反对所谓中华法系"诸法合体，以刑为主"的"通说"，似乎有点矫枉过正，而连《大清律例》为独立的刑法典也否认了，可这样一来不是恰恰给"合体派"以口实？

然而，由于前面提到的"选择性翻译"的原因，小斯当多看上去没有问题、恰切的翻译，在流传、尤其是中西交通的过程中出现了意想不到的后果，《〈大清律例〉：中国刑法典中的基本法律与若干刑事则例》实际上丢失了"中国刑法典中的"这一限定，真的成了《〈大清律例〉：基本法律与若干刑事则例》，这意味着什么呢？意味着"律"即"基本法律"，"基本法律"即"律"，两者由从属关系变成了等量齐观，"律"由刑事基本法律成了中国传统法唯一的基本法律，由 Being the Fundamental Laws of the Penal Code of China 成了 Being the Fundamental Laws of China，如此这般的化约再进一步，便走到了"律" Being "law"，"律"与 law 在语词上的对应关系开始建立，这在小斯当多《大清律例》"译者序"中已露端倪：

> 律，即基本法。自从刑法典成形于清朝伊始，这些组成刑法典的法律至少名义上具有永久效力，并且不经任何修订，保留在所有的后续版本中。
>
> 例，即补充法，是对基本法的修改、扩充和限制，在经过最高理事会的仔细商议并得到皇帝的批准后，以例的形式编入法典的每个条款或章节末尾，以便补充法和基本法一起为人熟知和遵守。例一般五年修订一次，并且可以由政府因时制宜，进行修改。
>
> 中国刑法由律和例两部分组成。但由于君主每一次表达

出的真实意愿都具有法律效力，所以有法律效力的无名文件数不胜数。

基本法中的每一个法条都以雍正皇帝的名义附加了注释，或释义。各种评论家作品的摘要对整部文本做出了深入阐释。

小斯当多这段话，如果从实质性角度来理解，又或者如果联系上下文文义来理解，又或者如果从整体性的角度来理解，都是没问题的。

但是，从形式性的角度来理解，从形式逻辑的角度来分析，从语法、语词的角度来分析，问题就大了，是后来“法”迷津渡的缘起。“律”作为刑法典中的“基本法律”，没错；但“律，即基本法”，这样的表述问题就大了，“律”即“基本法”，即 fundamental law，“律”与 LAW 在语词上的对应关系就此建立，也就意味着“灋”这一支与 LAW 在语词上的对应关系就此建立，“礼”这一支因此而在形式上失去了与 LAW 在语词上的关连。

据屈文生对早期中文法律词语之英译的研究，在英语世界，对中文法律的系统英译滥觞于小斯当多 1810 年翻译出版的《大清律例》。《大清律例》的英译本最初出版地在北京，后在英国伦敦重印，它既是中国法典第一次直接进入西文世界，是西方比较完整、比较准确地了解中国传统法律制度的第一部书，也是“中法西传”极为重要的组成部分。[1]

很遗憾，第一次直接进入西文世界的“中国法典”，西方世界比较完整、比较准确地了解中国传统法律制度的第一部书，是

[1] 参见屈文生：《早期中文法律词语的英译研究——以马礼逊〈五车韵府〉为考察对象》，载《历史研究》2010 年第 5 期。

《大清律例》，是刑法典，而且此后至1822年马礼逊《华英字典》第三部分《英汉字典》出版前，并无第二部、第三部……小斯当多所说的"众多而复杂"的大清其他基本法律的翻译，于是，"第一"差不多就成了当时西方世界对中国法了解的"唯一"、全部，从而《大清律例》被等同于中国法，中国法等同于《大清律例》。

（二）马礼逊《华英词典》三部曲："灋法"与LAW"对应"关系的确立，"礼""制"在津渡被除名

1. 马礼逊及其《华英字典》

作为西方完整翻译中国法典的第一次尝试，虽然小斯当多对《大清律例》的定性是正确的，但事实上的选择性翻译《大清律例》使LAW与"灋法"、律例在语词上的对应关系建立，并为马礼逊所承袭。

论到小斯当多与马礼逊的关系，在马礼逊夫人编辑的，主要由马礼逊的日记、往来书信构成的《马礼逊回忆录》中，小斯当多"首当其冲"，名列马礼逊夫人编者序中所感谢的给予帮助、提供文件和信函的个人的第一位。[1] 在全书正文中，小斯当多的名字和身影从第18页就开始出现，一直持续到马礼逊生命的终点全书末尾，[2] 或见面，或通信，其交流的频率，所涉内容的广度、深度为《马礼逊回忆录》之最——小斯当多虽只比马礼逊

[1] 参见［英］马礼逊夫人编：《马礼逊回忆录》，顾长声译，广西师范大学出版社2004年版。

[2] 参见马礼逊1834年1月28日致小斯当多信，马礼逊卒于1834年8月1日。

年长一岁[1]，但由于其比马礼逊早十多年来中国，以及其丰富的阅历、其地位等，实际上扮演了马礼逊来中国后了解中国及其文化的引路人的角色。而作为大英帝国的中国通和中国法专家，小斯当多《大清律例》及其语词的翻译，对马礼逊的影响也是可以想见的。

作为来华的第一位新教传教士，马礼逊到海外传教的意向早在1799年其17岁时阅读《海外传教杂志》“感到非常满足”[2]时可能就悄然萌发了。1807年1月28日，马礼逊带了行李离开伦敦到格雷夫桑等31日开往纽约的船，绕道美国前往中国。在次日的日记中，他这样写道：

> 今晨我读了《出埃及记》31章第一至三节：“耶和华晓谕摩西说，看哪，我已经提名比撒列蒙召做我的仆人。我要以我的灵魂充满他，使他有智慧，聪明，有知识，能做各样的工。”我也一样蒙上帝召唤，我祈求上帝也赐给我智慧，聪明和各样的知识，做上帝安排我要做的伟大工作。求主帮助我得到基督丰盛的恩赐，记住我要去战斗、去奔跑，去完成一项重大的使命，一笔要还清的账目，直到我去世之时。[3]

这段话仿佛马礼逊此后所作事工——完整翻译《新旧约全

[1] 马礼逊生于1782年1月5日，小斯当多生于1781年。
[2] 马礼逊1799年8月17日日记。参见[英]马礼逊夫人编：《马礼逊回忆录》，顾长声译，广西师范大学出版社2004年版，第3页。
[3] 同上书，第28页。

书》，独立编纂《华英字典》等——及其此世生命的预言。

身负着这样的使命，在海上漂泊了8个多月之后，马礼逊于1807年9月8日终于到达目的地广州。从到达广州之日起，马礼逊便殚精竭虑，不断搜集词汇、资料，编纂《华英字典》。但要印刷出版这样一部篇幅巨大、极为详尽的字典，所需巨额款项，绝非他本人所能负担，也非伦敦传教会可以募集，最后由东印度公司出钱出力印制。[1]

《华英字典》共三部，分别为《字典》、《五车韵府》与《英汉字典》，6巨册，于1823年出齐，合计4595页，由马礼逊历时13年编纂而成。[2] 卓新平评论道："《华英字典》被视为中国历史上的第一部英汉字典，而且它也标志着中国英汉字典系统编纂的开始。"[3] 王健《西法东渐：中西法律概念对应关系早期历史的考察》一文写道：

> 马礼逊的字典是力图全面建立两个世界语言的一一对应关系的最早尝试。这种尝试的目的主要是为了帮助英语人学习和理解中国语言。因此字典的大部分是对于中文字词的英文释义，只有第三部字典才如同我们今天的英汉字典（English and Chinese），在按照英文字母顺序的单词后面列出对应

---

[1] 1814年伦敦传教会年报中所在马礼逊在1813年的工作情况："我们也很高兴向年报读者报告，马礼逊正在编撰的《英华字典》已获得高度评价，为此东印度公司已从英国派出印刷技工赴澳门负责印刷，且该公司已决定承担这部大字典的全部印制费用。"［英］马礼逊夫人编：《马礼逊回忆录》，顾长声译，广西师范大学出版社2004年版，第103页。

[2] 参见屈文生：《早期中文法律词语的英译研究——以马礼逊〈五车韵府〉为考察对象》，载《历史研究》2010年第5期。

[3] 卓新平：《马礼逊与中国文化的对话——〈马礼逊文集〉出版感言》，载《世界宗教研究》2010年第3期。

的中文字词。

毫无疑问，马礼逊的字典对于考察早期中英法律概念之间的双向理解方面情况提供了十分有益的材料。[1]

从马礼逊的字典当中可以看到，一些法律语词之间的对等关系已经被确定下来，其中一部分甚至直到今天仍保留在我们常用的法律语料当中；因此，这使有些法律概念之间的固定联系，并不是像我们想象得那样晚。[2]

王健以为马礼逊的字典是力图全面建立两个世界语言的一一对应关系的最早尝试，但就本文关注的法概念而言，语词 LAW 与“灋法”的对应关系已由小斯当多对《大清律例》的选择性翻译肇始，而马礼逊《华英字典》之第三部分《英汉字典》进一步确立了两者一对一的“对应”关系。

2.《字典》和《五车韵府》中与语词 LAW 相应的中文词汇：多对一

《华英字典》三部曲，在前两部《字典》[3] 和《五车韵府》[4] 中，表示英文语词 law、rule 的中文语词有理、礼、法（灋）、制、典、则、律、令、科、比、格、式、敕、谕、例等。也就是说，语词 LAW 与理、礼、灋、制等的对应关系是一对多，中国传统法的基本结构“礼—灋”结构在《华英字典》前两部中

[1] 王健：《西法东渐：中西法律概念对应关系早期历史的考察》，载高鸿钧主编：《清华法治论衡》（第 2 辑），清华大学出版社 2002 年版，第 307 页。以下简称《早期》文。

[2] 同上书，第 311 页。

[3] *Part the first, Chinese and English arranged according to the keys*，封面中文名《字典》。

[4] *Partthe second, Chinese and English arranged alphabetically*，封面中文名《五车韵府》。

是完整的，从而与《华英字典》之第三部《英汉字典》[1]，形成了极大的反差。

这是因为《字典》和《五车韵府》这两部字典都是汉英字典（Chinese and English），其底本都是中国人自己编的字典，底本所收的语汇及其隐含的中国传统法的基本结构和语汇决定了《字典》和《五车韵府》有关中国传统法的语汇及其隐含的中国传统法的基本结构。

（1）《字典》和《五车韵府》的底本

《华英字典》第一部《字典》在整个《华英字典》中所占篇幅最多，约为其总页数的五分之三。《字典》按部首排列（Chinese and English arranged according to the keys），马礼逊在《字典》的"引言"中有交代，《字典》的底本为《康熙字典》和《艺文备览》，此外，释义和举例还来源于马礼逊本人的搜罗及亲身体验：

> 《华英字典》以《康熙字典》为底本，第一部分的编排和所收词汇，均据《康熙字典》。而《华英字典》的释义与例子，亦来源于《康熙字典》；来源于马礼逊本人对词汇的掌握及其使用语境的亲身体会；来源于罗马教会传教士们所编字典的手抄本；来源于中国当地的学者们；来源于马礼逊努力搜集的形形色色的资料。[2]

---

[1] *Part the Third, English and Chinese.*

[2] 原文：Of the following dictionary, Kang-he's Tsze-teen, forms the ground work; the arrangement and number of Characters; in the first part, are according to it. The definitions and examples, are derived chiefly from it; from personal knowledge of the use of the Character; from the manuscript dictionaries of the Romish church; from native scholars; and from miscellaneous works pursued on purpose。参见马礼逊《华英字典》第一部《字典》第一卷 Introduction，ix，译文出自笔者。

《字典》起首马礼逊为《华英字典》写的引言中，对他所认为的《康熙字典》的局限，《华英字典》的编纂意图、读者对象都有所交代：

《康熙字典》是由康熙皇帝下令编纂的，属于汇编而非原创。该字典参编者多达27人，历时五年，另有二人负责校对，一人监督印刷。由于该字典参编者众多，整体欠统一、明晰。查阅者时或翻来覆去的检索，仍得不到满意的解释。其引文往往错乱混淆，出处不明；其释义晦涩；其注音古今混杂。尽管康熙皇帝命参编者“一音一义之可采者，靡有遗逸”，但他们几乎完全无视口语。因此，仅仅翻译《康熙字典》远远不能满足欧洲学习者、查阅者的需求。因为该中华帝国官修的字典，目的在于满足本国人而非外国人的需求。尽管如此，公允地说，该字典仍然是一部极为完备、出色的字典，虽出版于中国，而举世可用。[1]

---

[1] 原文：The dictionary by order of his Imperial Majesty Kang－he，is a compilation rather than an original work . For the completion of it，five years were allowed；twenty－seven persons were employed in composing it；two others in revising，and one in superintending the Press. From its being the work of many，there is a want of unity，and perspicuity in it. The student is sometimes referred backgrounds and forwards without finding satisfaction any where. The quotations are so garbled as to be often unintelligible，without a reference to the original. The definitions are not in an easy style. It is crowded with different pronunciations，from their making a point of collecting the ancient as well as the modem pronunciation. Though the compilers was instructed by His Majesty，that “no meaning should be left unexplained，as well as no sound omitted，” they have almost entirely overlooked the colloquial dialect. Hence，a mere translation of Kang－he's Dictionary，would be far from answering the purpose of the European student；the Imperial dictionary was intended for natives，not for foreigners. Still，it may justly be considered，the fullest and best dictionary，which has appeared in China；and it is in universal use。参见马礼逊《华英字典》第一部《字典》第一卷 Introduction，ix，译文出自笔者。

可见，《华英字典》编纂时预设的读者是"欧洲学习者、查阅者"，是为了满足其需求。由读者对象及其实用性需求决定了口语的重要性，而这是为《康熙字典》所轻忽而为《华英字典》所重视的。类似的差异也发生在《字典》与其另一底本《艺文类聚》之间。在《字典》部首目录的开头，马礼逊特意注明，《字典》的部首编排、大量的词汇源于乾隆朝沙木所编《艺文备览》。

而在已经有了一部按部首查字法编列的汉英字典《字典》后，马礼逊为何还要编一部按音序查字法排列的汉英字典《五车韵府》？对此，马礼逊作了这样的解释：《华英字典》是为外国人学习汉文汉语用的。当一个外国人学习中国语言时，汉字对他是很陌生的。用它的发音很难从字典中找到它，因为他对汉字本身尚不清楚，因此他必须使用部首查字法，按照字形进行查字，或者采用关键字检索的方法。这部字典的第一部《字典》就适应了这种需要。但是当一个外国人听到了一个汉字的发音，或者他知道一个汉字的发音，但这个字的构造、字义他不知道或者已经忘记了，使用部首查字法编列的字典就无法查到他要找的字。而一个外国人学习中国语言时，首先接触到的是汉字的发音，而不是他的字形。因此，《华英字典》的第二部，即以音序查字法编列的汉英字典就显得很需要了。这是马礼逊编了按部首查字法编列的《字典》后，还要编一部按音序查字法编列的汉英字典《五车韵府》的原因。也是《华英字典》第一部《字典》区别于第二部《五车韵府》之所在。

《华英字典》之第二部《五车韵府》的底本是同名中文字典《五车韵府》，而不是罗马教会编的字典，这点马礼逊在《华英字典》之第二部《五车韵府》的"序"中有明确说明：

《华英字典》之第二部《五车韵府》以一位学者陈先生的中文著作《五车韵府》为底本[1]。陈先生以毕生精力搜集、编纂《五车韵府》，但未及见自己的著作刻印便过世了。陈先生将手稿托付给了其学生胡一含，后者遍访各地来核实、增补老师的著述。[2]

（2）《字典》和《五车韵府》中与语词 LAW 相应的中文词汇：多对一

《华英字典》之前两部《字典》和《五车韵府》固然不仅仅是《康熙字典》《艺文备览》和陈先生《五车韵府》的“翻译”，但如马礼逊所自承的，毕竟是以《康熙字典》《艺文备览》和陈先生《五车韵府》为底本，无论是编排体例，还是所收词汇及其释义，当然，释义和例子还来源于马礼逊本人的搜罗及亲身体验，来源于此前罗马教会传教士的贡献。

由底本所收的语汇及其隐含的中国传统法的基本结构所决定，《华英字典》前两部《字典》和《五车韵府》[3] 有关中国传统

[1] 可见，《字典》与《五车韵府》这两部汉英字典都是有底本的，《英汉字典》则无。

[2] 原文：The Chinese work, Woo-chay-yun-foo 五车韵府 on which is the following part of the dictionary is founded, was compiled by Chin Seen-sang, who is there to have spent his life in making the collection of words contained in it; and to have died before it's publication. He committed to his manuscript to the care of his pupil Han-yih-hoo 一含胡 who traveled over the whole empire in order to verify it, and add to it。见马礼逊《华英字典》第二部《五车韵府》第一卷 Preface，译文出自笔者。

[3] 《字典》与《五车韵府》除了在编排体例和方式上有异，有学者认为《五车韵府》的释义高于《字典》。笔者对照了《华英字典》这前两部汉英字典中所涉及的中文世界与法律相关的语词、条目，初时粗略对照了一下，感觉两者只是在编排体例上一据部首一据发音排列而已，所收词汇及基本释义几乎差不多。其后细加对比，发现情形因不同的词汇而有别。

法的语汇极为丰富、多元，其隐含的中国传统法的基本结构"礼—灋"结构是完整的。在《华英字典》的这前两部中，中文世界中与英语世界 LAW 相应的语词真是"靡有遗逸"。

那么，如何来断定中文世界中哪些语词与英文世界的 LAW 相关呢？

在英语世界，究竟何为"法律"？其定义是什么？如哈特所说，作为一种文字上的启示，定义是利用一个独立的词来给出语言上的界说，它主要是一个标明界限或使一种事物与其他事物区分开来的问题。[1] 常见的是定义一次要做两件事情，一件事情是通过提供一个代号或公式来把被定义的词转换成其他易懂的用语。[2]

在英文世界，界说、标明 LAW 的常见的"独立的词"或"代号"究竟是什么？最简单、最一般也最可靠的办法就是查英语常用字典。

> 《牛津双解字典》law 词条：(1) system of rules, whole system of rules that everyone in the country or society must obey 规则体系，国民或社会成员须遵守的规则体系；(2) a rule for good behavior or how you should behave in a particular place or situation 良好行为的准则；（某地或某场合下的）行为规范；(3) the fact that something always happens in the same way in an activity or in nature，规律；法则；原理，同义词为 principal。

---

[1] ［英］哈特：《法律的概念》，张文显、郑成良等译，中国大百科全书出版社 1996 年版，第 14 页。

[2] 同上书，第 15 页。

《柯林斯高阶字典》law 词条：（1） The law is a system of rules that a society or government develops in order to deal with crime, business agreements and social relationships. 规则体系；（2） A law is a rule or set up rules for good behavior which is considered right and important by the majority of people for moral, religious, or emotional reasons 准则；规矩；道理；（3） A law is a natural process in which a particular event or thing always leads to particular result 规律；法则；（4） A law is a scientific rule that someone has invented to explain a particular nature process 定律；原理。

可见，《牛津双解字典》与《柯林斯高阶字典》用以界说、标明 law 的“独立的词”或“代号”均为 rule，其中“规律，原理”项下的同义词为 principal，reason，这与严复译《法意》的理解也正相一致。

法，自其最大之义而言之，出于万物自然之理。……宇宙无无法之物，物立而法形焉。天有天理，形气有形气之理。形而上者固有其理，形而下者亦有其理。乃至禽兽草木，莫不皆然，而于人尤著。有理斯有法矣。[1]

有灵物焉，能自为其法度。虽然，法度之立，必有其莫之立而立者。盖物无论灵否，必有其所以存。有所以存，斯有其所以存之法。是故必有其所以存之理立于其先，而后法

[1] ［法］孟德斯鸠：《孟德斯鸠法意》，严复译，商务印书馆 1981 年版，第 1 页。

从焉。此不易之序也。[1]

严复在"复案"中将孟德斯鸠所说的西文"法"字的广、狭两义概括为："物有是非谓之理，国有禁令谓之法，而西文则通谓之法（law）。"[2] 广义的 LAW 乃 principal，reason；狭义的 LAW 乃 rule。

但在中文，却没有一个词可以涵盖英文 LAW 的这广、狭两义，或者说，中文是用不同的语词来表达英文 LAW 的广、狭两义的，因而严复才郑重提醒："西文'法'字，于中文有理、礼、灋、制四者之异译，学者审之。"[3]

如此，相应地，查马礼逊《华英字典》前两部《字典》《五车韵府》中含有 law、rule、principal（法律、规则、规矩、道理、准则、原理、规律）意义的中文语词，何其多也！举凡理、礼、法（灋）、制、典、则、律、令、科、比、格、式、敕、谕、例等。

拿《字典》与《五车韵府》中含有 law、rule、reason、principal（法律、规则、规矩、道理、准则、原理、规律）意义的中文语词来说，大体可以分为两类：一类为可化约的语词，主要用以表示法律的具体表现形式，如誓、典、诰、律、令、科、比、敕、格、式、谕、例等；好比英文中含有 LAW 的具体表现形式的词汇 command、order、decree、ordinance、act、instruction 等可化约、统称为 LAW；另一类为不可化约的语词，理、礼、灋法、制不可化

[1] ［法］孟德斯鸠：《孟德斯鸠法意》，严复译，商务印书馆 1981 年版，第 2 页。
[2] 同上书，第 2 页。
[3] 同上书，第 3 页。

约为“瀌法”。[1]

A. 与语词 LAW 相应的不可化约的中文词汇

理：“理”的基本释义《字典》[2] 与《五车韵府》[3] 一模一样，回译如下：

理：事物、人类、宇宙籍以运行之原理、法则；公理；人类理性；宇宙籍以运行的秩序法则。有别于“气”，“理”为无形的原理、原则。

“气”为物质存在的较精妙、不易察觉的部分；有形之身体也藉之以化育。一切有形的东西归于气；一切无形的东西属于“理”和“道”。形而下者为“器”或“具”，器皿；身体，皮囊，物质。“理”近乎于“道”，为形而上之原理，身体的本质，并被认为是身的本源。尽管不知其“挂搭处”，也难以确定“理”“气”孰先产生，但言及秩序，“理”在先。“理”亦指社会组织的某种原则，欧洲人眼里内在的、基本的准则。“理”有时被说成是宇宙的某种灵魂。

天、地及所有有生命、无生命的受造物“只是一个理”，只有一个“理”，“理一分殊”，人人又分享这一“理”。宇

---

[1] 联系本文第三部分“中国传统法的基本结构”，中国传统法倒是一统于“礼”，而不是一统为“瀌法”。

[2] 参见《字典》第二卷，第 619 页：A Dictionary of the Chinese Language, in three parts, Part the first, containing Chinese and English arranged according to the keys, by the Rev. Robert Morrison, printed at the honorable Easter India Company's Press, 1815, Macao。

[3] 参见《五车韵府》第一卷，第 523 ~ 524 页：*A Dictionary of the Chinese Language, in three parts, Part the first, part the second, Chinese and English arranged alphabetically*, by the Rev. Robert Morrison, printed at the honorable Easter India Company's Press, 1819, Macao。

宙之“理”也被比作“千江有水千江月”，人人均可分享，或多或少，但“万川归之”，同属于那至高之“理”。[1]

但《字典》与《五车韵府》举例、用法有差异，后者的下述举例为前者所无：

“理亏”，to be deficient in reasoning; to have the wrong side of a case or question。

理论，to reason or debate。

理到人服，when reason comes，man submits–when he is convinced by reasoning that he is in the wrong。

理所当为，that which it is reasonable to do，what ought by rights to be done。

---

[1] 理 LE：The principales in matter，in bodies，in the universe，and in man by which they are regulated; right principal; reason in man; the principle of order by which the universe is regulated. Le 理 as distinguished from Ke 气 is an immaterial incorporeal principal. Ke is the more subtle or insensible parts of material existence; the substance on which figure and the other qualities of bodies are reared. Whatever has figure is founded on Ke; whatever is destitute of shape of figure belongs to Le and to 道 Taou. Ke is below 形，i. e. form or figure; it is the 器 Ke，or 具 Keu，the containing vessel，the substratum; the subsistence of material bodies，the primary matter. Le is the Teou，or principle which is upon，or inherent in，material bodies，and is considered their 本 root or origin. Nor has it any 挂搭处 place in particular where it is appended or attached to them，nor can it be decided whether Le or Ke，is first，though if an order must be mentioned，the precedence is given to Le. Le also denotes a kind of principle of organization; the internal and essential form of Europeans. Le is sometimes spoken of as a kind of soul of the universe. The heavens，the earth and all animate and inanimate creatures 只是一个理 are but one Le，or principal and as to human beings 各自有一个理，everyone has an individual and distinct Le. The universal Le is compared to the water of the ocean，out of which each person takes a part，some more and some less; still all belong to the water of the ocean，which is supreme。中文回译出自笔者，以下各词条同。

从《字典》与《五车韵府》对“理”的基本释义看，“理”近于严译《法意》孟德斯鸠所说“法，自其最大之义而言之，出于万物自然之理”[1]，或者说严复案语中的“物有是非谓之理”，即广义上的LAW。也就是说，《牛津双解词典》和《柯林斯高阶词典》中LAW词条中解为“规律，原理，定律，道理，准则”，与reason、principal同义的广义上的LAW，在中文是由“理”这个词来表达的。

而从《五车韵府》的举例、用法来分析，所说的“理”如滋贺秀三先生所指出的，不是抽象之“理”、纯粹理性，而属于具体之“理”、实践理性、经验理性，如“有借有还，一定之理”，“父在子不得自专，理也”[2]。这样的具体之“理”乃适用于同类事物的规范，乃个案中的理据（reason）。这层意义上的“理”，已经属于严译《法意》孟德斯鸠所说的“自为其法度”，“人道有自为之法”[3]，即《牛津双解词典》和《柯林斯高阶词典》中LAW词条狭义上的“法律”（rule）。

可见，“理”字的主要含义对应英文广义上的LAW，但在具体场合也有狭义上的LAW的含义，所以，严复所说LAW在中文有“理”的异译是成立的。

严译《法意》中孟德斯鸠还讨论了广、狭两义的LAW之间的关系，即“有理（广义之LAW）斯有法（狭义之LAW）矣”，并对孟德斯鸠“理立于其先，而后法从焉”的话作了解释和

---

[1] [法] 孟德斯鸠：《孟德斯鸠法意》，严复译，商务印书馆1981年版，第1页。

[2] 参见 [日] 滋贺秀三：《清代诉讼制度之民事法源的概括性考察——情、理、法》，范愉译，载王亚新编：《明清时期的民事审判与民间契约》，法律出版社1998年版。

[3] [法] 孟德斯鸠：《孟德斯鸠法意》，严复译，商务印书馆1981年版，第2页。

展开：

> 复案：孟氏意谓，一切法皆成于自然，独人道有自为之法。然法之立也，必以理为之原。先有是非，而后有法，非法立而后以离合见是非也。既名为辐，其度必等，非得周而后等。得周而后等，则其物之非辐可知。其所言如此。盖在中文，物有是非谓之理，国有禁令谓之法，而西文则通谓之法，故人意遂若理法同物，而人事本无所谓是非，专以法之所许所禁为是非者，此理想之累于文字者也。中国理想之累于文字者最多，独此则较西文有一节之长。西文"法"字，于中文有理、礼、法、制四者之异译，学者审之。[1]

当然，严复以为"物有是非谓之理，国有禁令谓之法，而西文则通谓之法（LAW）"是西文的短处，中文分用"理""法"二字来表达乃中文之长，令人知道"理""是非"在先而后有法。不过，反过来看，笔者以为西文 LAW 兼有事物之理与自为之法二义，未必不是西文之长，使自为之法有神性的依托，与事物之理不发生断裂，形式正义与实质正义得以共存于 LAW 之中；而中文"理""法"二字的分立有可能使"理"失去牙齿，而"法"则失却与"理"的交通，完全沦为强力的工具。正如帕斯卡尔《思想录》中所说：

> 遵循正义的东西，这是正当的；遵循最强力的东西，这

[1] ［法］孟德斯鸠：《孟德斯鸠法意》，严复译，商务印书馆 1981 年版，第 2～3 页。

是必要的。正义而没有强力就无能为力；强力而没有正义就暴虐专横。正义而没有强力就要遭人反对，因为总是会有坏人的；强力而没有正义就要被人指控。因而，必须把正义和强力结合在一起；并且为了这一点就必须使正义的成为强力的，或使强力的成为正义的。[1]

中文虽然“理”“法”二字分立，所幸在观念上、在“表达”（即黄宗智所说的 representation）上是不可能完全分立、断裂的，君不见旧时衙门的门匾“天理国法人情”是并提的，[2] 便是在实际的运作中，“人为之法”也不可能完全背离“事物之理”，旧时官员、幕友在判案时往往要“揆诸情理法”，所以，实际断案时“理”“法”也是难分难解的，因而如前述《五车韵府》“理”之用法的三个例子中：“理亏”，to be deficient in reasoning; to have the wrong side of a case or question；理论，to reason or debate；理到人服，when reason comes，man submits－when he is convinced by reasoning that he is in the wrong。你很难分清此“理”是形式性依据还是实质性依据。虽然在理论上形式性依据与实质性依据有别，[3] 但尤其在中国传统社会的民事案件中怕是难以分清的，只能通谓之 reason，这就又从中文在文字上的“理”“法”有别走到实践中的如西文的“通谓之法”了。本来，如滋贺秀三所说，“法”乃是漂浮在“情理”上露出冰面的冰山而已，或者如孟德斯鸠所说“必有其所以存之理立于其先，而后法从焉”，如严复

[1] ［法］帕斯卡尔：《思想录》，何兆武译，商务印书馆 1986 年版，第 140 页。

[2] 见于中国古代保存最完好的县级衙门河南内乡县衙门匾。

[3] 参见［美］P. S. 阿蒂亚、R. S. 萨默斯：《英美法中的形式与实质》，金敏、陈林林、王笑红译，中国政法大学出版社 2005 年版，第一章。

案语"法之立也，必以理为之原"。

总之，无论是作为纯粹理性的抽象之"理"也好，还是作为实践理性的具体理据（reason）也罢，"理"总归是稳稳地坐落在西文 LAW 的疆域中。

从《字典》与《五车韵府》例子、用法的比较来看，《五车韵府》确实比《字典》要精准，不知是底本作者陈先生的贡献还是马礼逊的亲身体会，总之都属于在野者，比官修的《康熙字典》要高明。

禮礼：基本释义回译：

> 禮礼：礼者，履也，所以事神致福也。仪式，礼节，规矩，行为规范。礼初始的含义就是"践迹"；礼既是祭祀时所履行的仪式；也是社会秩序的准则。礼既是事神的礼仪，也是社会交往的规矩。礼是得体的举止；礼也是确定每个人的社会地位的规范；礼还是家庭内部和人际交往的规矩。[1]

以上基本释义《字典》与《五车韵府》同。

"礼"的基本释义中，最值得注意的是"the principle of social order"和"the rules which assign every one his place"，后者类乎于

[1] 禮礼：from a supernatural manifestation, and vessel used in certain rites. Rites, decorum, propriety. The first idea of Le is that of footstep; The footsteps or traces to be observed in worshiping the gods; a rite; a ceremony; the principle of social order; The decent, the decorum in regions worship, and in the intercourse of society. Decorum, propriety, which is becoming; The rules which assign every one his place; politeness; it also express what is decent and becoming in families and in individuals。参见《字典》第 779 页；《五车韵府》第 527 页。

埃里希的“构造性规范”。[1]

虽则《字典》与《五车韵府》对“礼”的基本释义相同，但所举用法或例子《字典》仅有与《五车韵府》相同的“礼义”（The principles of moral propriety and good conduct），而《五车韵府》的举例有“礼莫大于分”，为《字典》所无。看来有学者谓《五车韵府》的解释比《字典》“精妙”不虚，岂止是“精妙”？是精准、精确，因为定“分”乃是礼的最重要的特征和功能。马礼逊译“礼莫大于分”为 there is nothing in the rules of propriety of more importance, than that part which marks the sphere, station, or rank of every one，用现代汉语解释即“没有什么比合宜的规则更重要了，以确定每个人的社会阶层、地位、等级”，也即《礼记·曲礼上》所云“君臣上下，父子兄弟，非礼不定”。这也正是“礼”作为行为规范属于 LAW 的确据。

倘不细加比较，会以为《华英字典》之第一部《字典》与第二部《五车韵府》词条的释义差不多，但至少就“礼”词条而言，同的只是一般释义，但马礼逊所称的与一般释义（definition）相对而言的“例子”（examples[2]），实际上不仅仅是“例子”而已，而是详细释义，甚至是更精确的“定义”（definition）。

灋法：《字典》的释义较简略：[3]

Something that bounds or restricts.

---

[1] “在联合体之概念的范围内，法律是一种构造方式，换句话说，法律是一种为联合体每一个成员分配在团体中地位——不管这些成员在团体内是支配者还是被支配者（Uberordnung，Unterordnung）——和职责的规则。”［法］尤根·埃里希：《法律社会学基本原理》，舒国滢译，中国社会科学出版社 2009 年版，第 16 页。

[2] “The definitions and examples”——参见马礼逊《字典》长序，第 19 页。

[3] 灋 An ancient form of 法。参见《字典》第一卷，第 460 页，又《字典》第一卷，第 529 页。

A law, a rule, a precept; The infliction of the law, a punishment.

回译：

约束，限制；法律，规则，规范；施刑。

而《五车韵府》对"灋法"的释义就详细多了，回译如下：

灋法：廌，一种正直的动物，会头触有罪者；去，除恶；氵，水字旁，意指使事物归于合宜的状态。约束，限制；法律，规则，规范；施刑。[1]

《五车韵府》对古体"灋"字作了详细的解释，对廌、去、氵的解释承袭了许慎《说文解字》的解释，但众所周知，《说文解字》对"灋"的完整解释是："灋，刑也，平之如水，从水；廌，所以触不直者去之，从去。"《华英字典》之《五车韵府》对"灋法"的释义，不见了关键性的"刑也"二字。而这"刑"乃"灋"的定义，如哈特所说的"文字上的启示"，是给出了"灋"的语言上的界说的那个"独立的词"，那个"代号"，那个"易

[1] 灋法：From 廌 Che, An animal of true virtuous disposition but which attack the guilty; from 去 Keu, to put away evil, and from 氵 Shway, Water, denoting every thing being reduced to a proper level. something that bounds or restricts. A law, a rule, a percept; The infliction of the law, a punishment。
法律，the laws; a law。
法度，A law of proceeding or acting。
法外之刑，punishment which exceeds the law。
见《五车韵府》第一卷，第146页。

懂的用语”,[1] 使作为law、rule之一种的“灋”区别于另一类“定分”（the rules which assign every one his place）的规则——“礼”。

无缘得见清朝学者陈先生编的《五车韵府》中文底本，推测《华英字典》第二部《五车韵府》“灋法”条目下不见了“刑也”应该不会是其中文底本编者陈先生的故意或疏漏。作为读书人和学者的陈先生，无疑熟读《说文解字》，了然于胸，不可能发生遗漏“灋，刑也”的情形；陈先生耗尽毕生精力汇集和编纂《五车韵府》，《说文解字》乃其基本参考资料之一，出于儒者对传统的了解，对古典的尊重，也不可能发生有意删去“灋，刑也”的情形。且陈先生的手稿完成后，其门生胡一含又做了大量的核对和增补工作，即使退一万步，陈先生遗漏了“灋，刑也”，胡一含也会发现。

因而《华英字典》第二部《五车韵府》“灋法”词条下不见“刑也”，笔者基本上倾向于非出于中文底本，而是出于马礼逊的“专断”或遗漏，而且“专断”的可能性更大，这点只须比较《华英字典》之第一部《字典》、第二部《五车韵府》“灋法”词条的释义与第三部《英汉字典》LAW词条的释义就可以推断出。

前面已经列出，《华英字典》之第一部《字典》“法”词条与第二部《五车韵府》“灋法”词条的基本释义都是：“约束，限制；法律，规则，规范；施刑。”其中，“法律，规则，规范”，都是指的一般意义上的法律。譬如说章太炎《国故论衡》“原儒”篇对“儒”的释义，由广而狭以“达名”“类名”“私名”来释

[1] 参见［英］哈特：《法律的概念》，张文显、郑成良等译，中国大百科全书出版社1996年版，第14~15页。

"儒"，"达名"即最广、最一般意义上的分类。同理，"法律，规则，规范"相当于法律的"达名"，而"施刑"则相当于最狭义的"私名"，但实际上《说文解字》中"灋，刑也"相当于介乎于中间的"类名"，即刑事法律规范，所以，将"灋法"释为"法律，规则，规范"失之过宽，将特殊的事物一般化了，将"殊相"作为了"共相"。

既然《华英字典》之第一部《字典》"法"词条与第二部《五车韵府》"灋法"词条的基本释义为作为达名的"法律，规则，规范"，则在《华英字典》之第二部《五车韵府》"灋法"词条中删去了《说文解字》中作为类名的"灋，刑也"的明确定义就不奇怪了。但这样一来，把中国传统法的基本结构和基本分类给解构了。既然本来只是"类名"的"灋法"已经跃升为"达名"，成了一般意义上的"法律，规则，规范"，也就没必要让"礼"出场了，"礼"那一支的规范于是在《华英字典》的第三部《英汉字典》中的 LAW 词条中果然就消失得无影无踪了，LAW 在中华法系中只剩下了"灋法"及"律例"。

制：《字典》第一卷第 232 页：

To cut and form, to adjust, to regulate, to direct, to make, to invent.

裁制小大之齐也，to adjust and bring the long and short, the small and great, to a level。

制度，To form rules; rule; management; direction; plans of government; laws 。

法制 or 制令，Rules; laws; national regulations。

先王之制，The regulations of formal kings。

国制，The rules or government of the country。

天子之言曰制书，谓为制度之命也，The words of the Emperor are called 制书；which expresses their being the dictation of laws。

品制，The laws of rank。

禁制，Prohibitively regulations。

挟制，To restrict，to confine。

《五车韵府》第38页：

To cut and form，to adjust，to regulate，to direct，to make，to invent.

国制，the rule of government of the country。

禁制，prohibitory regulation。

挟制，to restrict，to confine。

法制 or 制令，Rules；laws；national regulations。

制度，To form rules；rule；management；direction；plans of government；laws。

相较于“理”“禮礼”“灋法”，“制”的释义和举例在《字典》和《五车韵府》中算是差异最小的了，或者说基本无甚差异。

“制”词条的基本释义其实是在解释动词“制”，其下的例子（example）才是作为名词的“制”的确切释义，这也再次印证了前面所说的：《华英字典》中，词条基本释义后的“例子”（example）实际上不仅仅是“例子”而已，而是详细释义，甚至是更精确的"定义"（definition）。

"制"在古代中国作为rules，laws；national regulations应该也是由来已久的，起码在"叔向使诒子产书"中已多次使用"制"字：

> 三月，郑人铸刑书。叔向使诒子产书，曰："始吾有虞于子，今则已矣。昔先王议事以制，不为刑辟，惧民之有争心也。犹不可禁御，是故闲之以义，纠之以政，行之以礼，守之以信，奉之以仁，制为禄位以劝其从，严断刑罚以威其淫。惧其未也，故诲之以忠，耸之以行，教之以务，使之以和，临之以敬，莅之以强，断之以刚。犹求圣哲之上，明察之官，忠信之长，慈惠之师，民于是乎可任使也，而不生祸乱。民知有辟，则不忌于上，并有争心，以征于书，而徼幸以成之，弗可为矣。夏有乱政而作《禹刑》，商有乱政而作《汤刑》，周有乱政而作《九刑》，三辟之兴，皆叔世也。今吾子相郑国，作封洫，立谤政，制参辟，铸刑书，将以靖民，不亦难乎？《诗》曰：'仪式刑文王之德，日靖四方。'又曰：'仪刑文王，万邦作孚。'如是，何辟之有？民知争端矣，将弃礼而征于书。锥刀之末，将尽争之。乱狱滋丰，贿赂并行，终子之世，郑其败乎！肸闻之，国将亡，必多制，其此之谓乎！"[1]

这段文字中，有四处使用了"制"字，两处作动词用，To

[1]《左传·昭公六年》。

form rules；两处作名词用，即 rules，laws，差异在于“先王议事以制”之“制”乃由传统、习俗等逐渐形成之 rules，而“国将亡，必多制”则为权宜的或者如子产所承认的“不能及子孙，吾以救世也”之制定法（statute law）。

相较于“礼”或“灋”，笔者以为“制”更中性、中立，更有包容性，如杜佑《通典》食货、选举、职官、礼、乐、兵、刑法、州郡等“禮法刑政”均可称为“制”，用以翻译 LAW 比偏于刑制的“灋法”其实更合适，能更全面地指称、覆盖中国传统法的疆域。

B. 与语词 LAW 相应的可化约的中文词汇

这主要是涉及中国传统法具体表现形式的语词。《华英字典》之第一部《字典》与第二部《五车韵府》涉及中国传统法具体表现形式的语汇众多，有典、则、律、令、科、比、格、式、敕、谕、例等，英文释义中均有“law”或“rule”，如前所述，这些表示具体的法律表现形式的语汇类似于英文中的 command、order、decree、ordinance、act、instruction 等，可化约为 law，统称为 LAW，不一一详细列举。不过，在这些可化约的语汇中，特别值得注意的是“律”“例”两词。

律：《字典》第二卷，第 121 页：

天律分毫不顺私情

Haven’s law does not in the least degree comply with partial feeling.

《五车韵府》第 544 页：

A constant rule，a law，a military law，a penal law. Certain rules of rank amongst the militantly.

依律，according to law。

天律最严，The law of heavens is most strict。

《五车韵府》“律”一词的简要释义中，点出了“律”的起源——军律，也指出了“律”在魏晋律、令明确分野后专指刑法典。由此可以推想马礼逊编《华英词典》之《五车韵府》的原底本即清朝学者陈先生所编之《五车韵府》的精良。

例：《字典》第一卷第 102 页：

To compare together；to adjust；to class；to arrange；to generalize. Laws；regulations.

开律，to make a new regulation or law。

照例办理，to act or manage agreeably to standing regulations。

律例，“Laws” in general. The word 律 denotes The original standard of the empire，the word 例 denotes explanatory and emendatory clauses，or by-laws。

违例，to oppose the laws，contrary to law。

天朝定例，“The fixed regulations of the Celestial Empire，” viz. China。

无例不可增，有例不可减，“where no regulation exists, none should to be added; where a regulation does exist, it should not be taken away;” a saying brought forward to combat any innovation, particularly in public courts。

这件事永远为例，Let this be a perpetual observations; an everlasting regulations。

《五车韵府》第一卷第525页：

to compare together; to adjust; to class; to arrange; to generalize. Laws; regulations.

比例，to compose; to adjust。

凡例，general rules。

开律，to make a new regulation or law。

律例，laws in general. The word 律 denotes The original standard of the empire, the word 例 denotes explanatory and emendatory clauses, or by-laws。

违例，to oppose the laws, contrary to law。

照例，according to law。

在可以化约类的语词中，“例”词条最值得注意。与“礼”词条类似，“例”词条最值得重视的释义恰恰出现在马礼逊所说的example（例子）中，即《字典》与《五车韵府》都收录的：“律例 laws in general. The word 律 denotes The original standard of the empire, the word 例 denotes explanatory and emendatory clauses, or by-laws." 细微的差异在于先出版的《字典》(1815 年出版) 中 "Laws" in general 有引号，是否表示马礼逊对"律例"即"Laws" in general 尚不确定不得而知，而后出版的《五车韵府》(1819 年出版) 连引号都去除了，直接就是："律例，laws in general"。

如果说小斯当多译《大清律例》的英文标题还是确切的，英文标题 *Ta Tsing Leu Lee*; *Being the Fundamental Laws*, *and a Selection from the Supplementary Statute of the Penal Code of China* (回译为中文即《〈大清律例〉：中国刑法典中的基本法律与若干刑事则例》)，其对"律例"作为 Fundamental Laws、Supplementary Statute 是有明确限定的，即 of the Penal Code of China，那么到了《华英字典》第一部之《字典》与第二部《五车韵府》中，对"律例"词条的释义，of the Penal Code of China 已不见踪影，作为类名 (刑事类法律制度) 的"律例"一跃而成为达名 (最广义上的、一般意义上的法律制度) ——laws in general，由"中国刑法典中的基本法律与若干刑事则例"——Being the Fundamental Laws, and a Selection from the Supplementary Statute of the Penal Code of China，变成了大清帝国唯一的法典和则例——"The word 律 denotes The original standard of the empire, the word 例 denotes explanatory and emendatory clauses, or by-laws"。这样一来，虽因前面已经分析过的种种原因"选择性翻译"了《大清律例》，但小斯当多尚有自觉的"可以想象这个国家的法律一定众多而复杂"[1]、"律例"乃刑法典中的基本法律与若干刑事则例，一跃而变为马礼逊《华英字典》之"律例，laws in general"。

---

[1] [英] 小斯当东：《小斯当东论中国与中国法——小斯当东〈大清律例〉译者序 (1810 年)》，屈文生、靳璐茜译，载《南京大学法律评论》2015 年第 1 期。

这一“跳跃”非同小可，《华英字典》第三部《英汉字典》LAW与“灋法”（律例）一对一的对应关系的确立已呼之欲出。

可见，虽如前所述，由底本所收的语汇及其隐含的中国传统法的基本结构所决定，《华英字典》前两部《字典》和《五车韵府》有关中国传统法的语汇极为丰富、多元，其隐含的中国传统法的基本结构“礼—灋”结构是完整的，与英文LAW的对应关系是多对一。不过，马礼逊在对这些语汇作英文释义时其实已经有所偏向，将“礼—灋”结构中的“灋法”（律例）这一支、实即大清的刑法典作为了laws in general。

3.《华英字典》第三部分《英汉字典》：语词LAW与“灋法”一对一的“对应”

《华英字典》的第三部为《英汉字典》，于1822年在澳门出版。它采用的是英、汉对照体例，内容有单词、词组、成语、格言等，其解释和例句还有汉译。虽然在马礼逊之前已有拉丁文与汉文对照的词典，但编撰英汉词典却是马礼逊的首创。

如前所述，占了《华英字典》绝大部分篇幅的前两部分《字典》和《五车韵府》是汉英字典，目的在于帮助来华的传教士学习中文，了解中国文化，只有第三部分才是我们今天的《英汉字典》（*English and Chinese Dictionary*）的前身。

虽然《华英字典》之第三部分《英汉字典》只有一卷，共480页，只占整部《华英字典》大约十分之一[1]的篇幅，但对于沟通中西方两个世界的法律意义非同小可，尤其是对语词LAW的

[1] 整部《华英字典》共计4775页。

翻译，可以说起着决定性的作用。那么在第三部分《英汉字典》中，马礼逊拿了什么中文语词与英文语词 LAW 作了对应呢，答案大家已经都知道了，那就是“法”字：

《英汉字典》第 249 页：

LAW：to which penalties are executed，or a rule of action，法；法律；法度。

Laws which have existed in China during many successive dynasties are called 律文；they amounted to four hundred and fifty seven；additional modifying laws framed by successive emperor are called，条例，of which there are 1073，and these united are called 律例一书“The Book of laws.” According to this，the laws of China are upwards of two thousand. The latest edition of the laws arrange the whole under 436 heads. The 律 are attributed to 萧何 about 200 years B. C。

Laws of China，are contained in the 大清律例；laws founded on recent decrees of the despot，whose will is law，are not contained in any copies，but the most recent editions。

To violate the law，犯法，犯罪。

Consult and determine according to law，依律拟议。

Not agreeably to law，不如法。

Immediately carry the law into effect：that is punish capitally，即正法。

To punish to the utmost extent of the law，尽法惩治。

Punishment or tortures beyond the law，法外之刑。

Writer out this law and hung it up at the gates of every city，把这个法律写出来悬挂在各城门上。

The older proverb says，in enacting the law it is necessary to be severe，but in executing the law it is necessary to be lenient，古语云：立法不可不严，行法不可不恕。

For every laws that is made，a base evasion springs up，一法立，一弊生。

A perversion of the law by its officers，枉法。

Exercise benevolence beyond the laws. 于法外施仁。

把《英汉字典》LAW 词条的基本释义回译一下，即：

LAW：执刑，处罚，执法。

中国（大清）世传的法律称为“律文”，大约有 457 条；其后继者增修的法律叫做“例”，大约有 1073 条；两者合在一起称为《律例一书》（*The Book of laws*）据其称，中国的法律可以上溯二千年。最近的版本（律文）总共有 436 条。“律”源于公元前 200 年的萧何。

中国（大清）的法律，包含于《大清律例》中；其后的君主——其旨意即为法律——发布的敕令、上谕，不在其中，而在最新的版本中。

LAW 在马礼逊《华英字典》第三部之《英汉字典》的基本释义怎么就成了“执刑，处罚，执法”？

这当然不会是马礼逊的故乡英国语境中的 LAW，因为如前所述，《牛津双解字典》和《柯林斯高阶字典》LAW 条目的解释乃是"规则体系；良好行为的准则；（某地或某场合下的）行为规范；规矩；道理；规律；法则；原理；定律……"

故而《华英字典》第三部之《英汉字典》LAW 词条"执刑，处罚，执法"的基本释义无疑是马礼逊对中国语境下 LAW 的解释。

那么，在中国，是不是就没有"规则体系；良好行为的准则；（某地或某场合下的）行为规范；规矩；道理；规律；法则；原理；定律……"？前文已交代了，它们是由"理""礼""制"等来承当的。问题出在《华英字典》第三部之《英汉字典》一改第一部《字典》与第二部《五车韵府》LAW 与中文语词"理""礼""灋""制"等一对多的对应，而成了 LAW 与"灋法"的一对一的对应。再看《华英字典》第三部之《英汉字典》又拿中文什么词对应 RULE——英文世界那个界说、标明 LAW 的"独立的词"或"代号"——呢？

马礼逊《英汉字典》第 372 页：

RULE，or law，法 fa。

就只有这么一行字。此一"法"字当然即"灋法"。

虽然查过 LAW 条目后，已经有心理准备，但看到孤零零的这么一行字，还是有些吃惊，特别是将之与《华英字典》第一部《字典》与第二部《五车韵府》比较，在前两部中，有多少中文词汇有 RULE 的含义，凡礼、灋法、制、典、誓、诰、律、令、科、比、敕、格、式、谕、例等，不一而论，而且几乎每个词条都有篇幅不短的释义与举例，而到了《英汉字典》里，就剩下了一个字——“灋法”。

再者，《华英字典》第三部之《英汉字典》LAW 词条接下来的释义谓：“Laws of china，are contained in the 大清律例”（“中国（大清）的法律，包含于《大清律例》中”）。中国（大清）法律怎么会包含于《大清律例》中，《大清律例》只是刑法典而已，张伟仁先生说得很明确：It is confusing because the Qing had many more “fundamental laws”。

关于大清的法律渊源，俞江的简要回答是：“大清会典，这是最重要的；还有就是各部则例；再有是各省、府县、宣抚司的常例等。”

可见，马礼逊《华英字典》第三部之《英汉字典》LAW 词条既非英国式之 LAW，也非中国传统法律之整体样貌，而只摭取了“礼—灋”结构中“灋”这一支，这从 LAW 词条其下的举例中也可看出——犯法，犯罪，正法，依律（刑法）拟议，尽法惩治，法外之刑……

一片肃杀之气，正是《说文解字》“灋，刑也”、《管子·心术》“杀戮禁诛谓之法”的翻版。

《华英字典》三部曲，在前两部分《字典》和《五车韵府》中，表示英文 LAW、RULE 的中文语词有不可化约的中国传统法律体系不同组成部分或者说“成员”（拉兹所说 membership）的理、礼、法（灋）、制，以及可化约为法律形式的律、令、科、比、格、式、典、则、敕、谕、例等，而到了《华英字典》的第三部分《英汉字典》，LAW 的对应词却只剩下“法（灋），刑也”之“法（灋）”及魏晋律令分野后作为刑法典专称的“律”。如果说，在《华英字典》的前两部分《字典》和《五车韵府》中，LAW 与理、礼、灋、制等的对应关系是一对多，那么到了《华英字典》的第三部分《英汉字典》中，LAW 与灋（律）就成了一对一的对应关系。只是，无论是从哈特的法概念——法律乃第一级规则与第二级规则的结合——出发，还是考诸中国传统法的基本结构；无论是考诸中国法律史的史实，还是史籍的记载[1]，这种 LAW 与"灋法"一对一的对应关系是不成立的。而且，若认可《华英字典》的第三部分《英汉字典》LAW 与"灋法"一对一的对应关系成立，则其与《字典》《五车韵府》中 LAW 与理、礼、灋、制一对多的关系，本身就自相矛盾。

灋属于 LAW，但灋不等于 LAW，灋只是 LAW 的一部分，部分怎么可能与全体对应？

对应关系，两者近似，可视作能互相对应。倘以中国传统法为集合 A，以英国法 LAW 为集合 B，撇开良法恶法、正义与否、姓封姓资等实质性争议，从组成要素、结构、功能、范围等形式性角度来看，那么集合 A 与集合 B 大体上可以表示为：

理、禮、灋（刑）、制 ∈ A（中国传统法）

原理、法则、规则、法律、准则、规矩、定律 ∈ B（LAW）

集合 A 与集合 B 约略相当，也就是严复在《法意》"复案"中表达的那段话——"西文'法'字，有中文有理、禮、灋

[1] 参见吕思勉：《中国制度史》（上海三联书店 2009 年版）、陈顾远：《中国法制史概要》（商务印书馆 2011 年版）。

(法)、制四者之异译”。

倘以法的具体表现形式为依据，则集合 A、集合 B 可表示为：

典（会典、律典）、敕、科、比、律、令、格、式、谕、例等 ∈ A

Rule，command，order，decree，act，ordinance，instruction ∈ B（LAW）

集合 A 与集合 B 在范围上大体相应。

而《华英字典》第三部分中 LAW 词条只与“灋法”（律例）一对一“对应”，则 A 集合中只摘取了作为刑法典的律典，根本不成其为集合，只是 A 集合的某一部分而已，其与 B 集合的不“相当”、不“对应”是一目了然的。也就是说《华英字典》第一、二部分与第三部分是自相矛盾的，LAW 与“灋法”一对一的对应关系是不成立的。

可见，马礼逊《英汉字典》中 LAW 与“灋法”一对一的“对应”关系既不合马礼逊故乡英国的法律传统，也不合中国传统法“德礼为政教之本，刑罚为政教之用”的本来面目。是马礼逊的“首创”，也是“独创”，是强不能为能，强不对应为对应。

那么，马礼逊为何在《英汉字典》中将“灋法”字与 LAW 作了一对一的“对应”呢？可能的解释有：

其一，出于对其朋友小斯当多的信任与误解。

如前所述，小斯当多是明白《大清律例》不过是清朝众多法律之一种即刑法典的，在译序中也解释了选择性翻译《大清律例》本是不得已，但马礼逊既不了解清朝的法律体系，又误解了小斯当多及其所译《大清律例》的性质，将《大清律例》当作了清朝法律的全部——"中国（大清）的法律，包含于《大清律例》中"，将魏晋律、令分野后作为刑事法律专称的"律例"当作了全称性的 Law，将作为类名（刑事类法律制度）的"律例"当作了达名（最广义上的、一般意义上的法律制度）——laws in general，也就把中国传统法律"礼—灋（刑）"结构中"律例"这一支的"灋法"当作了 laws in general，甚至是中国传统法的全部，于是"灋法"也就成了 LAW 的一对一的对应词。这样一来，《华英字典》前两部《字典》与《五车韵府》中那些与 LAW、RULE 相对应的众多中文语词"理""礼""制""典""敕""令""科""比"等在第三部《英汉字典》中都"被消失"了，伴随着"礼""制"等的被除名，中国传统法"礼—灋（刑）"结构中"礼"这一支其实也就被遮蔽了，只剩下了"灋法"这一支的"律例"，并被当作了全部，所以，才有了我们所看到的马礼逊《英汉字典》LAW 词条的基本释义——"中国（大清）的法律，包含于《大清律例》中"。

其二，出于得选定一个中文语词去对应 LAW。

或许，马礼逊也是不得已，在编《英汉字典》时，或许出于不能拿"理""礼""灋""制"四个词去对应 LAW 吧，得选定一个词去对应 LAW，既然灋的强制性特征最明显，最无可争议地属于 law 的范畴，于是便以"灋法"字作为 LAW 的对应词。

然而，既然理、礼、灋、制确有 LAW 的含义，何以不在 LAW 词条的基本释义中作出说明，而只片面地以"灋法"为 LAW 的对应词？作为沟通中西的重要中介（mediation）的英汉字典，总须务求准确，谁说必得选定一个词去对应 LAW，既然《华英字典》前两部有中文底本的《字典》与《五车韵府》都业已表明理、礼、灋、制四者均为 LAW 的“异译”，那第三部《英汉字典》亦应与前两部保持逻辑一致，而不是单拿“灋法”与 LAW 作一对一的“对应”，以不对应为对应。

就算只能选一个词去对应 LAW，那为什么又非选“灋法”字作对应词呢，选“理”“礼”“制”同样有相当的理由，甚至更有理由，不赘述。

其三，马礼逊编《华英字典》是给欧洲人使用的，其《英汉字典》LAW 词条意在向欧洲人解释 LAW 在中国指什么，有哪些。

马礼逊编《华英字典》是奉伦敦传教会之命行事，其使命在其来华前已定，而起初的出发点是为其后来华的传教士、商人、外交人员等提供帮助，马礼逊与伦敦传教会的通信可资佐证。

> 我甚盼在伦敦传教会下次写信给我时，能确认我出版《华英字典》和圣经一部分中文译本的具体计划，发行范围除中国外，还可包括日本和交趾支那等国。我希望董事会在将来加派传教士来中国时，他可以从预期出版的工具书和圣经中译本和我购买的中文书籍中，能够得到巨大的帮助。[1]

伦敦传教会 1812 年 3 月 25 日给马礼逊的信：

> 对于你正在编写的字典，我们也希望你能继续积累中英文对照的字汇与释义。这项工程的完成，不但能使未来派往

[1] ［英］马礼逊夫人编：《马礼逊回忆录》，顾长声译，广西师范大学出版社 2004 年版，第 51 页。

> 中国的传教士受益无穷，也将使别的要求学习中文以便前往中国经商或从事其他行业的人得到无可计量的帮助。我们清楚地知道，你所被派遣在中国的工作任务，比一般人所想象的要困难得多。[1]

《华英字典》的长序中，马礼逊指出："仅仅翻译《康熙字典》远远不能满足欧洲学习者、查阅者的需求。因为该中华帝国官修的字典，目的在于满足本国人而非外国人的需求。"[2] 言下之意，《华英字典》当然意在"满足欧洲学习者、查阅者的需求"。因此LAW条目也就意在向欧洲人解释LAW在中国指什么，有哪些。问题是如前所说，马礼逊既然不了解清朝的法律体系，又误解了小斯当多及其所译《大清律例》的性质，将刑法典《大清律例》当作了清朝法律的全部，将魏晋律、令分野后作为刑事法律专称的"律例"当作了全称性的Law，也就把中国传统法律"礼—灋（刑）"结构中"律例"这一支的"灋法"当作了laws in general，甚至是中国传统法的全部，于是"灋法"在《英汉字典》中也就成了LAW的一对一的对应词。如此一来，实际上也就没能真正实现马礼逊自己预设的目标——"满足欧洲学习者、查阅者的需求"，因为"灋法"只是中国LAW的一小部分而已，远非中国LAW的整体面目。在马礼逊《英汉字典》LAW词条将LAW与"灋法"作一对一的"对应"之时起，欧洲人看中国法

[1] ［英］马礼逊夫人编：《马礼逊回忆录》，顾长声译，广西师范大学出版社2004年版，第77页。

[2] "Hence, a mere translation of Kang-he's Dictionary, would be far from answering the purpose of the European student; the Imperial dictionary was intended for natives, not for foreigners."《华英字典》第一部《字典》第一卷，东印度出版公司1815年版，第19页。

的视域就被局限在了“灋法”、律例即刑法上，被打上了所谓“诸法合体，以刑为主”的烙印。本来，在《大清律例》这样一部刑法典中，你能看到的除了“刑”当然还是“刑”，不“以刑为主”才怪。

王健《早期》文谓马礼逊的字典是力图全面建立两个世界语言的一一对应关系的最早尝试，但“建立两个世界语言的一一对应关系”的前提是语词的“能指”与“所指”之间存在“一一对应关系”，比如 pig 对应“猪”，tree 对应“树”；如果这两个世界的语词的“能指”与“所指”之间不存在“一一对应关系”，如 LAW 之与“灋法”，那么，这种“建立两个世界语言的一一对应关系”只能是强不能为能，削足适履。

其四，“时间仓促”与“热情熄灭”。

虽则对于沟通中西方两个世界的法律意义尤其是最核心的语词 LAW 几乎起了决定性的作用，但如前所述，马礼逊《英汉字典》只有 480 页，在整部《华英字典》中只占了仅仅十分之一的篇幅，原因可能仍是因为《华英字典》编纂的意图是为来华的传教士、商人、外交人员等提供帮助，故而以前两部属于汉英字典性质的《字典》与《五车韵府》为主；再者《字典》与《五车韵府》都有中文底本，中文底本的规模和样貌决定了《华英字典》前两部的规模和样貌；还有就是马礼逊在《英汉字典》前言中提及的“时间的仓促”与“热情的熄灭”：

旷日持久的浩繁工程，令当初对著者和本字典饶有兴趣的人们恐怕已经世间难觅；而那一直以来支撑、鼓舞着著者前行的热情——这从烦琐乏味的词汇翻译和编纂可见一斑，已经日渐熄灭。著者仓促结束第三部分的编纂，还得勉强打起精神完成第一部分余下的活计。[1]

六巨册近5000页的《华英字典》的编纂，确乎是"工程浩繁"，由马礼逊以病弱之躯凭一己之力完成，若非有信仰的支撑和强烈的使命感，是难以想象能够完成的。且这还不是马礼逊的"主业"，与此同时马礼逊还得传教，翻译《新旧约全书》，兼任东印度澳门公司的翻译等。可以想见，"旷日持久"的烦琐乏味的字典编撰如何在耗损马礼逊的健康的同时，也令其热情消退，这可以解释《英汉字典》为什么只有一册，区区480页。但实际上，热情固然可能消退，无疑没有"熄灭"，毕竟使命感犹在，以马礼逊的虔敬与坚韧，使之得以完成整部《华英字典》的编纂。特别值得注意的是，如马礼逊在《英汉字典》序的末尾所说的，他"仓促结束第三部分的编纂，还得勉强打起精神完成第一部分余下的活计"。也就是说，《英汉字典》虽然是整部《华英字典》的第三部分，但并非最后完工的，出版于1822年。而最后完工的出版于1823年的《华英字典》第一部分《字典》第3卷，页数又达到了908页。因而笔者以为，第三部分《英汉字典》总共只有一卷480页，与其说是"热情熄灭"，毋宁说是因为其不

[1] "This Dictionary has unavoidably been protracted till most of those who were immediately interested in the Author and his work 'have sunk to the grave'; and the ardour of mind which hitherto urged him onward, through the wearisome task of verbal translation and compilation, no longer fills his breast. He has hurried this part to a close; and he must do the same with what yet remains unwritten of the First. 1821年6月10日于中国。" *A Dictionary of the Chinese Language, in three parts, part the third, consisting of English and Chinese*, by the R. Morrison, D. D., printed at the honorable Easter India Company's Press, 1822, Macao, China. 同样，译文出自笔者。

像《华英字典》前两部《字典》和《五车韵府》那样有中文底本。如果说由于无底本影响了《英汉字典》的规模，只及《字典》的约六分之一，《五车韵府》的约三分之一，那么影响更大的还是词条本身的内容。在有中文底本的《字典》和《五车韵府》中，LAW/RULE与中文语词的对应是一对多，中国传统法的基本结构是完整的，而完全由马礼逊“筚路蓝缕的结晶”《英汉字典》，则因为马礼逊对中国传统法缺乏了解，以及对小斯当多的信任和对其所译《大清律例》的误解，而将LAW/RULE与“瀌法”作了一对一的“对应”，使中国传统法在结构上只剩“瀌法”这一支的“律例”，在中西法律格义之初，埋下了中国传统法“诸法合体，以刑为主”的种子。

故而，即便再给马礼逊以时日，即便马礼逊胸中的热情依然没有消退，即便《英汉字典》的字数、规模翻番乃至更多，只要马礼逊对中国传统法和小斯当多译《大清律例》的性质的误解不消除，对中国传统法的基本结构缺乏把握，那么，LAW词条仍然将一如其故。

随着马礼逊《英汉字典》LAW词条与“瀌法”一对一的极不相当的“对应”，中国传统法的“版图”则从前两部分《字典》《五车韵府》隐含的中国传统法“理、礼、瀌法、制”多元并存的完整版图，到《英汉字典》只剩“瀌法”一枝独“秀”的局部图。“理”“礼”“制”在古今中西交汇的津渡被除名了。

更为吊诡的是，如果说当初马礼逊奉伦敦传教会之命编《华英字典》，目的是为来华的传教士、商人、外交人员等提供帮助，“满足欧洲学习者、查阅者的需求”，那么，后来，特别是其中的《英汉字典》及其各种“转世”的《英汉字典》，主要的使用者反倒成了华人，于是乎，"出口"就"转内销"了。而马礼逊版本的《英汉字典》作为第一部《英汉字典》，是其后各种版本的《英汉字典》的前身、蓝本，在"出口转内销"的过程中扮演了最重要的乃至是决定性的角色。周振鹤《基督教传教士传记丛书》序言谓："晚明以来的天主教与基督教新教传教士在中外关系史与中外文化交流史上有其特殊的地位。"[1]"无论明清之际或晚清，这些传教士在中西关系史及中西文化交流史上都起着重要的作用。"[2]"其实是传教士奠基了两百多年中国研究……英美等国汉学的建立，也是新教传教士筚路蓝缕的结晶。"[3]

筚路蓝缕者贡献巨大的同时，其"筚路蓝缕的结晶"也令后继者形成了"路径依赖"，乃至将错就错。

由马礼逊对小斯当多不得已选择性翻译《大清律例》所生的误解而形成的LAW词条与"灋法"的一对一的"对应"，为其后各种版本的《英汉字典》所承袭，随着《英汉字典》的主要使用者由"欧洲学习者、查阅者"转为中国人，由中国法的选择性"出口"即刑法典的"出口"而误生的LAW词条与"灋法"的一对一的对应，发而为对中国法的概念、基本结构、观念、体系的误解，而"转内销"回了中国，影响迄今。于是受影响最大的也恰是中国人，无意识、不自觉地陷入了"自我东方主义"。

[1] [英] 马礼逊夫人编：《马礼逊回忆录》，顾长声译，广西师范大学出版社2004年版，第1页。
[2] 同上书，第2页。
[3] 同上书，第2~3页。

（三）路径依赖与条约的强化

1. 马礼逊《英汉字典》被奉为圭臬：LAW 与“瀍法”一对一“对应”的普及

如果说当初伦敦传教会指示马礼逊编纂《华英字典》，以“使未来派往中国的传教士受益无穷，也将使别的要求学习中文以便前往中国经商或从事其他行业的人得到无可计量的帮助”[1]。那这目的完全达到了，19 世纪 20 年代的入华新教传教士几乎都以《华英字典》作为研习汉语、汉文的工具书。不仅如此，《华英字典》作为中国英汉字典编纂之嚆矢，被以后的来华传教士奉为圭臬。

如果说前述目的还是单向的，是服务于欧洲读者；那么，《华英字典》尤其是其第三部《英汉字典》其后事实上的影响力与其最广泛的读者对象可以说是完全超乎了伦敦传教会和马礼逊本人的预期。

> 编撰英汉词典却是马礼逊的首创……它也标志着中国英汉字典系统编纂的开始。
>
> 《华英字典》的完成和出版，在当时成为中西文化交流和沟通的重要桥梁，其本身亦是涵括许多中西文化知识的百科全书。……一方面，《华英字典》的问世代表着当时最高水平的汉文和外文双解词典，“是所有其他欧洲学者难以与

[1] ［英］马礼逊夫人编：《马礼逊回忆录》，顾长声译，广西师范大学出版社 2004 年版，第 77 页。

> 之比拟的"——这是法国著名汉学家雷慕沙（Mons Remusat）的评价，他说："马礼逊博士的《华英字典》与其他字典相比，具有无可比拟的优点。"另一方面，它使中西文化交流更为便捷和直接，中西学者和其他相关人士可以通过《华英字典》来展开中西文化诠释及理解，在这种中英语言、字义的对比、对照中找出中西文化的异同及其可能沟通的途径。
>
> 而且，《华英字典》作为双语辞书，不仅有助于英语系统的人们了解汉文及中国文化，也向汉语系统介绍了英文和西方文化，其厘定的一批对译英语的汉字新语沿用至今。[1]

"中西文化交流和沟通的重要桥梁"也好，"汉文和外文双解词典"也罢，都意味着马礼逊《英汉字典》其后最广大的读者实际上不是伦敦传教会和马礼逊自己预设的欧洲读者，而是打开国门后的中国人。后来汉语系统的人们正是通过马礼逊《英汉字典》"厘定的一批对译英语的汉字新语"，"来展开中西文化诠释及理解"，且"沿用至今"。

法律领域也不例外，前引王健《早期》文中谓：马礼逊的字典是力图全面建立两个世界语言的一一对应关系的最早尝试。从马礼逊的字典当中我们可以看到，一些法律语词之间的对等关系已经被确定下来。

"厘定"意味着马礼逊的角色不只是"翻译"或"通司"，而类乎于"绝地天通"的"神巫"。[2] 既是"神谕"的传达者，

[1] 卓新平：《马礼逊与中国文化的对话——〈马礼逊文集〉出版感言》，载《世界宗教研究》2010年第3期。

[2] "绝地天通"的神话传说，见之于《尚书·吕刑》《国语·楚语下》等，余英时先生解释为：地上人王"余一人"或"天子"通过对于巫术的政治操纵，即巫师所具有的祭祀和占卜之类"神通"，独占了与"天"或"帝"交流的特权。参见余英时：《论天人之际：中国古代思想起源试探》，中华书局2014年版，第23~25页。

同时也成了“神谕”诠释者，甚至由其来判断何者算是“神谕”。这当然不是就实质上来说的，尽管马礼逊也确属“民之精爽不携贰者”[1]，虔敬，勤勉，聪颖，但他毕竟是耶稣基督的仆人而不是中国上古时的“神巫”；中国传统法也非“神谕”而是世间法。说马礼逊类乎于“神巫”是从其作为沟通中、西方两个法律世界的中介角色而言的，尤其是其作为《英汉字典》的首创者，事实上独占了“厘定”中文中哪个语词与LAW一对一对应的“特权”。当马礼逊在《华英字典》之第三部《英汉字典》中出于对小斯当多的情谊、信赖以及对其所译《大清律例》性质的误解，而确定以“灋法”作为LAW唯一的对应词之时，《华英字典》有中文底本的前两部《字典》和《五车韵府》中LAW与“理”“礼”“灋法”“制”一对多的对应就被推翻、舍弃了，而与此取舍相应的则是中国传统法“礼—灋”结构中“灋法”的一枝独秀，“礼”这一支在古今中西交汇的津渡被除名而黯然离场。

也许有人觉得夸大了马礼逊及其《英汉字典》的作用和影响力，但试想下中、西两个法律世界尚未沟通即“绝地天通”前的情形吧，隔绝着的两个世界的人们犹如《新约·使徒行传》28：26所言：

> 你们听是要听见，却不明白；看是要看见，却不晓得。

“巴别塔”下的人们，各说各的“方言”，此时，出现了一位身兼通司与“神巫”双重角色之人的声音，人们除了听信，怎会

[1]《国语·楚语下》。

怀疑这位独占了沟通权、诠释权的通司兼"神巫"其实说着的也是某种"方言"呢？

2. 一系列《英汉字典》的出版：LAW与"灋法"一对一"对应"的巩固

既然马礼逊《英汉字典》作为第一部英汉字典，标志着英汉字典系统编纂的开始，则意味着各种版本英汉字典系统编纂的后续。在马礼逊《华英字典》之后，新教传教士编纂出版了一系列英汉字典，如卫三畏的《英华韵府历阶》、麦都思的《英华字典》、罗存德的《华英字典》、卢公明的《华英萃林韵府》等，都是在马礼逊的《华英字典》基础上修订发展而成的。

以其中最值得关注的麦都思《英华字典》、罗存德《华英字典》为例，看看这两部字典中LAW的中文对应词：

> 麦都思《英华字典》LAW词条：律例、律法、法度、制法、法律、禁令……
>
> 罗存德《华英字典》LAW词条：法、例、律法、律例、法度、禁令……[1]

可见马礼逊之后的系列英汉字典奉马礼逊《英汉字典》为"圭臬"确非虚言。随着这一系列英汉字典的出版，LAW与"灋法"一对一的"对应"关系愈益巩固。同时也就意味着中国传统法"礼—灋"结构中"灋法"、律例这一支的进一步凸显，"律

---

[1] 参见屈文生：《早期英文法律词语的汉译研究》，载《中国翻译》2012年第1期。

例”已经成了中国法的代名词。

而且，据学者研究，马礼逊及后继者在汉英辞书中厘定的这些汉字词，不仅在中国传播开来，而且东传幕末和明治间的日本，被日本各种英和、和英辞典如1862年出版的《英和对译袖珍辞书》、1867年出版的《和英语林集成》、1883年出版的《英和字汇》等所借鉴。19世纪末20世纪初，中国形成留学日本和翻译日籍的热潮，将大量日本汉字词输入中国，而其中不少本是幕末和明治间日本从入华传教士编纂的汉外辞书中借取的汉字，输出输入，“却是旧时相识”。这当中，最重要的、愈益陷于云山雾遮中的，当然就是LAW与“灋法”、律例的独占性、排他性对应。

3. 从《大清律例》到《各国律例》的翻译：“律例”成为LAW的专有对应词

1813年3月26日，小斯当多从英国给马礼逊的信中写道：“法国人克罗斯先生，你当可记得他曾到过中国，出版了一本法文版的《中国游记》，把我编的英文版《中国律例》译成法文。”[1]

这个《中国律例》当然就是小斯当多翻译、1810年在伦敦出版的《大清律例》的英文版，也即大清的刑法典。《大清会典》卷六十八“刑部”列有“律纲”，谓：“凡明刑敕法其文有二，曰律曰例。律以定罪，例以辅律。”明确《大清律例》为大清的刑法典。所以“律例”乃刑法典的专称。如前所述，小斯当多称

[1] [英] 马礼逊夫人编：《马礼逊回忆录》，顾长声译，广西师范大学出版社2004年版，第74页。

《大清律例》为《中国律例》,译为 *Ta Tsing Leu Lee*; *Being the Fundamental Laws, and a Selection from the Supplementary Statute of the Penal Code of China*,“刑法典”的定性是准确的,其对“律例”作为 Fundamental Laws、Supplementary Statute 是有明确限定的,即 of the Penal Code of China。只是,马礼逊误解了小斯当多,《华英字典》第一部《字典》与第二部《五车韵府》中,对“律例”词条的释义,of the Penal Code of China 已不见踪影,作为类名(刑事类法律制度)的“律例”,一跃而成为达名(最广义上的、一般意义上的法律制度)——laws in general,于是乎,“律例”就成了 LAW 的专有对应词,“礼—瀍”结构中“律例”所对应的“瀍法”于是乎也就摆脱了“礼”这一支而独立,在马礼逊《英汉字典》中“瀍法”就成了 LAW 的唯一对应词。

因此,当 1839 年林则徐查办烟案期间在广州组织翻译瑞士著名外交家和法学家滑达尔的国际法著作《国际法》(*Law of Nations*)[1] 时,译者袁德辉、伯驾(Peter Parker)译为《各国律例》就不奇怪了。[2]

“律”在魏晋“律”“令”分野后便是刑法典的专称,到了

[1] 据中山大学王维俭、挪威奥斯陆大学鲁纳博士的研究,滑达尔于 1758 年以法文首次出版的《国际法》(Le Droit des Gens)是流行于欧美法学界和外交界的一部名著,尤其是在 19 世纪上半叶,成了外交官和领事官必读的经典。该书出版后旋被译成多种文字,自 1759 年至 1839 年,英国至少有 10 个版本,而美国至少有 7 个版本。汉译文所依据的原书是经奇蒂(Joseph Chitty)校注的英译本《国际法,或运用于国家和主权的行为和事务上的自然法原则》(*The Law of Nations, or Principal of the Law of Nature, applied to the Conduct and Affairs of Nations and Sovereigns*),参见王健:《西法东渐:中西法律概念对应关系早期历史的考察》,载高鸿钧主编:《清华法治论衡》(第 2 辑),清华大学出版社 2002 年版,第 334~335 页。

[2] 参见王健:《西法东渐:中西法律概念对应关系早期历史的考察》,载高鸿钧主编:《清华法治论衡》(第 2 辑),清华大学出版社 2002 年版,第 334~335 页。

清朝，《大清会典》明确“律以定罪，例以辅律”，“律例”如小斯当多所准确翻译的那样，乃 Fundamental Laws，and Supplementary Statute of the Penal Code of China，即清朝刑事基本法律及其则例。而滑达尔的 Le Droit des Gens（或其英译本 *The Law of Nations*）属于国际法，与刑法分属完全不同的法律部门，怎么会用《各国律例》翻译 *The Law of Nations*？*The Law of Nations* 岂不成了《各国刑法》？究其因，是因为在马礼逊《华英字典》中“律例”已被化约为 laws in general，已由刑事法的专称摇身一变为普遍性的 LAW 了。

其实，王健也注意到了“各国律例”这个译法：

> 伯驾译文的标题“各国律例”作为一个词并不见于中国的古代文献。《唐律疏议》中关于“化外人相犯”一条，有“本俗法”一词，意指诸“藩夷之国”的“本国之制”或其“俗法”，与今天所讲的外国法一词的含义相当。伯驾此处为表示 Law of Nations 这样一个概念而用“各国律例”一词，这种连接对应关系显然是过去不曾有过的。从这个意义上讲，“各国律例”本身就是一个法律新词，至少它表示了一个与本国的律例有所区别的新的概念。而且从译者的本意来讲，他所提供的是今天用以表示国际法概念的一个雏形。不过，若按今天的眼光，“各国律例”一词的意思依然含糊不定；因为仅就中文字面来讲，它究竟是指各国（内部）的法律还是各国之间的法律呢？[1]

[1] 王健：《西法东渐：中西法律概念对应关系早期历史的考察》，载高鸿钧主编：《清华法治论衡》（第 2 辑），清华大学出版社 2002 年版，第 339~340 页。

只是，王健虽然注意到“伯驾此处为表示 Law of Nations 这样一个概念而用‘各国律例’一词，这种连接对应关系显然是过去不曾有过的”，但他是将之作为一个“法律新词”来看的，以为这一新词“表示了一个与本国的律例有所区别的新的概念”。“各国律例”确是个“法律新词”，确“表示了一个与本国的律例有所区别的新的概念”，但王健没有意识到，“各国律例”这一“法律新词”其实是大成问题的，其与“本国律例的区别”主要不在于“本国”还是“各国”，是“化内”还是“化外”，而在于法律的调整对象不同。你固然可以说清朝调整对外关系的“天下”体系、礼仪制度等落伍于世界潮流、自大、僵化等，但它们至少在法律形式上属于清朝调整、处理对外关系的 LAW，而不像“律例”专以“定罪”“明刑”为务。所以，虽然也不恰切，若以《各国礼制》来翻译 *Law of Nations* 倒是聊胜于《各国律例》的译法。

随着将 *Law of Nations* 译为《各国律例》这样的翻译，“律例”“灋法”与 LAW 的对应进一步强化而渐臻“垄断”。屈文生、石伟谓：

> 近代法律翻译不仅对我国译学的发展做出了不朽的贡献，它同时重新塑造了中国法律。以《各国律例》的翻译为起点，从公法类书籍到法学各门类书籍，从传教士的翻译到国人自己的翻译，从民间的自发翻译到官方有组织的编译，从翻译英美法律到取材东瀛日本，法律翻译伴随着中国法律近代化的始终，从某种意义上讲，笔者认为法律翻译还完成了

对中国传统法律的新一番改造与塑形。[1]

只是，在“塑形”的同时，中国传统法的“所来径”早已荒草丛生，甚至连“原形”的面目也被“层累地”重塑了，由“理”“礼”“灋”“制”并存的“礼—灋”结构，随着“礼”这一支的被除名和“律例”“灋法”一支的凸显而成“以刑为主”。

4. 一系列条约的签订：LAW 与“灋法”一对一“对应”的强化

如王健《早期》文中所说，“19 世纪上半叶是西法东渐过程中不可忽视的一个重要阶段”[2]。不过，在何以“重要”的问题上，笔者与王健的关注点有所不同，王健认为这一阶段之所以重要，在于“在国人睁眼看世界之先，那些首先掌握了中国语言文字的新教传教士通过编印书刊等途径，最早向中国传入了内容相当丰富的西方政治法律方面的信息，而近代中国输入西方法学的进路亦以此为嚆矢”[3]。而笔者的关注点自始至终在于严复指出的 LAW 于中文有“理、礼、灋、制四者之异译”，而最终何以“法”字胜出成为 LAW 的专属对应词及其后果。

王健《早期》文中考察了“中国语言的价值和独立地位”如何逐步丧失，与此同时“英语的主流地位和文化霸权”如何确立、强化的过程。从中，可以看到由小斯当多选择性翻译《大清

[1] 屈文生、石伟：《论我国近代法律翻译的几个时期》，载《上海翻译》2007 年第 4 期。

[2] 参见王健：《西法东渐：中西法律概念对应关系早期历史的考察》，载高鸿钧主编：《清华法治论衡》（第 2 辑），清华大学出版社 2002 年版，第 326 页。

[3] 同上。

律例》肇始，马礼逊出于对小斯当多所译《大清律例》性质所生的误解而在其所编《英汉字典》确立的LAW与“瀍法”的“对应”，为其后各种版本的《英汉字典》所承袭，并由于《各国律例》等的翻译，随着鸦片战争后一系列条约的签订而强化、固化。

第一次鸦片战争前，英国负责中国事务的官员已认定清政府因其“愚蠢”“堕落”，“完全不了解国际法的原理和实践”，所以不能够按“文明国家间所公认的和实行的规则”对待。

1834年8月21日，英国派往广州的首席商务监督律劳卑在写给英国首相格雷伯爵的信中说道：

> 满族政府在思想上极为愚蠢而且在道德上极为堕落，梦想他们自己是世界上唯一的民族，完全不了解国际法的原理和实践，所以该政府不能够由文明国家按照他们中间所公认的和实行的那些规则加以处理或对待。[1]

鸦片战争爆发后，签订条约前英方已有“必须以英文文本为准”的考虑。

随着鸦片战争的爆发，英国方面公开了其对于中文权威地位的全面彻底的否定态度；并决心把描述和解释对华关系的语言牢牢控制在自己的手里。其间，英国外交部巴麦尊在给侵华英军司

[1]《英国档案有关鸦片战争资料选译》（上册），胡滨译，中华书局1993年版，第22~23页。转引自王健：《西法东渐：中西法律概念对应关系早期历史的考察》，载高鸿钧主编：《清华法治论衡》（第2辑），清华大学出版社2002年版，第327页。

令官懿律和义律的信函里反复要求[1]：

> 你们应当使该译本（指巴麦尊给中国大臣的信件及其中文译本）尽可能译得准确些，不必违背英文措辞的特色，而且不采用任何中国语言的形式，因为它也许不会像通常可以做到的那样忠实和简明地翻译出英文原文的意思。
>
> 你们应注意坚持英文的表达方式，而且为了防止将来产生任何疑问，关于正确解释条约可能引起的所有问题必须以英文文本为准。
>
> 你们应当注意为两国政府各准备一份用英文和中文写成的原本……我几乎无须向你们指出，两种文本应在两国文字的特性所许可的条件，彼此完全相似，这是多么重要的事情；而且为了达到这个目的，你们在准备中文译本的时候，应予以最仔细认真的注意。[2]

尽管英国方面原有把“所有问题必须以英文文本为准”写进条约的考虑。可是在解决冲突的全部过程中，无论是条约中英文本的拟定，还是对于谈判双方意见的互相转达，无一不是在英人的一手包办之下完成的。由于马儒翰——他是南京谈判英方的汉文秘书兼译员——的中文能力，英国人完全控制了向清政府要价和解释其合理性的一切机会。英国人

[1] 王健：《西法东渐：中西法律概念对应关系早期历史的考察》，载高鸿钧主编：《清华法治论衡》（第2辑），清华大学出版社2002年版，第329页。

[2] 《英国档案有关鸦片战争资料选译》（上册），胡滨译，中华书局1993年版，第531页。转引自王健：《西法东渐：中西法律概念对应关系早期历史的考察》，载高鸿钧主编：《清华法治论衡》（第2辑），清华大学出版社2002年版，第329~330页。

所希望谋求的各种利益，在英文和中文左右逢源、任凭己愿的表述当中得到了实现。就这样，一种话语霸权推翻了另外一种话语霸权；一种不平等被另外一种不平等所取代。[1]

笔者于此最关注的是马礼逊之子马儒翰在其中所扮演的角色和所起的作用，这意味着马礼逊所厘定的一批对译英语的汉字新语尤其是LAW与"瀍法"的对应以父子因袭的方式被承继，并以条约这样的法律形式强化。

道光二十二年七月二十四日（1842年8月29日）中英之间正式签订了《南京条约》，据王健《早期》一文，自此以后，中西官方层面的交往在语言方面发生了三个重大变化，其中，笔者关注的主要是后两个变化：

其二，允许中外人士之间不受拘束地学习彼此的语言。1844年的中美《望厦条约》第18条规定：

准合众国官民延请中国各方士民人等教席各方语言，并帮办文墨事件，不论所延请者系何等样人，中国地方官民等均不得稍有阻挠、陷害等情；并准许采买中国各项书籍。

1858年中美《天津条约》第25款又重申了上述的内容。此外中法《黄埔条约》（1844年）第24款也规定：

佛兰西人……亦可延请士民等教席中国语音，缮写中国

[1]　王健：《西法东渐：中西法律概念对应关系早期历史的考察》，载高鸿钧主编：《清华法治论衡》（第2辑），清华大学出版社2002年版，第330页。

> 文字，与各方土语，又可以请人帮办文墨，做文学、艺术等功课……佛兰西人亦可以教席中国人愿意学本国及外国语言者，亦可以发卖佛兰西书籍，及采办中国各样书籍。
>
> 至此，康乾之际中西交恶以来禁止外国人学习中国语言和禁止中国人学习外国语言的祖宗成法被打破，它意味着来华外国人可以购买中国的书籍、可以学习中国的语言、可以聘请到教他们汉语的中国人，因为中国人可以免除由于教授外国人汉语而将被治罪的顾虑。但最重要的，还不在于这些规定是外国人可以公开、放心地学习中国文化，而在于它保障了外国人在对中西文化的判断、比较以及进而解释中国文化方面的优势地位；而这种优势地位又在客观上为西方各种知识的输入和进一步的传播铺平了道路；条约口岸也因而很快发展成为中西合作从事文化交流活动的基地。[1]

王健所述的这一变化笔者在多年前阅读《马礼逊回忆录》和丁韪良的《花甲忆记：一个美国传教士眼中的晚清帝国》[2] 时已经感受到了。丁韪良在1850年到达中国，氛围与40多年前马礼逊踏上中国土地时大为不同：“第一位英国传教士马礼逊所聘请的汉文教师身上总是带着毒药，以便在清朝官员以重罪之名惩治他时用于自尽。这种恐怖气氛后来稍微得到缓解。最早来华的美国传教士卫三畏博士所请的汉文教师来去时手里总是拿着一只

---

[1] 王健：《西法东渐：中西法律概念对应关系早期历史的考察》，载高鸿钧主编：《清华法治论衡》（第2辑），清华大学出版社2002年版，第332页。

[2] ［美］丁韪良：《花甲忆记：一个美国传教士眼中的晚清帝国》，沈弘等译，广西师范大学出版社2004年版。

旧鞋，随时准备在紧急关头装扮成一个修鞋匠。”[1]

而丁韪良已经可以在宁波登岸，并自由聘请汉语老师学习汉语，气氛已经从马礼逊那时的“恐怖”转为“令人兴奋”：

我们请到了一位连一个英语单词都不懂的汉语老师，而我们获得知识的钥匙就是一句“keh-z-soh-go-i-sze”（“这是啥个意思”），这句话是一个传教士朋友教给我们的。汉语课是从实物开始的，老师先说一句“wangki”（“黄狗”），见我们听不懂，就牵了一只小狗，说声“这就是”，便爆发出一阵大笑，因为他突然想到居然有人会愚蠢到连“wangki”都听不懂。有时候模仿足以代替解释，例如他来回奔跑，时而喘气，时而鸣叫，使我们明白“holungtsaw”（“火轮车”）就是火车。当这位老师不能承受整天以这种方式授课时，我便雇用了一位辅助人员在下午和晚上继续教我汉语。几天以后，迷雾开始消散，而我们随后的学习进展从一个令人厌倦的任务变成了令人兴奋的消遣。我妻子是我学习汉语的伙伴，开始一直走在我的前头，直到后来受到家务事的妨碍。然而她成功地学会了当地的方言，并且挤时间劝说几位本地的妇女归顺了基督教。[2]

并且，这个“东西方沟通”的过程不是单向的，而是双向的：丁韪良用拼音系统来教本地的中国人写罗马字母，还组成了一个

[1]　[美] 丁韪良：《花甲忆记：一个美国传教士眼中的晚清帝国》，沈弘等译，广西师范大学出版社2004年版，第6页。

[2]　同上书，第27页。

学社，其宗旨就是为了确定一个用以把宁波口语写下来的拼音系统。“下一步就是准备和刊印书籍，在请人用单独的角质材料刻了一副罗马字母活字以后，我教会了一位年轻人用它们在识字课本的每一页上盖印。这种识字课本是以中国的方式刻版印刷的，虽然字迹粗糙，但应被视为是新学问的萌芽，因为当时虽然它只限于在宁波地区的传教士使团使用，但也发挥了很大的作用。”[1]

由这“萌芽”始，丁韪良其后有惠顿《万国公法》的翻译：

> 我于1862年（结束休假——引者注）返回中国，希望能到北京去传教。……这期间我花了一段时间翻译惠顿氏的《万国公法》，我认为这部作品可以对我自己的事业以及中英这两个帝国产生一定程度的影响。其实局势对这种书的需求早已引起我的注意。我本来打算翻译瓦岱尔（Vattel，即前文“滑达尔”）的作品，但华若翰先生建议我采用惠顿氏的，他的书同样权威，且更现代一些。[2]

丁译惠顿《万国公法》1864年（同治三年）冬在总理各国事务衙门资助下刊印发行。此书出版后很快在日本翻印。[3] 丁韪良翻译的法律著作除了惠顿《万国公法》，还有：

> 在我的学生的帮助下，我已经翻译出德·玛登（De Marten）的《星轺指掌》、伍尔西（Woolsey）的《公法通览》、

[1] ［美］丁韪良：《花甲忆记：一个美国传教士眼中的晚清帝国》，沈弘等译，广西师范大学出版社2004年版，第29页。

[2] 同上书，第150页。

[3] 同上书，第160页。

步伦（Bluntschli）的《民法典》和欧洲国际法协会编写的十分重要的法律手册。这些书大部分在日本被翻印。在国际法领域内，据我所知，除此之外还没有什么著作被译成这两个国家的文字。[1]

值得注意的是，丁韪良译西方法律著作无论是《万国公法》，还是《公法通览》《民法典》，不像袁德辉、伯驾译滑达尔 *Law of Nations* 为《各国律例》那样，将 LAW 译为"律例"，而是译为"法"。不过，这仍然属于马礼逊《英汉字典》以"法"为 LAW 的对应词所厘定的用法，并且，从中可以看出马礼逊所厘定的这一对应确乎已经成为新的语言事实。尽管，尤其是在"局势对这种书的需求早已引起我的注意"且事实上也是丁韪良翻译的重心所在的"国际法领域内"，相对与 *Law of Nations* 较为类似的其实是中国传统法中的"礼制""礼仪"而非偏于刑制"灋法"：

从某种意义上来说，和其他的科学知识一样，中国在法律这方面是落后的。它应当完全感谢从西方引入这些知识。但奇怪的是，这个帝国竟然 2000 年之久没有任何邻国，只有诸侯国。难道没有一种法律概念来制约这些平等国家之间的交往吗？事实是这样的，在古代，当中国广袤的疆域被一系列实际上彼此独立的小国所覆盖的时候，那里确实有一种法律雏形，但这些小国消失之后，法律也就过时了。[2]

---

[1]　[美] 丁韪良：《花甲忆记：一个美国传教士眼中的晚清帝国》，沈弘等译，广西师范大学出版社 2004 年版，第 160 页。

[2]　同上书。

丁韪良所说的“中国广袤的疆域被一系列实际上彼此独立的小国所覆盖的时候”应该是张荫麟先生所说的“周代封建社会”：“武王所肇创、周公所奠定的‘封建帝国’，维持了约莫七百年（公元前11世纪初至前5世纪末）。”[1] 与秦汉后大一统的帝国相较，“周代封建社会”的特点是“散漫”，而维系周天子与诸侯国间以及诸侯国之间相互关系的基本规范乃宗法制、分封制等礼制，属于吉、凶、宾、军、嘉“五礼”中的“宾礼”，事涉朝聘、会盟等，读《左传》明显可以看到其余绪。此即丁韪良所说的其后“过时”的“法律雏形”。

那么，放着相对较为类似的“礼制”的“名”或“能指”不用，而以“瀍法”来译 *Law of Nations* 之 LAW，只能归因于马礼逊《英汉字典》LAW 词条“LAW，法，法律”的厘定。可见，“礼”“制”在津渡中的被除名已经是板上钉钉了。

中西官方层面的交往在语言方面发生的重大变化中，笔者关注的另一个重大变化是结束由外国人提供外交文书中中文文本的状况，迫使中国方面学习外文和培养自己的译员。[2]

1858年6月26日中英《天津条约》第50款规定：

> 嗣后英国文书俱用英文书写，暂时仍以汉文配送，俟中国选派学生学习英文、英语熟悉，即不用配送汉文。自今以后，遇有文辞辩论之处，总以英文作为正义。

在次日与法国签订的《天津条约》里也以专款规定了同

[1] 张荫麟：《中国史纲》，上海古籍出版社1999年版，第24页。
[2] 王健：《西法东渐：中西法律概念对应关系早期历史的考察》，载高鸿钧主编：《清华法治论衡》（第2辑），清华大学出版社2002年版，第332页。

样的内容。这条规定旨在要求中国方面具备与对方同样的语言交流能力。从逻辑上讲，若此，这横亘于双方之间的语言障碍即可消除，而彼此的交往似乎也有可能在对等的条件下进行。但其实不然，因为所有这一切并不是在“零点”状态下发生的，而以英文作为评判文词冲突的“正义”，无疑，否定了中国语言的价值和独立地位，并在进一步强化英语的主流地位和文化霸权意识。[1]

丁韪良《花甲忆记》的叙述正可与王健《早期》一文的述评相参验：

1869年11月26日，我在总理衙门的几位大臣和美国代办卫三畏博士的陪同下，到同文馆就职。……大约有四十名学生，分班由曾出使欧洲的斌椿提调率领，向总教习行额手礼致敬。[2]

同文馆的最主要目的就是训练青年学生，以便毕业后能出任公职，尤其是作为参加国际交涉的政府代表。回顾同文馆的早期历史，最初的建馆动机是因为中英条约的签订，因为条约中有一个条款规定，英国致中国当局的公函在三年之内暂时附送中文译本，以便中国政府能在这段时间内培养出一批合格的翻译人才。按照这个约定，便于1862年开设了一个英文馆，四年又开设了法文馆和俄文馆。[3]

---

[1] 王健:《西法东渐:中西法律概念对应关系早期历史的考察》，载高鸿钧主编:《清华法治论衡》(第2辑)，清华大学出版社2002年版，第333页。

[2] [美]丁韪良:《花甲忆记:一个美国传教士眼中的晚清帝国》，沈弘等译，广西师范大学出版社2004年版，第199页。

[3] 同上书，第199~200页。

丁韪良《花甲忆记》还摘录了1861年10月恭亲王与其他总理衙门大臣们致皇帝的一份奏折，有助于我们了解同文馆创设之初的情形及奕䜣等的心理：

查咸丰十年（1860）冬间，臣等于通筹善后章程内，以外国交涉事件，必先识其性情，请饬广东上海各督抚等，分派通解外国语言文字之人，携带各国书籍来京，选八旗中资质聪颖（年在十三四以下者），俾资学习。而所请委派教席，广东则称无人可派；上海虽有其人，但艺不甚精。是以日久未能举办。臣等伏思欲悉各国情况，必先谙其言语文字，方不受人欺蒙。[1]

中英《天津条约》第50款“自今以后，遇有文辞辩论之处，总以英文作为正义”形成了惯例，甚至在《马关条约》签署之后，日方随即迫使中方签署了《议定专条》三款，作为附件构成马关条约的组成部分：

大清帝国大皇帝陛下政府及大日本帝国大皇帝陛下政府为预防本日署名盖印之和约日后互有误会，以生疑意，两国所派全权大臣会同议订下开各款：

第一，彼此约明，本日署名盖印之和约添备英文，与该约汉正文，日本正文较对无讹。

第二，彼此约明，日后设有两国各执汉正文或日本正文

[1]［美］丁韪良：《花甲忆记：一个美国传教士眼中的晚清帝国》，沈弘等译，广西师范大学出版社2004年版，第200页。

有所辩论，即以上开英文约本为凭，以免舛错，而昭公允。

第三，彼此约明，将该议订专条与本日署名盖印之和约一齐送交各本国政府，而本日署名盖印之和约，请御笔批准，此议订各款无须另请御笔批准，亦认为两国政府所允准，各无异论。为此两帝国全权大臣欲立文凭，各行署名着印，以昭确实。[1]

对此，高全喜教授评述道：

从这个附件可以看出，《马关条约》英文本与中文本和日文本一样具有正式的约文表述意思，且当中日文本相关文意理解发生不一致之时，当以英文本词义为准。这样一来，实际上就赋予了《马关条约》以一种国际公约的外部语言属性，因为当时国际法意义上的各种约章均是以英文为正式文本的，这也从一个层面反映出现代世界的以英美法权规则为主导的基本构架，就像古典时期（包括漫长的中世纪）西方世界以拉丁文为主导的外部语言属性一样。对此，清政府似乎并没有疑义，这也从一个层面反映出清国所处的弱势地位，即被迫接受这个第三种语言的形式约束，若按照传统的华夷之辨的中国中心主义，所谓"名正言顺"，这个赋予英文约本以定夺意义的《议定专条》是断难接受的，相比之下，这个专条符合日本国当时就已经发端的"脱亚入欧"之国策。

如此看来，《马关条约》实际上就有三个正式的官方文

[1] 高全喜：《论现代国际法视野下的〈马关条约〉》，载《清华大学学报》（哲学社会科学版）2017年第4期。

本：中文本、日文本、英文本，且若中、日文本发生歧义，以英文本为准。[1]

这样，一方面，以条约的形式规定“遇有文辞辩论之处，总以英文作为正义”，如王健《早期》文中所说强化了“英语的主流地位和文化霸权意识”，或者如高全喜教授所说“从一个层面反映出清国所处的弱势地位，即被迫接受这个第三种语言的形式约束”。以条约为拘束，以武力为后盾，英文就成为了“正义”，既是正式的（formal）解释，也是正确的解释。“LAW，法，法律”的对应在马礼逊《英汉字典》厘定后，经半个多世纪的语言活动和不对等的国际法实践，成了“语言事实”，成了由条约和武力保障的“强制的牌”[2]。

另一方面，如果说中美《望厦条约》、《天津条约》、中法《黄埔条约》等规定允许中外人士之间不受拘束的学习彼此的语言，清朝方面是被迫接受，那么其后奕䜣等的奏折所透露的，“伏思欲悉各国情况，必先谙其言语文字”，其实已经发生由被动到主动的转变。“中外人士之间不受拘束地学习彼此的语言”一旦开禁，加之观念的转换，其后续的影响是极为惊人的，语言演化的态势和风尚是难以预料的，“不是东风压倒西风，就是西风压倒

[1] 高全喜：《论现代国际法视野下的〈马关条约〉》，载《清华大学学报》（哲学社会科学版）2017年第4期。

[2] 索绪尔《普通语言学教程》：“能指对它所表示的观念来说，看来是自由选择的，相反，对使用它的语言社会来说，却不是自由的，而是强制的。语言并不同社会大众商量，它所选用的能指不能用另外一个来代替。这一事实似乎包含着一种矛盾，我们通俗的可以叫做‘强制的牌’。……已经选定的东西，不但个人想改变也不能丝毫有所改变，就是大众也不能对任何一个词行使它的主权，不管语言是什么样子，大众都得同它捆绑在一起。”［瑞士］费尔南迪·德·索绪尔：《普通语言学教程》，高名凯译，岑麒祥等校注，商务印书馆1999年版，第107页。

东风"，终至语言的"原初记忆丧失"。

五、"法"的古今中西之变与再"格义"

如果说马礼逊当年编《华英字典》第一、二部《字典》《五车韵府》时，中文底本提供给马礼逊的选择如严复所说"西文'法'字，在中文有理礼灋、制四者之异译"，存在某种"自由选择"之可能性，那么，当马礼逊出于对小斯当多的信赖，以及对其所译《大清律例》性质的误解，而在编纂《华英字典》之第三部《英汉字典》时选定"灋法"而排除了"理""礼""制"的可能性之时，LAW 与"灋法"的一对一"对应"就成了新的语言事实或者说语言的"强制的牌"。与这一新"语言事实"形成过程相伴随，"灋法"这一语词在中"灋"西渐、西法东渐的津渡经历了中西古今之变，由"灋，刑也"变身为"LAW，法，法律"；由中国传统法"礼—灋"结构中辅助"礼"实现之工具变身为"法，laws in general"；由"类名"上升为"达名"。由此，"法"这一语词经历了古今中西之变。

第一，由"灋法，刑也"变身为"LAW，法，法律"，语词"灋法"横向的中西之变。

就语言的同时轴线 AB 而言，"它涉及同时存在的事物间的关系"[1]，"灋法"这一语词的内涵和外延存在中西之变。由于"LAW，法，法律"的厘定和确立，"天下万物生于有，有生于

[1] 参见［瑞士］费尔南迪·德·索绪尔：《普通语言学教程》，高名凯译，岑麒祥等校注，商务印书馆1999年版，第118页。

无”[1]，“灋法”由其对应之物LAW而“无中生有”地获得了它本没有的LAW的内涵，疆域大大地扩展了，一举由原本的“灋法，刑也”摇身一变成了laws in general。“灋法”由于LAW附身或加持，已经完成了蜕变，LAW所具有的内涵也通过字典、翻译等语言的“连通器”装置在名义、形式上流注入“法”，“法”的图腾或象征已经由西法东渐前的“廌，所以触不直者而去之”转而成了一手持剑另一手握天平的蒙眼的正义女神。

第二，由“灋法，刑也”变身为“法，laws in general”，“灋法”语词也有一个纵向的古今之变。

从语言的连续轴线CD即演化语言学的角度来看，连续轴线CD揭示的是语言从一个状态过渡到另一个状态的现象。[2]“灋法”这一语词的内涵和外延发生了古今之变。如果说“灋法”这一语词在西法东渐之前囿于“灋法，刑也”，在“礼—灋（刑）”结构中本来“德（礼）主刑辅”“大德（礼）小刑”，“礼”原本处于“主”“右”的地位，“灋法”原本处于“辅”“助”之地位；或者如《唐律疏议》所说“德礼为政教之本，刑罚为政教之用，犹昏晓阳秋相须而成者也”[3]，“灋法”“刑罚”“律例”这一支只是保障“德礼”实施的工具，也即“出礼入刑”“礼之所去，刑之所取”。而在中“灋”（《大清律例》）西渐、西法东渐的中西交汇的津渡，在“出口转内销”的过程中，歧路亡羊，以至雾失“礼”“制”，西法东渐前作为类名、性质为

[1]《道德经》第四十章。

[2] 参见［瑞士］费尔南迪·德·索绪尔：《普通语言学教程》，高名凯译，岑麒祥等校注，商务印书馆1999年版，第118页。

[3]《唐律疏议》卷一。

"刑也"的"灋法"由于马礼逊《英汉字典》"LAW，法，法律"的厘定一跃而成为与LAW对应的laws in general，于是乎，西法东渐后作为"达名"的"法"实际上在语言状态上已经完成了一次华丽的转身，在该语词连续轴线CD上从一个状态过渡到了另一个状态，即完成了"法"这一语词的古今之变。今态之"法"成为LAW在现代汉语中的"垄断性"对应词。如果说在西法东渐前"礼—灋"结构中是"一统于礼"，那么，在西法东渐后，在法概念的逻辑、形式、版图中乃一统于"法"。

索绪尔在《普通语言学教程》第三章中探讨了语言符号的二重性，作为静态语言学的对象，语言符号具有不变性的一面；而作为演化语言学的对象，语言符号又具有可变性的一面："时间保证语言的连续性，同时又有一个从表面看来好像是跟前一个相矛盾的效果，就是说语言符号或快或慢发生变化的效果，因此，在某种意义上，我们可以同时说到符号的不变性和可变性。"[1]"灋法"这一语词作为符号，也分享了这二重性。但索绪尔在这里探讨的是普通语言学的规律，而在晚清这一"三千年未有之变局"，在中"灋"西渐、西法东渐的中西交汇的津渡，语言的变化已不是自然的"演化"，比时间的因素起更大作用的是空间的因素。正是由于"LAW，法，法律"的中西之变，才导致了"灋法"这一语言符号的古今之变，即由"灋，刑也"变身为"法，laws in general"。

"灋法"这一符号的语音在"津渡"没有什么变化，书写形式也没有什么变化，古体和今体依然通用，但"所指的概念在意

---

[1]［瑞士］费尔南迪·德·索绪尔：《普通语言学教程》，高名凯译，岑麒祥等校注，商务印书馆1999年版，第111页。

义上的变化”巨大，导致了“所指和能指的关系发生转移”[1]，“语言根本无力抵抗那些随时促使所指和能指的关系发生转移的因素”[2]。也即同一个能指“灋法”，“所指”却由“灋，刑也”变身为“法，laws in general”，由西法东渐前“德礼”的侍婢扶正为主妇，而“礼”“制”则反倒被除名。

如索绪尔所言，语言“从一个共时态过渡到另一个共时态，只消把一个棋子移动一下就够了”。[3]“每着棋都会对整个系统有所反响，下棋的人不可能准确地预见到这效果的界限……一着棋可能使整盘棋局发生剧变……对语言来说，情况也恰好一样。”[4] 当马礼逊编《英汉字典》时移动了一下小斯当多的棋子，在“例”词条作出“律例，laws in general”的释义，《大清律例》便由小斯当多的定性——*Being the Fundamental Laws, and a Selection from the Supplementary Statute of the Penal Code of China*（《大清刑法典的基本法律与若干则例》），删去了 of the Penal Code of China 的定语，原本的刑法典“律例”就成了法律的总称或一般性称谓 laws in general；当马礼逊在其所编《英汉字典》作出“LAW，……法；法律；法度”的一对一“对应”，并紧接着作出“Laws of China, are contained in the 大清律例”[中国（大清）的法律，包含于《大清律例》中]的论断，棋局就成了“LAW，

[1] 索绪尔：“首先我们不要误解这里所说的变化这个词的意义。它可能使人认为，那是特别指能指所受到的语音变化，或者所指的概念在意义上的变化。这种看法是不充分的。不管变化的因素是什么，孤立的还是结合的，结果都会导致所指和能指关系的转移。”[瑞士]费尔南迪·德·索绪尔：《普通语言学教程》，高名凯译，岑麒祥等校注，商务印书馆 1999 年版，第 112 页。

[2] 同上书，第 113 页。

[3] 同上书，第 128 页。

[4] 同上书，第 129 页。

法，法律"。马礼逊也预料不到，他的这一着棋，移动的是中国传统法的"礼—灋"结构，引来的是法律形式上的"三千年未有之变局"。中国传统法的"礼—灋"结构被打破了，"礼""制"被除名了，只剩下了"灋"。所以，马礼逊《华英之典》之第三部《英汉字典》，实际上摆脱了《华英之典》前两部《字典》《五车韵府》，与此同时，"礼—灋"结构中"灋"也摆脱了"礼"，成了形式上与LAW平起平坐的"法"。

不过，语言的变化毕竟不同于弈棋："只有一点是没法比拟的：下棋的人有意（'有意'下有着重号）移动棋子，使它对整个系统发生影响，而语言却不会有什么预谋，它的棋子是自发地和偶然地移动的——或者毋宁说，起变化的。"[1] 在"法"的中西古今之变中，可以说各种有意、无意的因素交杂在一起，演化与人为的干预兼而有之。

不管怎样，能指"灋法"，由于西法东渐前与后"所指"的概念在意义上发生的剧变，疆域大相径庭。如谭其骧先生所言："我们既不能以古人的'中国'为中国，也不能拿今天的中国范围来限定我们历史上的中国范围。"[2] 同理，我们既不能以古人的"灋法"为今天的"法"；也不应以为今天的"法"在历史上的范围只局限于传统法的"灋法"中，而抹去了传统法中"礼""制"曾经的存在，一叶障目。

在古今中西之变的第二个历史三峡的津渡，"法"与LAW的对译既已经历种种有意无意的机缘和误解成为"强制的牌"，我

[1] [瑞士] 费尔南迪·德·索绪尔：《普通语言学教程》，高名凯译，岑麒祥等校注，商务印书馆1999年版，第129页。

[2] 谭其骧：《中国民族关系史研究学术座谈会上的讲话》，载《中国边疆史地研究》1991年第1期。

们当然也就必须也只能接受这一语言事实。但我们还是可以追问，从纵向的古今关系来看，原本由“理、礼、灋、制”共同构成和表达的中国传统法的历史疆域在中西交汇的津渡失“理、礼、制”，由“法”一统后，“法”是否承载起了原本由“理、礼、制”承载的内涵？如若“法”只是继承了“灋”的遗产——“惟作五虐之刑曰灋”[1]“杀戮禁诛谓之灋”[2]，终究不是幸事。秦晖在谈及儒家的德治、法家的“法治”与近代法治时说道：

> 我们古代有所谓的靠严刑峻法来治国，这个是我们大家知道的所谓的法家。可是，我觉得靠“严刑”治国肯定有，是不是曾经有靠“法”治国？即便所谓的法家也不是这样的。人们谈论“中国传统”与近代法治的距离时主要还是强调儒家的“德治”与近代法治的对立，有人说法家的法治虽然不是近代意义上的法治，似乎两者的距离还是比儒家德治与近代法治的距离小一些。其实事实可能恰恰相反。[3]

秦晖这里所说的儒家的“德治”，不能理解为单纯的“道德”之治，而是“德礼”之治，规则之治。王沛文章中指出“德”的概念发端于西周初年，早期的含义较为单一，主要和社会规范、法律、法则相关，并详细考证了作为社会规范、法律、法则之“德”：

> 民德，属于一种社会规范，在西周到春秋，民德概念主要运

[1] 《尚书·吕刑》。
[2] 《管子·心术上》。
[3] 秦晖、贺卫方：《法治、德治与权治》，载《经济观察报》2013 年 1 月 21 日。

用于政治领域。很大程度上，德是具有法律功能的社会规范。

谈及法律功能，必然要和公权力挂钩。如果和社会机构、公共权力毫不相关，亦不能断言德或民德具有法律之属性。在文明社会中，宗教规范、道德规范都会以强大的控制力规制人的行为，但并不能因此将其与法律完全混淆，其区别就在于公权力有无介入。此处之所以说德具有法律之属性，还在于我们从出土资料中看到了相关的记载。比《论语》略早的春秋晚期齐国青铜器叔夷钟上，记录了这样的铭文："公曰：……余命汝政于朕三军，肃成朕师旅之政德，谏罚朕庶民，左右毋讳。夷不敢弗憼戒，虔恤乃死事，戮龢三军徒，与厥行师，慎中厥罚。"[1] 铭文中的公，是齐灵公，齐灵公任命叔夷治理三军，执掌刑罚。叔夷回答说他一定努力而慎重地对待自己的工作，治理三军，公允地实施刑罚。需要引起我们注意的是，铭文对整肃师旅之军法，使用的词汇是"政德"。政，指所司的政事，这里指治理三军之事。德，指纪律、法律。违反"政德"，将会被处罚。这里，德成了法的代称。作为法律规范的德，人民应当遵循，各级统治者亦当遵循。

不过，作为德的社会规范，是相对笼统的，它并不像战国后期律令兴起那样明了而直观，虽然德有公权力为后盾，但其执行公布与推行，必须靠统治者的行为作为表率。[2]

---

[1] 铭文参见中国社会科学院考古研究所编：《殷周金文集成》，中华书局 2007 年版，第 322、323 页。转引自王沛：《〈论语〉法观念的再认识：结合出土文献的考察》，载《华东政法大学学报》2012 年第 1 期。

[2] 王沛：《〈论语〉法观念的再认识：结合出土文献的考察》，载《华东政法大学学报》2012 年第 1 期。

“作为法律规范的德，人民应当遵循，各级统治者亦当遵循”，“虽然德有公权力为后盾，但其执行公布与推行，必须靠统治者的行为作为表率”，可资说明儒家的“德礼”之治与法家的“法治”的区别，在后者尤其是申不害、商鞅、韩非三晋法家那里，君是“生法者”而不是“法于法者”，只有民才是“法于法者”。这也可以解释秦晖为何说法家的“法治”与近代意义上的法治的距离，比儒家德治与近代法治的距离更为遥远。“现代法治要在中国实现，它的主要障碍显然不是‘从道不从君’的德治，而是迷信权力，‘专以人主意指为狱’，既不讲法律更不讲道德的所谓法家。”[1]

在横向的中西交汇上，“法”字既然经由种种机缘及误解成了 LAW 的对译，那“法”是否“传导”、接引了 LAW 的精义？

何兆武先生在《本土和域外》[2]一文中说到西文语词 LAW 与中文语词“法”在含义上的出入时说：

> 法则这个关键的字是 law，中译文可以是法、法律、定律、规律，不同的译名在涵意上有着若干出入，从而在思想推论的过程中，译文便缺少了原文那样顺理成章的说服力了。
>
> 自从古希腊起西方就有了法的观念，法既是自然的，也是人文的。后来，就从这个概念里衍生出来了“自然律”。中国文明中虽然有人文法的观念，但始终没有形成“自然法”的观念。我们记得近代思想与思想方法的开山祖师笛卡儿说过：世界是被铁的（自然）法则所统制着的，即使是上

[1] 秦晖、贺卫方：《法治、德治与权治》，载《经济观察报》2013 年 1 月 21 日。
[2] 何兆武：《本土和域外》，载《读书》1989 年第 11 期。

帝也将要服从这个铁的法则。这种自然律的观念是中国所没有的；中国虽然也承认，普遍的天道不为尧存、不为桀亡，但它指的并不是近代意义的“自然律”。“自然律”的观念之未能在中国思想上出现。

何兆武先生这段话说的正是笔者在本文第四部分讨论过的问题：西文LAW一词兼有作为自然律的“规律，原理”与人为法的“法律，规则”二义，作为人为法的“法律，规则”亦须服从自然律的铁的法则。也就是严译《法意》一开头所表达的意思——“有理斯有法”[1]“必有其所以存之理立于其先，而后法从焉”[2]。

由于“灋法”字先天的出身——“惟作五虐之刑曰灋”——带有肃杀的气息，不具有“规律，原理”等含义，因而便缺乏了LAW“那样顺理成章的说服力”，“顺理成章的说服力”在汉语中本是由“理”承载的。因而中西“法”的格义，若撇开了“理”，不接引LAW的含义中“规律，原理”这形而上的层面，只强调“法”作为“法律，规则”的层面，甚至是“以威胁为后盾的命令”，则“法”将缺乏“顺理成章的说服力”，也无以成为“铁的规则”，使“君臣上下贵贱皆从法”[3]。

2018年9月完稿于浙大紫金港

---

[1] [法]孟德斯鸠：《孟德斯鸠法意》，严复译，商务印书馆1981年版，第1页。
[2] 同上书，第2页。
[3] 《管子·任法》。

"A momentary legal system"
——"临时性法律体系"乎?

一、"临时性法律体系"乎?

早年看中译本拉兹《法律体系的概念》[1] 时，对第八章中的主要探究对象"临时性法律体系"虽也有些疑惑，不知所云，但终究还是叹口气，放过了。

近来试图从概念史角度对西法东渐前后之"法"概念作点梳理，重读拉兹《法律体系的概念》，又频频见到"临时性法律体系"，耐着性子琢磨半天，依然不得要领。无奈之下，请搜索能力强大的同事王凌皞君找来了拉兹此书的英文版，拉兹在第二章中便提到了 a legal system 与 a momentary legal system 之别：

> At this point it might be useful to introduce an important distinction, that between a legal system and a momentary legal system. A momentary legal system contains all the laws of a system valid

[1] [英] 约瑟夫·拉兹：《法律体系的概念》，吴玉章译，中国法制出版社 2003 年版。(本文以下简称中译本)

> at a certain moment. These are usually not all the laws of the system. An English law enacted in 1906 and repealed in 1927 and an English law enacted in 1948 belong to the same legal system. Yet there is no momentary legal system to which both belong, because they were never valid at one and the same moment.[1]

这一看英文版，"a momentary legal system"的概念界定得非常清楚，即"某个时期的全部有效法律"，何以自己看中文版时会没注意到这一界定呢？再去找出中译本这段话的相应译文：

> 在此，引入这样一种重要的区分可能是有用的，即法律体系与临时性的法律体系之间的差别。一种临时性的法律体系是指特定时期内有效的一种制度中的全部法律。通常，他们还不是所有的法律。1906年制定而1927年又废除的一部英国法律和1948年制定的一部英国法律同属一个法律体系。然而，并没有对应于这两部法律的同一个临时性法律体系，因为，这两部法律不可能在同一时间内有效。[2]

这就怪不得我看中译本时对这段极重要的文字不明所以。

那么，法律体系能是"临时性"的吗？

---

[1] Joseph Raz, *The Concept of A Legal System: An Introduction to the Theory of Legal System*, Second edition, 1980, Clarendon Press, Oxford, p. 34.（本文以下简称英文版）

[2] [英] 约瑟夫·拉兹：《法律体系的概念》，吴玉章译，中国法制出版社2003年版，第42页。

二、“临时”还是“一时”？

如何用中文表述拉兹“a momentary legal system”这一术语，关键是对“momentary”一词的理解。

查《牛津词典》：

momentary：lasting for a very short time.

《柯林斯高阶词典》：

momentary：something that is momentary lasts for a very short period of time.

可见，momentary 指的是事物持续的时间短暂，而非事物本身性质的“临时性”。

“中译本”将 momentary 译作“临时的”，那么“临时”一词在中文里又是什么意思呢？

查《现代汉语词典》“临时”词条：

1.［副词］临到事情发生的时候：~抱佛脚。事先准备好，省得~着急。

2.［属性词］暂时的：~工。~政府。~借用一下，明天就还。[1]

---

[1]《现代汉语词典》（第7版），商务印书馆2016年版，第825页。

网上在线检索，“临时”还有“非正式的”意思。

可见，作形容词用的“临时的”一词是用以说明事物性质的属性词，“临时”作为事物的属性主要不在于事物持续的时间长短，而在于其性质的暂时性、非正式性。

“临时”的近义词有：偶尔、暂且、暂时、姑且、权且等。

“临时”的英文对应词有：temporary；casual；contingent；impromptu；provisional；tentative；temporary；occasional。

法律或法律体系能是非正式的、偶尔、暂且、暂时、姑且、权且的吗？能是 temporary、casual、contingent、impromptu、provisional、tentative、temporary、occasional 的吗？

相反，“临时”的反义词有：常久、常设、正式、长期、永久等。

我想，大凡习法律的人，对于“非正式的、偶尔、暂且、暂时、姑且、权且”与“常久、常设、正式、长期、永久”两组词哪组更合乎法律的性质应该都心中有数罢。

如《牛津词典》和《柯林斯高阶词典》momentary 词条的释义，momentary 指的是事物持续的时间的短暂，而非事物本身性质的“临时性”“非正式性”。在拉兹《法律体系的概念》全书的语境中，a momentary legal system 指的是相对于整个法律体系（the legal system）而言持续的时间乃是短暂的，而非该 momentary legal system 就其性质是“临时性的”“非正式性的”。所以，“临时性法律体系”的译法与法律的正式性、稳定性相悖，“临时性”是政策而非法律的特征。

如果说“临时性法律体系”的译法有问题，那么要找到“a momentary legal system”的恰当对译还真不是件易事，难就难在对“momentary”一词的理解和对译。相对而言，理解还容易点儿，找恰切的中文对译则不易。想了好几个月都没有灵感，真是应了严复“一名之立，旬月踟蹰”[1] 的话。直到有一天，不知怎么忽然想到以前抄录过的《金刚经》第一品“法会因由分”：

如是我闻。一时佛在舍卫国。祇树给孤独园。

查《现代汉语词典》“一时”：一个时期；短时间。[2]

网上在线检索“一时”：一时，可表示时间、时刻、时期等意思，也是佛教用语。

从检索到的例子看，“一时”的时间跨度极大，短到一个季度，长到一个时期、一个朝代：

一时：

（1）一个季度

《淮南子·天文训》：“三月而为一时，三十日为一月。”

（2）一个时期

《孟子·公孙丑下》：“彼一时也，此一时也。”

晋 陆机《五等诸侯论》：“故强毅之国，不能擅一时之势。”

（3）一代；当代

范晔《后汉书·班超梁慬列传》：“祭肜、耿秉启匈奴之权，班超、梁慬奋西域之略，卒能成功立名，享受爵位，荐功祖庙，勒勋于后，亦一时之志士也。”

---

[1] ［英］赫胥黎：《天演论》，严复译，商务印书馆 1981 年版，“译例言”。

[2] 《现代汉语词典》，第 1537 页。

曹丕《与吴质书》："诸子但为未及古人，自一时之隽也，今之存者，已不逮矣。"

苏轼《应制举上两制书》："伏惟明公才略之宏伟，度量之宽厚，学术之广博，声名之炜烨，冠于一时而振于百世。"

至于作为佛教用语的"一时"，意蕴甚深，"不可思议"，约略可以概括为几点：

第一，诸行无常，没有一件事是永远实在不变的；

第二，刹那相续无断；

第三，一时指佛于某时说法之时期；

第四，一时又是相对的，时有多种，或有一念时，有日夜时，有春秋冬夏时，有百年时，有一劫时。

以上"一时"的诸种意思与《牛津词典》和《柯林斯高阶词典》对"momentary"一词的释义相应，故而将 a momentary legal system 译为"一时法律体系"应该是说得通的：

第一，由于诸行无常，没有一件事是永远实在不变的，故而有一个个不同时期的"一时法律体系"（momentary legal systems）的存在，不同的"一时法律体系"所包含的法律有同有不同。

第二，与时间的刹那相续无断相应，一个个不断生灭又相续无断的"一时法律体系"（momentary legal systems）构成了一个总体的法律体系（a legal system）。

第三，如同"一时"也可以指佛说法之某时期，某个"一时法律体系"（a momentary legal system）是特定的。

第四，与"一时"之时有多种、长短不一相应，不同的"一时法律体系”（momentary legal systems）长短不一，可以是一个时期，也可以是一个朝代。与“一时”是相对的相应，相对于总体的法律体系（a legal system）而言，长短不一的“一时法律体系”（momentary legal systems）都可以说是短暂的（momentary），也即lasts for a very short period of time，只持续了一个短暂的时期。

那么，将a momentary legal system译为“一时法律体系”，是否符合弗雷格[1]所说的“语境原则”或“上下文原则”——“绝不孤立地寻问一个词的意义，而只在一个命题的上下文中寻问词的意义”[2]，与拉兹《法律体系的概念》的相关论述契合？

三、“一时法律体系”与“一个法律体系”

先来看本文开头所引的a momentary legal system的概念界定所由从出的那段话，一旦将“momentary”一词译作“一时”，则拉兹《法律体系的概念》英文版第34页上的那段话可以译为：

> 在此，引入一个重要的区别也许是有益的，那就是“一个法律体系”与“一时法律体系”之别。“一时法律体系”包括该法律体系在某个时期内的全部有效法律，这些法律通常并非一个法律体系的全部法律。一项1906年颁布1927年废止的英国法律与一项1948年颁布的法律属于同一个法律体

[1] 弗里德里希·路德维希·弗雷格（1848—1925年），德国数学家、逻辑学家和哲学家，分析哲学、语言哲学、现代数理逻辑的奠基人。

[2] 参见陈嘉映：《语言哲学》，北京大学出版社2003年版，第88~89页。

> 系。然而，它们属于不同时期的"一时法律体系"，因为它们绝不属于同一时期有效的法律。

这段话中，拉兹清晰地表达了"一个法律体系"与"一时法律体系"之别："一个法律体系"指的是一个法律体系的全部法律；"一时法律体系"仅包括"一个法律体系"在某个时期内的全部有效法律。一个个不同时期有效的"一时法律体系"是有变化的，有废有立，有损有益，如同孔子在回答子张问"十世可知也?"的问话时那番著名的回答："殷因于夏礼，所损益，可知也；周因于殷礼，所损益，可知也。其或继周者，虽百世，可知也。"[1] 虽然一个个不同时期的"一时法律体系"有所变化，但它们在柯林武德所说的无始无末只有转化的"历程"[2] 的意义上又相续无断，构成了总体的"一个法律体系"。

接着，拉兹以"伊丽莎白二世在位之初的英国法律体系"为例，解释"一时法律体系"这一术语实际上指的就是长于某个时刻而短于"一个法律体系"的全部存续时间的某特定时期内的有效法律：

> "伊丽莎白二世在位之初的英国法律体系"这一表述是含混的。它可以指该特定时刻的"一时法律体系"，也可以指该"一时法律体系"所属的英国法律体系。往往，这一表述所指的两者都不是，而是指在特定期间内存续的法律体系：

[1] 《论语·为政》。
[2] 参见［英］柯林武德：《历史的观念》，何兆武等译，商务印书馆1997年版，第21页。

> 长于某个时刻而短于"一个法律体系"的全部存续时间的某特定时期内的有效法律。[1]

拉兹对"一时法律体系"指某特定时期的有效法律的解释与本文第二部分所概括的"一时"又具有特定性的特点相应。

不仅如此，拉兹还进一步解释了"一时法律体系"与"一个法律体系"的关系，明确指出："一时法律体系"是一个法律体系的子体系。

> "一时法律体系"是一个法律体系的子体系：每个"一时法律体系"都包含了该"一时法律体系"的全部法律。从属于同一个法律体系的两个不同的"一时法律体系"所含的法律可能交叠，甚至于相同，也可能有所不同。[2]

两个不同的"一时法律体系"所含的法律有交叠甚至相同，体现了法律的稳定性和连续性，如哈特所言："法律具有相对持久和稳定的特点……足以表现法律制度所具有的稳定性和连续性

[1] 该段中文系笔者所译，英文原文为：The phrase "English legal system at the beginning of the reign of Elizabeth the second" is ambiguous. It may refer to the momentary system of that particular time or to the legal system to which this momentary systems belong. Often such phrase are use to refer to neither, but to the system of the period: that is to the laws valid at one moment or another during some span of time longer than a moment and shorter than the total duration of the legal system。见英文版，第 35 页。

[2] 该段中文系笔者所译，英文原文为：A momentary legal system is a subclass of a legal system: For every momentary legal system there is a legal system that contains all the laws of the momentary legal system. Two different momentary systems which are subclasses of one legal system may overlap or even be identical in there laws, or they may have no law in common。见英文版，第 35 页。

特征。"[1] 至于有所不同，则体现了法律的变革。

可见，结合拉兹的上下文，而不是孤立地寻问一个词的意义，将"a momentary legal system"中的"momentary"一词译为"一时"符合弗雷格所说的"语境原则"。

四、"法律体系理论乃对'法'作出适当定义的前提"

再次回到本文开头所引的拉兹的那段话，拉兹为什么要引入"一个法律体系"与"一时法律体系"之别，且以为这是"一个重要的区分"?

第一，两者确实有别，播弄者便是"时间"这一因素。如马克·布洛赫所说："真正的时间，实质上是一个连续统一体，它又是不断变化的。"[2] 作为法律体系理论的研究者，拉兹注意到了两者的区别并作了明确的区分。拉兹的这一区分让我想起了布罗代尔的短时段、中时段、长时段理论：

> 为了明确起见，我们宁愿用"短时段"取代"事件史"。短时段所对应的是个人、日常生活、我们的错觉，我们的瞬间印象，特别是编年史作者和新闻记者的时间。[3]
>
> 一种新的历史叙述出现了。它描述局势、周期甚至中周期，

[1] [英] 哈特：《法律的概念》，张文显、郑成良等译，中国大百科全书出版社1996年版，第25页。

[2] [法] 马克·布洛赫：《为历史学辩护》，张和声、程郁译，中国人民大学出版社2006年版，第23页。

[3] [法] 布罗代尔：《论历史》，刘北成、周立红译，北京大学出版社2008年版，第30页。

可涵盖10年、25年乃至康德拉捷夫的经典周期——50年。[1]

在各种历史时间之中，长时段常常似乎是一个令人讨厌的、复杂的，但又总是新颖的角色。……相对于这种缓慢的、层积的历史而言，整体的历史可以重新思考，正如要从底层结构开始一样。无数的层面和无数次历史时间的巨变都能根据这些深层结构、这种半停滞的基础得到解释。所有事物都围绕这个基础转。[2]

撇开布罗代尔所说对应个人、瞬间印象的"短时段"其实也就是"事件史"，"一时法律体系"类乎于布罗代尔所说的"中时段""中周期"或更长时间段内的法律体系，或者确切地说即该时间段内的全部有效法律的总和。"一个法律体系"类乎于布罗代尔所说的"长时段""整体的历史"中存续的、总体的那个法律体系。

"中时段""中周期"或更长时间段内的"一时法律体系"是"长时段""整体的历史"中存续的总体的那个法律体系的子体系。

第二，为什么拉兹认为"一个法律体系"与"一时法律体系"之别是"一个重要的区分"？

与"一个法律体系"与"一时法律体系"之别相应，存在两种识别标准，一种是确定法律体系同一性（the identity of legal systems）的标准；另一种是确定"一时法律体系"成员资格（组成部分）的标准。

[1] [法] 布罗代尔：《论历史》，刘北成、周立红译，北京大学出版社2008年版，第32页。

[2] 同上书，第36页。

拉兹《法律体系的概念》第八章第一节探讨了前一种标准：

> （非一时）法律体系的关键在于连续性问题，也即哪些事件中断了一个法律体系的持续存在，导致其消亡，或者，导致其为一个新法律体系所取代。换言之，关键在于确定两个不同的"一时法律体系"是否属于同一个法律体系。[1]

奥斯汀的理论中暗含着两个"一时法律体系"的立法者是同一个主体乃是它们同属于一个法律体系的充要条件。拉兹对奥斯汀的这一观点持批评态度，以为法律体系的同一性问题取决于其所属的社会形态，因而不仅仅取决于法理上的考量，还取决于其他社会科学方面的考量。[2]

正因如此，拉兹不愿越界，不想过多地讨论法律体系的同一性或者说身份问题，而把自己的探索限定于"一时法律体系"的身份问题或者识别标准上。这并非说对"一时法律体系"的分析可以独立于其所属的法律体系，事实上，"一时法律体系"的成

---

[1] 这段话的中文系笔者所译，英文原文为：The crux of the problem of the identity of (non momentarily) legal systems is the question of continuity, namely what events descrupt the continuous existence of a legal system, bring about its disappearance, and, perhaps, resulting in the creation of a new legal system in its stead. In other words, the crucial problem is the problem of deciding whether two given momentary systems belong to the same legal system. Joseph Raz, *The Concept of A Legal System: An Introduction to the Theory of Legal System*, Second edition1980, Clarendon Press, Oxford, p. 187。吴译中文版这段话的翻译将（non momentarily）legal systems 即"（非一时）法律体系"完全译反了，其译文为："临时性体系身份的关键在于一种持续性的疑问，也就是说，究竟是什么事件中断了一种法律体系的持续存在，并导致了它的消失。而且，它还最后决定着新的法律体系的产生。换句话说，关键的问题在于确认两种不同的既定体系究竟是不是属于同一种法律体系。"［英］约瑟夫·拉兹：《法律体系的概念》，吴玉章译，中国法制出版社 2003 年版，第 224 页，注 1。

[2] 参见英文版，第 187~188 页。

员资格的确认有赖于参考其所属法律体系内其他"一时法律体系"，只是，对其探讨无须预设一种精确[1]界定法律体系的能力。[2] 也就是说，拉兹明确作出"一个法律体系"与"一时法律体系"之别这一重要的区分，可以避开作为总体的法律体系的边界的模糊性，而比较精确地来探讨、分析"一时法律体系"的成员资格问题。

第三，正因为与"一个法律体系"相较，"一时法律体系"的边界相对清晰，所以拉兹在第八章开头就说了："本章关注的重心在于'一时法律体系'的识别问题。"[3] 由此也可见，拉兹创用 a momentary legal system 这一概念，可不是为了探讨什么法律的"临时性"，而是因为"某一时期"的边界相对确定，可以借由"一时法律体系"的成员资格的识别标准问题即某时期的全部法律如何识别，来提炼出一般性的标准，探讨拉兹《法律体系的概念》全书起首借以着手探讨法律体系理论的四问题中的第二个问题，即法律体系的身份或成员资格问题[4]。

拉兹接着回顾了第二章和第五章中对奥斯汀和凯尔森的渊源原则（the principle of origin）的批评，即视法律的创制为确定法律体系成员资格的唯一标准，而主张引入一种更有希望的进路，那

[1] 原文"精确"二字为斜体，以引起读者注意，结合上下文，可以推论出拉兹不认为法理学者能"越界"精确界定法律体系。

[2] 参见英文版，第 189 页。

[3] 原文为：This chapter is concerned only with the problem of identity of momentary systems。见英文版，第 187 页。

[4] From an analytic standpoint a complete theory of legal system consists of the solutions to the following four questions：1. The problem of existence；2. The problem of identity（and the related problem of membership）：What are the criteria which determine the system to which a given law belongs？These are the criteria of membership，and from them can be derived the criteria of identity，answering the question：which laws form a given system？见英文版，第 1 页。

就是建立在权威性承认原则（the principle of authoritative recognition）基础之上的识别标准。[1]

拉兹归纳了霍兰德（Holland）、萨尔蒙德（Salmond）、哈特等人的观点，在此基础上提出了"一时法律体系"的识别标准："一时法律体系包含建制化的主要法律适用机关所承认的全部法律。"[2]这样一个"一时法律体系"的识别标准的意义，在于通过对法律体系理论的探讨分析，突破了奥斯汀和凯尔森的法律渊源原则，在法理学上回馈、反哺了法概念理论：并非所有的法律都是由立法机关创制的，议会作为法律创制机关的重要性只是现代法律体系的特点，但并非历史上所有法律体系的特点，也不是唯一的法律创制方式。[3]

如果说拉兹《法律体系的概念》前七章从方法论上来说是从"法律"（"a law"——意味着法概念）概念的探讨引出法律体系理论，那么该书第八章的进路则实际上是从"一时法律体系"成员资格的识别标准上升到一般性的"一个法律体系"成员资格界定标准，最后回归到法概念的探讨，在确定什么是法律即法律的概念时从立法视角转向了司法视角。换言之，如果说此前拉兹在探讨法律体系问题时主要通过对奥斯汀、凯尔森的法律概念的评论来推出其中隐含的法律体系理论，思考的进路为从法概念到法律体系理论，原因为："（既然）法律体系乃法律的体系，在此须得探讨法律的性质。尽管'法律'的定义众说纷纭，难以达成一致，但法律的概念对法律体系理论而言又是如此之重要，以致根

---

[1] 参见英文版，第190页。

[2] Accordingly, it can be said that a momentary legal system contains all, and only all, the laws recognized by a primary law-applying organ which it institutes. 见英文版，第192页。

[3] 参见英文版，第190~192页。

本无法绕开。"[1] 那么，到了第八章里，从方法上就倒过来了，拉兹是从法律体系理论（为谨严起见，由"一时法律体系"理论入手）倒推回法概念。从拉兹"一时法律体系"的识别标准——"一时法律体系包含建制化的主要法律适用机关所承认的全部法律"，可以推出拉兹对于"法"的定义：建制化的主要法律适用机关所承认的规范即法。

由此，到了接近全书结尾的第八章，拉兹终于回应了全书开头提出的问题意识和主旨，那就是：关于法律体系的理论很大程度上为分析法学家们所忽视。传统上往往认为理解法律的关键一步在于给"法律"下定义，而不深入探讨何为"一个法律体系"这样的问题，不认为因此而会带来什么后果。凯尔森第一个认识到倘若我们将注意力只局限于孤立的法律规范上，就无法抓住法律的本质。但拉兹认为这远远不够，所以他进一步提出并强调：本书[2]的主旨是："法律体系理论乃对'法'作出适当定义的前提。"[3]

---

[1] 此段中文系笔者所译，原文见英文版，第 44 页：Legal systems being systems of laws, something must be said here on the nature of laws. The meaning of "a law" is too controversial a subject to be taken as generally agreed upon, and of too great importance to the theory of systems of laws to be avoided altogether。吴译中文版对这段挺重要的话的理解和翻译有误，恰恰又译反了："可以说，法律体系也就是法律规范的体系，这里有必要就法律的本质说些意见。'一条法律'的意义是一个特别容易产生歧义的主题，以至于很难形成一个普遍同意的共识，而且，对法律体系理论来说，这个问题实在是太重要了，以至于最好回避法律含义这样的问题。"[英] 约瑟夫·拉兹：《法律体系的概念》，吴玉章译，中国法制出版社 2003 年版，第 54 页。

[2] 或曰本论文，因为拉兹《法律体系的概念》也可以视为一长篇论文。

[3] 参见英文版，第 2 页：It seems to have been traditionally accepted that the crucial step in understanding the law is to define "a law", and assumed without discussion that the definition of "a legal system" involves no further problems of any consequence. Kelsen was the first to insist that "it is impossible to grasp the nature of law if we limit our attention to the single isolated rule". Here it is proposed to go even further: It is a major thesis of the present essay that a theory of legal system is a prerequisite of any adequate definition of "a law", and that all the existing theories of legal system are unsuccessful in part because they fail to realize this fact。

故而，这也是拉兹《法律体系的概念》从类似于切片式的、边界较为清晰的"一时法律体系"识别标准入手，及于总体性的法律体系理论的探讨，再回向法概念的探讨，在法理学上对法概念理论作出的贡献。在这个意义上，对"一时法律体系"的探讨绝非"临时性的"。如"一时，佛在舍卫国"之"一时"，若"说听共相会遇"，则"时分无别"[1]，会心不远。

2018年8月9日初稿

2018年9月8日修改于浙大紫金港

[1] 《佛地经论》一卷三页云：言一时者谓说听时。此就刹那相续无断，说听究竟，总名一时。若不尔者；字名句等，说听异时，云何言一。或能说者，得陀罗尼，于一字中，一刹那顷，能持能说一切法门。或能听者，得净耳根，一刹那顷，闻一字时，于余一切，皆无障碍，悉能领受；故名一时。或相会遇，时分无别，故名一时。即是说听共相会遇，同一时义。《佛地经论》七卷，亲光等菩萨造，唐玄奘译，收于《大正藏》第二十六册。

源流之辨

“三纲”源流辨

一、“三纲”的可疑出身

从秦汉到明清两千多年，在中华人民共和国成立后习惯称为中国的封建社会，并且已经“深入人心”，但这其实是个有问题的称谓。早在20世纪30年代，被钱穆称为“博通中西文哲诸科”的张荫麟在《中国史纲》中就指出过“‘封建’一词常被滥用”的问题。张荫麟先生还对构成“封建社会”的要素进行了提炼：在一个王室的属下，有宝塔式的几级封君，每一个封君，虽然对于上级称臣，事实上是一个区域的世袭的统治者而兼地主；各级统治者属下的一切农民非农奴即佃客，他们不能私有或转卖所耕的土地。据此，他认为在中国历史上只有周代的社会可以说是封建的社会。[1] 目下，一些有识之士也纷纷注意到并且指出了这个问题。比如李慎之在《中国的道路》一书中呼吁：“封建”二字不可滥用！滥用“封建”这个词正是政治势力压倒知识分子的人文精神的结果。因为时下所说的“封建”以及由此而派生的“封建迷信”“封建落后”“封建反动”“封建顽固”等并不合乎

[1] 参见张荫麟：《中国史纲》，上海古籍出版社1999年版，第24~25页。

从 feudal、feudalism 这样的西文字翻译过来的封建主义的本义，它完全是中国近代政治中为宣传方便而无限扩大使用的一个政治术语。严守学术标准，不肯随声附和的史学家绝不如此滥用"封建"一词的，一生未尝曲学阿世的陈寅恪先生就从不曾将秦始皇"废封建，立郡县"以后的中国社会称作"封建社会"。[1] 何怀宏则进行了细致的考证[2]，指出将从秦至清末的这一漫长历史时期称为"封建社会"的倡导者为郭沫若，其后经毛泽东在《中国革命与中国共产党》一文中的转用，《新民主主义论》一书中的确认，这一说法在中华人民共和国成立后遂成定论，被编入大、中、小学的教科书，广为流传，以致"封建""封建时代"的原义反遭湮灭。

记得 20 世纪 80 年代初读本科时从私下流传的戴厚英的《人啊人》中读到"历史就是颠过来倒过去"的句子，印象深刻。现在，似乎又有了替"封建"这个说法"正名"的迹象，至少，在我所从事的行当里，由俞荣根教授主编的 2000 年版的司法部部编教材《中国法律思想史》已不见了"封建社会"这一提法，而代之以"整合时期""定型时期""变革时期"等提法，支配这一历史时期的法律思想也由先前的"封建正统法律思想"改称为不戴帽子的"主流法律思想"。不戴帽子固然比戴错帽子要好，但不戴帽子也有不戴帽子的问题，因为帽子对于不同的历史时期不是可有可无的装饰，而具有姓名的意义。那么，如何称呼"废封建，立郡县"以后到清末的这一历史时期呢？给这一历史时期定

---

[1] 参见李慎之、何家栋：《中国的道路》，南方日报出版社 2001 年版，第 208 页。

[2] 参见何怀宏：《世袭社会及其解体》，生活·读书·新知三联书店 1998 年版，第二章。

性、戴"帽子"并非笔者写作此文的意图，亦非笔者功力所能及。在我这头脑简单的人看来，就照老法子，也是在西方通行的，叫"帝国时期"便是。至于我，只想就支配这一长时期的"正统"或"主流"法律思想的其中一方面——"三纲"谈点看法而已。

不管是先前的教科书叫"封建正统法律思想"也好，还是现在的教科书称"主流法律思想"也罢，其"本质特征"是相仿佛的。其中，"三纲"居于突出地位。新旧中国法律思想史教科书往往在"正统"或"主流"法律思想"本质特征"的头一条便提及"三纲"，这是不难理解的。令人不解的是，新老教科书在"正本清源"时，往往从关键人物董仲舒追溯到先秦儒家，却将先秦法家特别是其代表人物韩非的"功劳"一笔抹杀。如马小红主编的《中国法律思想发展简史》相关章节："汉武帝采取了'罢黜百家，独尊儒术'的断然措施，封建正统法律思想随儒学的复兴占据了统治地位。""儒家强调君主的权威，董仲舒则利用神权使这种权威合法化，"认为"君为臣纲，父为子纲，父为妻纲"的伦常关系"可求于天"。[1] 又如前述俞荣根教授主编的《中国法律思想史》相关章节："董仲舒根据儒家君臣、父子的伦理纲常、仁义道德思想，以及'阳尊阴卑'的神学理论提出了一套维护封建等级制度的'三纲五常'论。"[2]

然而，就我对《论语》《孟子》《韩非子》的粗浅解读，感觉先秦法家特别是韩非与"三纲"实在脱不了干系，而先秦儒家与

[1] 马小红主编：《中国法律思想发展简史》，中国政法大学出版社 1995 年版，第 169~170 页。

[2] 俞荣根主编：《中国法律思想史》，法律出版社 2000 年版，第 141 页。

"三纲"的渊源则不像我们想象得那么深。

二、无条件的"君为臣纲"非先秦儒家的主张

正如"圣人"所教导的，"名不正则言不顺"[1]，要讨论"三纲"的源流，也得先给"三纲""正名"，不然，讨论就没有一个共同的基点。俞教授主编的思想史教材对"三纲"的解释具有一般意义："按照'天'的安排，君臣、父子、夫妇之间便形成了一尊一卑的关系，这就是后人总结的'君为臣纲，父为子纲，夫为妇纲'。所谓'君为臣纲'主要要求臣子绝对忠于和服从君主。所谓'父为子纲'则要求做儿子的应无条件地服从父亲，对父亲的意志不能违反。……所谓'夫为妻纲'，主要强调男尊女卑。"[2] 由于先秦儒法两家的代表人物关于妇女、男女问题的论述较少见，我所熟知的，仅限于"子见南子"[3] 及"唯女子与小人难养也"[4]，因此，我的讨论主要集中在"三纲"的前"两纲"，特别是"君为臣纲"，只偶尔旁及"男女"问题。

在君臣、父子的关系问题上，相对于"亚圣"孟子，孔子是比较保守的，基本主张是"正名"，用孔子自己的话，就是"君君、臣臣、父父、子子"[5]，对此，连子路都敢跟他顶嘴："有是哉，子之迂也！奚其正？"[6] 所谓"君君、臣臣、父父、子子"翻成白话文，即做君主的要像个君主的样子，做臣子的要像

[1] 《论语·子路》。
[2] 俞荣根主编：《中国法律思想史》，法律出版社 2000 年版，第 141 页。
[3] 《论语·雍也》。
[4] 《论语·阳货》。
[5] 《论语·颜渊》。
[6] 《论语·子路》。

个臣子的样子；做父亲的要像个父亲的样子，做儿子的要像个儿子的样子。这无疑就是启发人们将“三纲”与先秦儒家产生联系的重要依据，不过，这种联系的程度有多深呢？从孔子的话里是否就可以推导出“君为臣纲、父为子纲”呢？对此，我宁可持比较“保守”的态度，理由是：王国维在论述周礼时，称周礼为“道德之器械”，并以“尊尊”“亲亲”“贤贤”为周礼之精义所在[1]，三者的关系就好比是三位一体的关系，不可或缺。缺失了“贤贤”“尊尊”“亲亲”也就不得成立，或者说，“尊尊”“亲亲”是以“贤贤”为条件的，“礼治”传统中并不存在无条件的“君为臣纲、父为子纲”。因此，西周初年，管叔、蔡叔作乱时，周公只能不顾“亲亲”原则，带兵平乱；厉王末年，周、召二公亦不因“尊尊”而作茧自缚，共同执政。这些，深谙“礼治”精髓，自言“郁郁乎文哉！吾从周”[2]的孔子不会不记得。所以，在鲁定公就君臣关系问题询问他时，孔子回答：“君使臣以礼，臣事君以忠。”[3]这是否可以理解为君“使”臣与臣“事”君是互为条件的，倘君不以礼“使”臣，如碰上无道之君，臣就不必以忠“事”君呢？同样，“信如君不君”[4]，则臣不臣；倘若父不父，则子不子。从孔子“其身不正，虽令不从”[5]的话及对被韦小宝称为“鸟生鱼汤”的尧舜禹汤一干“明君”的赞美来看，孔子并不主张做臣子的无条件地“绝对地忠于和服从君主”。

孟子在君臣关系问题上，更是空前的激进，并且在其后很长

[1] 参见王国维：《观堂集林·殷周制度论》。
[2] 《论语·八佾》。
[3] 同上。
[4] 《论语·颜渊》。
[5] 《论语·子路》。

时间里几乎"后无来者"。《梁惠王下》所记载的孟子与齐宣王的那场著名对话中，作为君主的齐宣王当然不希望有人来撼动他的位置，有意试探孟子（私下巴望孟子能附和他）："臣弑其君，可乎？"孟子于是说了让齐宣王及后世君主们心惊、更让朱元璋恼怒得将亚圣的牌位从文庙中扔出、不让其享受冷猪肉的那番话："贼仁者谓之'贼'，贼义者谓之'残'。残贼之人谓之'一夫'。闻诛一夫纣矣，未闻弑君也。"[1] 同一篇中，孟子还引用曾子的话来告诫统治者："戒之戒之！出乎尔者，反乎尔者也。"认为对"民有饥色，野有饿莩"，而自己犹"庖有肥肉，厩有肥马"的"率兽而食人"[2] 的君主，民"得反之"[3]。这样一个孟子，与绝对忠君的"君为臣纲"更是扯不上。

在父子关系问题上，《离娄下》为我们提供了孟子对"孝"的看法。据该篇，有一个叫匡章的人，因故得罪了他的父亲，全国的人都说他不孝，孟子却同他来往，而且还相当敬重他。孟子的学生公都子很不解，孟子于是向他解释：世俗所谓的"不孝"的表现形式诸如懒惰、贪婪、酗酒、好勇斗狠、不养父母等，跟匡章都挨不上，章子只不过是因为父子之间以善相责而弄僵了关系而已。"夫章子，岂不欲有夫妻子母之属哉？为得罪于父，不得近，出妻屏子，终身不养焉。"章子既然在父子之间以善相责，不信奉"父为子纲"是无疑的了；其"出妻屏子"，不要儿子侍奉他，是否正是"父不父，子不子"的意思呢？跟匡章这样一个在后世属于"逆子"无疑的人交往，且"从而礼貌之"的孟夫

[1] 《孟子·梁惠王下》。
[2] 同上。
[3] 同上。

子，该不会鼓吹"做儿子的应无条件地服从父亲，对父亲的意志不能违反"吧。

另外，《离娄下》末尾还载有一则类似于"今古传奇"的故事，其中孟子虽不曾直接就男女问题亮明态度，但可以看出与后世绝对的"夫为妻纲"并非一个鼻孔出气。故事说的是齐国有一个人，娶有一妻一妾。此君每次外出，必酒醉饭饱而归。其妻是个有心人，便往往问其夫君都跟什么人在一块儿吃喝，正是孔子"视其所以，观其所由，人焉廋哉？人焉廋哉？"[1] 的意思。据此君说来，席间坐者非富即贵或者且富且贵。其妻听得多了，却从不见有富贵显要登自家的门，不禁起了疑心，一日终于忍不住尾随其夫以看个究竟。跟踪的结果对妇人来说简直是残酷的：满城中几无搭理其夫的人，其夫最后一直走到东郊外的墓地，向上坟的人讨些残菜剩饭吃了，不够，又涎着脸走向另一家……妇人再也看不下去，捂着脸跑回家，将所看到的一切告诉了小妾，末了说："良人者，所仰望而终身也，今若此——"妻妾两人又气又怒，且哭且骂，不知就里的丈夫腆着肚子兴兴头头地回到家，还向两个女人显摆呢。孟子最后的评论可谓"警世恒言"："由君子观之，则人之所以求富贵利达者，其妻妾不羞也，而不相泣者，几希矣。"孟子的话，几乎有点贾宝玉"女儿是水做的骨肉，男子是泥做的骨肉"的意思。你看，故事中的女人是不是要比做丈夫的"清爽"些？对这等敢痛骂自己丈夫的"大胆"妇人，孟子不但不加非难，反倒颇有几分赞许的意思，起码，是当作"正面人物"来刻画的。这样一个孟子，会是嚷嚷"夫为妻纲"、三

[1]《论语·为政》。

从四德的人吗？

三、“三纲”源于《韩非子·忠孝》

说到法家的集大成者韩非，人们往往会想到《孤愤》《五蠹》，这当然与它们深得秦始皇的欣赏、曾被其“点名”有关，撇开这两篇名篇，《六反》、《备内》、内外储诸篇也是经常被称引的，相形之下，《忠孝》篇显然属于被冷落者，各种《韩非子》的选本固然殊难见到其踪影，学者们的著作也鲜有提及它的。如果说中华人民共和国成立前权威的冯友兰《中国哲学史》论及韩非时不曾提《忠孝》是可以理解的，学术的路数有专攻嘛；那么，中华人民共和国成立后“几乎笼罩了半个世纪”[1] 中国思想史界的侯外庐主编的《中国思想通史》第一卷法家与韩非思想专章冷落《忠孝》篇就有点令人费解；至于前述专论中国传统政治法律思想的法律思想史一类著作，之所以在清算“三纲”的源流时，把“账”一股脑儿都算到先秦儒家头上，也许就跟撇开《忠孝》篇有关。

与爱“祖述尧舜，宪章文武”[2] 的先秦儒家针锋相对，韩非在《忠孝》篇一开头，就把他的“矛”投向了儒家的忠孝观及儒家心目中的偶像——尧舜汤武，指出当时盛行的儒家的孝悌忠顺之道正是造成秩序破坏、天下大乱的原因。“皆以尧舜之道为是而法之，是以有乱君，有曲父。尧舜汤武，或反君臣之义，乱

[1] 葛兆光：《七世纪前中国的知识、思想与信仰世界》，复旦大学出版社 1998 年版，第 6 页。
[2] （西汉）刘向、刘歆：《七略》。

后世之教者也。”在韩非看来，尧本为君主而反奉舜为君，自己顾为臣；舜本为人臣而坐了君位，以自己的君为臣；汤武作为臣子而犯上作乱，杀自己的主君而辱其尸，这样的乱臣，天下人不以为忤逆，反而赞颂不已，天下焉得平治？接着，韩非提出了他自己的“明君”“贤臣”的标准：“所谓明君者，能畜其臣者也；所谓贤臣者，能明法辟治官职而戴其君者也。”这里，特别“刺目”的是，韩非在描述他理想中的君臣关系时所用的字眼——“畜”和“戴”，将君臣关系中的不对等推到了极致。

在传统的“礼治”秩序下，由于与“尊尊”“亲亲”“贤贤”相对应的“政统”“亲统”“道统”之间形成了一种互相渗透、互相混融的“三统的三位一体”[1]的关系，“贤贤”的“道统”对“尊尊”的“政统”是一种制约，“贤者”或“学习道艺者”被赋予了“师”的资格，拥有特殊的规谏责任，在“上失其道”时，可以“自下而正上”[2]。《国语·楚语上》：“若武丁之神明也……犹不敢专制，使以象旁求圣人。既得以为辅，又恐其荒失遗忘，故使朝夕规诲箴谏曰：‘必交修余，无余弃也。’”阎步克先生指出：“王夫之言‘圣人之教’为‘道统’；而这种‘规诲箴谏’，即在此‘教’之中。政统与道统的这种传统关系，在古人看来具有一种反‘专制’的意义。”[3]由于上述“道统”“师道”是相当“泛化”的，“它包含着大量的‘拟化’成分，例如把据道议政的贤人视之为‘师’，把‘规谏’之类行为视之为‘教’。”[4]因而传统背景下的君臣关系并非如天与地那般绝然对

[1] 阎步克：《士大夫政治演生史稿》，北京大学出版社1996年版，第98页。
[2] （南宋）叶适：《习学记言》，上海古籍出版社1986年版，第92页。
[3] 阎步克：《士大夫政治演生史稿》，北京大学出版社1996年版，第96~97页。
[4] 同上书，第97页。

立的关系，臣对君来说，亦"师"亦"臣"。

等到韩非的"畜""戴"论一出，在君臣关系上，便仿佛有一种重、黎"绝地天通"[1]一般的意义。本来，重、黎"绝地天通"便极富象征意义，重托举的并非自然之天，黎摁住的也并非自然之地，绝地天通，使"民神不杂"的目的是在治人者与被治者之间划出不可逾越的界限，"使各司其序，不相乱也"[2]。而韩非的"畜"与"戴"则在治人者内部"绝天地通"，"使明王贤臣而不易也，则人主虽不肖，臣不敢侵也"[3]。君就是君，臣就是臣，两者的位置绝对不可颠倒，一颠倒社会秩序就乱了。即使君不肖、残暴如桀纣，亦不可生出"彼可取而代之"的念头。因而在韩非笔下，儒家的"圣贤"舜成了"出则臣其君，入则臣其父，妾其母，妻其主女"的不仁、不义、不明的家伙。赞美舜，在韩非看来，就是驱天下为乱。这是韩非深恶痛绝的，于是，韩非"旗帜鲜明"地提出："臣事君，子事父，妻事夫。三者顺则天下治，三者逆则天下乱，此天下之常道也。"[4]还有比这更清晰、更直截了当、更不加掩饰的关于"三纲"的表述吗？比之于董仲舒的"犹抱琵琶半遮面"，牵强附会地拉来阴阳五行包装"三纲"，韩非要爽快、率直得多。不过，也因了这"天然

---

[1] 有关"绝地天通"的传说，见于先秦各典籍，最早是《尚书·吕刑》的记载："上帝监民……乃命重、黎，绝地天通，罔有降格。"《国语·楚语下》的记载更为详细："颛顼受之，乃命南正重司天以属神，命火正黎司地以属民，使复旧常，无相侵渎，是谓绝地天通。"不过，此处观射父"使复旧常"的话是不可真信的，仅为证明"合法性"起见托古而已。此外，神话学家袁珂先生认为成书于战国初期至中期的《山海经·大荒西经》也简略叙述了这一故事："颛顼生老童，老童生重及黎，帝令重献上天，令黎邛下地。"

[2] 《国语·楚语下》。

[3] 《韩非子·忠孝》。

[4] 同上。

去雕饰”，初读《忠孝》，惊讶之余，还觉得寒意逼人。

如前述，臣事君、子事父、妻事夫三者之中，韩非关注的重心在君臣关系。为使君者恒为君，臣者恒为臣，韩非反对“上贤任智”，认为这会导致“无常”，而“无常”“废常”的结果是乱，因而“上贤任智”也就成了“逆道”，是危险的举动。做君主的当然须切记在心，不可像尧一样傻到以这种“乱术”乱了自己的江山，君主的“圣术”就体现在驾驭群臣上：“术者，因任而授官，循名而责实，操杀生之柄，课群臣之能者也。此人主之所执也。”[1] 这里，“操杀生之柄”与“畜群臣”在逻辑上形成了完美的对应，与主张“尚贤”，欲以“贤贤”的“道统”制约“尊尊”的“政统”的儒家判然有别。至于做臣子的，则要牢记“忠臣不危其主”[2]，以君主所是为是，君主所非为非，一切但凭君主的吩咐去做，臣子是不必有自己意志的、实现君主意志的工具。韩非甚至认为，做臣子的不得在君主面前借古讽今，赞美先王，“为人臣常誉先王之德厚而愿之，是诽谤其君也”[3]。替君主们想得也真够周到的了。不过，韩非的担心也不是没有道理，无论是在韩非生前还是身后，“祖述尧舜”都是儒家规谏君主的常用武器，以至于“祖述尧舜”都成了儒家的特征。而后世的君主们，也很承韩非的情，不但将韩非的观点“为我所用”，更将其发挥到极致，创出了“腹诽罪”。

《忠孝》篇也涉及了父子关系，韩非的主张仍是通过对舜的批评来阐明的。在韩非看来，即使瞽叟有各种不是，“孝子不非

[1]《韩非子·定法》。
[2]《韩非子·忠孝》。
[3] 同上。

其亲"[1]，舜也应该担待着，谁让瞽叟是你的老子呢！在儿子应该孝顺父亲这点上，儒法两家似乎没什么异议，但持论的出发点和侧重点则有所不同，儒家的出发点是"亲亲"原则，在"孝"的内涵上侧重于"爱"，人若不爱其亲遑论爱他人，"爱人"或"老吾老以及人之老，幼吾幼以及人之幼"的"仁政"也就无法实行。而法家谈孝的意图则仍在于"尊尊"，在"孝"的内涵上侧重于"顺"而不是"爱"，因为法家是不相信爱的，人皆挟自为心，父母子女之间也是利害计算关系。"子事父"的原因是父为尊长，子为卑幼，父子之间自然原因的尊卑关系成了用以证明君臣（广义的还包括臣民）之间的政治上的尊卑关系的合理性的工具。相对于儒家侧重于"亲亲"的"孝"，韩非侧重于"尊尊"的"顺"是绝对的。

对"尊尊"的强调使法家眼里人和人之间的关系似乎只剩下了彼此对立、不可更改的君臣（民）、尊卑关系，谓我不信，可以体会一下韩非对《诗·小雅·北山》的别解："诗云：普天之下，莫非王土，率土之滨，莫非王臣。信若诗之言也。"《诗》的本意强调的是空间性，赞颂周的地域的广大，幅员的辽阔；而经韩非一称引，其内涵就变了味，"信若"的背后，"时间"加入了进来，其潜台词是：今日之"王土""王臣"，将来依然是"王土""王臣"；"王"者恒"王"，"莫"不王，不应因其愚顽不肖而改变。"臣"者恒"臣"，"莫"不臣，不该因其贤能而脑后生出反骨。这种"忠臣不危其主"的为臣之道在大一统后两千多年的中国历史中有愈益强化的态势。据新近披露的史料，晚清末

[1]《韩非子·忠孝》。

年，与李鸿章私交深厚的前任“洋枪队长”戈登有感于慈禧的昏聩顽固及李屡遭误解、嫉恨的尴尬处境，曾私下劝李取“孤儿寡母”而代之，李一听顿时脸为之变色。忍辱负重的李鸿章死后被追谥为“文忠”，算是为“忠臣”作了最好的注解。

“三纲”强调的是君臣、父子、夫妇三对关系中绝对的尊卑关系。董仲舒以阴阳五行来比附“三纲”时试图证明的也是这种绝对的尊卑关系，按三段论推理：大前提是“阳尊阴卑”，小前提是“君臣、父子、夫妇之义，皆与诸阴阳之道。君为阳，臣为阴；父为阳，子为阴；夫为阳，妇为阴”[1]，结论不言自明。如前所述，先秦儒家虽然也讲“尊尊”，但同时也谈“亲亲”“贤贤”，三者是三位一体的关系，由于“贤贤”对“尊尊”的制约，所以先秦儒家的“尊尊”是相对的、温和的。尊卑的绝然对立与对“尊尊”的极端强调正是法家的特色，阎步克先生说法家的“‘法治’是独尚‘尊尊’而不及‘亲亲’‘贤贤’的”[2]可谓洞明。看来，把“三纲”完全归“功”于先秦儒家，先秦儒家很大程度上是“枉担了虚名”。正因如此，金克木老先生在驾鹤西去前仍不忘提醒人们不要为汉武“独尊儒术”的表象所迷惑，其“仁义”不过“外施”而已[3]。

2002 年 3 月 7 日于杭州宝善桥

---

[1] 董仲舒：《春秋繁露·基义》。
[2] 阎步克：《士大夫政治演生史稿》，北京大学出版社 1996 年版，第 87 页。
[3] 金克木：《风流汉武二千年》，载《读书》2001 年第 1~2 期。

继承晚清谁人遗产?[*]
——梁治平先生《礼教与法律》读后

一、七年铸一剑

2013年早春，梁治平先生再度上月轮山浙大法学院讲学，送给我上海书店刚出的他的关于清末修律中礼法之争的“小书”——《礼教与法律：法律移植时代的文化冲突》。“小书”乃梁先生在该书后记中的自语，梁先生自承这本“小书”从立意到完稿，前后花去了七年时间，“这个时间，对我来说，实在是不短”。这似乎应了唐诺先生的话：

> 美好的作品一挥而成这种事，也许在人的书写一生中会天启般发生个几次，但真正以书写为一生职志的人，不会期待更不会放心这样的作品——真正重要的作品，是书写者自备的、携带的，它启始于书写者自己心中某个特殊的图像、某个异样的声音、某个依稀恍惚的东西，这盯住你不放却又一直躲开你，要完好地捕捉它绝不容易，书写者总是得经历

---

* 本文原载《清华法学》2015年第5期。

> 相当的时日才缓缓取得放手一搏的信心……他真正会的、能写的东西就这么多，对他个人而言这何其珍罕，怎可随随便便写掉。也因此真正书写的人迟早（而且恐怕不能太迟，不能迟过中年）得实实在在站定下来，试着切断外头世界的光线、声音以及一切善意恶意的干扰，选择自己脑袋最清醒、体能最堪负荷、专注力持续最久的状态下和时间里来写……[1]

笔者读完该书已一载有余，即便懈怠懒惰如我，书中讨论的诸命题也一直令我“耿耿于怀”，正如其令梁先生“耿耿于怀”：这些命题不仅关乎“诸如法律与道德、家族与国家、自然与理性、普遍与特殊诸范畴之间的关系，而且关乎现代中国的构想，中国现代化的路径，以及变革过程中的身份认同诸问题，正因如此，在我眼里，这场已经沉寂了百年的论争，其实从未成为过去，它一直纠缠着我们……”[2]

对这种“纠缠”的感受力因人而异，可以想见，它对梁先生的“纠缠”远甚于常人，于是乎，梁先生不惜以七年这确乎不短的时间与之展开“纠缠”，还原、回溯歧路之中复有歧路的百年中国法律现代化之路的发端、分岔口，写成这本“小书”，对“现实的关切，但采取的却是学术的姿态”。[3] 个中况味，或许还是同样作为书写者的唐诺先生说得恰切——“接近一种责任”：“多年之后，我渐渐相信并且认定，在原来这也不能那也不能的

[1] 唐诺：《尽头》，广西师范大学出版社 2013 年版，第 131 页。

[2] 梁治平：《礼教与法律：法律移植时代的文化冲突》，上海书店出版社 2013 年版，“后记”。

[3] 梁治平：《梁治平自选集：法律史的视界》，广西师范大学出版社 2013 年版，“代跋”。

实然世界之中，书写仍有这样一件事可以做而且得做，接近一种责任，那就是——此时此地，书写者至少得奋力地说出人的当下处境、他自身的处境。世纪交迭，万事发生，惟这一刻我们站在哪里，记得什么，看着什么，知道些什么，意识着什么，犹期盼什么。"[1]

陀思妥耶夫斯基曾言：我只怕一件事，我怕对不起自己所受的苦难。对于我们这个近现代苦难频仍的民族来说，我不知道若这样一场世纪礼法之争继续"沉寂"，怕不怕对不起自己所受的苦难。

在蒙梁先生赠书的前一个月，正好在逛书店时买了广西师范大学出版社新出的《梁治平自选集：法律史的视界》，照例先看序跋，序是新写的，书末"代跋"则用的是原载于1998年《学术思想评论》上的旧文《在边缘处思考》，也曾经是梁先生一个集子的书名，这回趁机重读了一下，感觉自己好像是第一次读一般，不由得一边暗叹自己当年初读时理解力之差劲，眼下记忆力衰退之迅捷；一边则暗叹梁先生当年借命题作文"治学之道""学术经验"写此文时自我反省的清醒彻底，时隔那么多年，用作新自选集的代跋也没有过时，倒成了我此刻写这篇《礼教与法律》读后感的阿里阿得涅线团。

清末礼法之争这块"熟地"，按照所谓专业的划分，属于中国法制史，梁先生曾自承："我读的专业是'外国法制史'，研究最多的却是'中国法制史'，而我研究这门学问的方式又与'主流'的全然不同……我这样做并非想要标新立异。"[2]梁先生没

[1] 唐诺：《尽头》"序"，广西师范大学出版社2013年版。

[2] 梁治平：《梁治平自选集：法律史的视界》，广西师范大学出版社2013年版，"代跋"。

想要标新立异，但问题是：一个兴趣在于哲学和历史之间的人；一个认定“智识活动的意义并不取决于它们是否合乎既有的知识分类，而取决于这种活动是不是对人类的知识有所贡献”的人；一个不在乎自己的研究能不能被归入某个专业，而只关心其所研究的问题是不是真正值得研究，其研究是不是最大限度地利用了自己的知识资源的人，七年磨一剑，没有“标新”，没有“立异”，才是没法做到的。

有别于通常所见的清末修律的著述，《礼教与法律》不是纯思辨式的思考，亦非纯学究式的考证，“思想不离材料，材料贯以思想”。[1] 它是“法制史”的，又不仅仅是“法制史”的，最大限度地利用了作者独特的知识资源。

也许是因为自己属于何炳棣先生《读史阅世六十年》中所揶揄的“扪虱清谈”、龙身尚未画就便欲点睛的思想史专业出身的缘故；还因为是看着梁先生的书“长大”乃至日渐“老去”，看当年梁先生发在《读书》上的文章和《法辨》《新波斯人信札》《寻求自然秩序中的和谐》《法律的文化解释》《法意与人情》《在边缘处思考》等书时，觉得倘依“门户之见”，以中国法律史学科的两个分支即中国法制史和中国法律思想史来划分，梁先生的气韵似乎更近乎乃我族类呢。大约是2003年《在边缘处思考》后，除了在现已停刊的《万象》上读过梁先生在普林斯顿高研院讲学期间所写的“游学记”外，久未看梁先生“专著”类的书，所以时隔十来年，读到《礼教与法律》，着实有些惊讶。

我惊异于梁先生在“画龙身”上的耐心和功力大长，虽只7

---

[1] 梁治平：《梁治平自选集：法律史的视界》，广西师范大学出版社2013年版，“代跋”。

万字的小书，但所参考的资料如《清史稿》《寄簃文存》《桐乡劳先生（乃宣）遗稿》《严复集》这样的书得有耐心读，梁先生后记中还特别提到北京大学李贵连教授和台湾政治大学的黄源盛教授关于清末礼法之争的研究和著述，对他涉足这项研究帮助最大，书中随处可见引用李贵连老师的《沈家本年谱长编》和黄源盛教授的《晚清民国史料辑注》中的史料。这让我想起自己手上有两本《沈家本年谱长编》，一本是自己买的，一本是李贵连老师特意让学生带到杭州送给我的，惭愧的是，我一向游手好闲，以致两书到了自己这里都明珠暗投。读毕《礼教与法律》，我赶紧从书架上找出《沈家本年谱长编》来读，边读边不由得暗叹李老师编《沈家本年谱长编》的苦心孤诣。好在有梁先生这样的读者和研究者，《沈家本年谱长编》的心血没有白费。

清末修律的“缘起”是我们都熟悉的，梁先生的交代开阔而又精练：“十九世纪最后数年，满清国政治动荡，变故频仍，内忧外患，几达于顶点。”[1]

光绪二十六年十二月初十（1900年1月29日），慈禧太后、光绪“西狩”西安期间，发布《变法上谕》。光绪二十八年（1902年）四月初六，清廷据刘坤一、张之洞、袁世凯三人保奏，颁示谕旨：“现在通商交涉，事宜繁多，著派沈家本、伍廷芳将一切现行律例，按照交涉情形，参酌各国法律，悉心考订，妥为拟议，务期中外通行，有俾治理。”清末法律改革由此开启，中国法律之现代化也由此发端。

[1] 梁治平：《礼教与法律：法律移植时代的文化冲突》，上海书店出版社2013年版，第1页。

自光绪二十八年至宣统二年，将近十年之间，法律改旧从新，其步伐日渐加快。光绪三十年四月，修订法律馆开馆，该馆在修律大臣沈家本直接领导下，除了整理旧籍，译介西法，考察东西洋法制，培养和延揽法律人才之外，更删改旧律，订定新律，制定了多部现代式样的律典，其中，立法时间最长、也最具争议性的，乃是《钦定大清刑律》。该法自光绪三十三年提出草案，至宣统二年十二月颁布，迭经修改，其间的纷扰攘争，牵动朝野，激动人心。清末著名的礼法之争，便主要围绕这部法律展开。[1]

二、“世纪礼法之争”的另面

在交代毕“缘起”后，在“世纪礼法之争”这一部分，梁先生着力于还其本来面目的工作。“历史解释的客观性部分要靠坚实的材料来保证。”[2] 凭着坚实的材料，梁先生澄清道：张之洞不独为洋务运动的中坚，也是清末变法的推动者，且主张变法必须以仿效西法为务，以为“欲救中国残局，惟有变西法一策”。以往有关清末变法的著述总是简单地以“守旧”与“革新”来标签化张之洞、劳乃宣为代表的礼教派和沈家本为代表的法理派。本来“旧”的未必无价值，“新”的也未必就一定有价值，但自从“祖述尧舜，宪章文武”的叙事模式在近现代为进化论的未来叙事模式取代，“守旧”与“革新”的标签就暗含了价值评判，

[1] 梁治平：《礼教与法律：法律移植时代的文化冲突》，上海书店出版社 2013 年版，第 3 页。

[2] 梁治平：《梁治平自选集：法律史的视界》，广西师范大学出版社 2013 年版，“代跋”。

梁先生澄清张之洞是清末变法的推动者，是“守”中有“革”、“旧”中有“新”的。张之洞曾作有对子——“古研不容留宿墨，旧瓶随意养新花”，可谓夫子自道。这样一来，尴尬的倒是法理派，只有“革新”，“守成”何在？梁先生进一步指出：“细观其议论可以发现，所谓礼教派并非不讲法理。事实是，批评者对西方法律知识的了解和运用，并不逊于法律的起草人。”[1] 而在以往大陆有关著述中给人的印象似乎礼教派只讲旧道德、旧伦理，法理派才讲法理。如此一来，我们日后称呼法理派似乎应该加引号了。近读茅海建先生新著《戊戌变法的另面：〈张之洞档案〉阅读笔记》[2]，其“自序”中写道：

> 原先的戊戌变法史的研究，主要依靠康有为、梁启超留下的史料，并进行了多次辨伪识真，建立起当今戊戌变法史实结构的“正面”——尽管这个正面还有许多瑕疵和缺损；那么，通过“张之洞档案”的阅读，又可以看到戊戌变法史实结构的“另面”——尽管这个另面也不那么完整和清晰。任何事物都是立体的，多维观察的重要意义，本来是不言而喻的……

类似的情形其实也出现在中法史的研究、教学中，迄今有关清末修律的研究，是以“法理派”作为“正面”的，整个叙事架构与走向，无非是“法理派”如何代表了进步，礼教派如何代表

[1] 梁治平：《礼教与法律：法律移植时代的文化冲突》，上海书店出版社 2013 年版，第 19 页。

[2] 茅海建：《戊戌变法的另面：〈张之洞档案〉阅读笔记》，上海古籍出版社 2014 年版。

了落后，最终，落后战胜了进步，云云。梁先生《礼教与法律》一书，可以让我们看到清末修律的“另面”。

且说20世纪80年代笔者读本科时就从教科书里知道清末修律“礼法之争”的焦点在于“无夫奸”与“子孙违反教令”，时隔30年方才经由梁先生的解释明白过来：

> 它们之所以牵动人心如此，并非是因为其本身是刑法中最基本最重要的内容，而是因为它们所自出的两个范畴，男女和长幼，在传统道德、法律和政治上均有着特殊的重要性，以致针对这些条款所作的任何修改，都可能触动和改变传统中国的某些核心价值。也因为如此，当日围绕这些问题的论辩，无论深入程度怎样，都直接间接地牵涉出近现代诸多重大理论问题。[1]

有别于后一部分的“观察与讨论”，梁先生在这一部分意在还原“礼法之争”的场景，其用心和功力展现在“选择什么样的材料和怎样组织这些材料”[2] 上，通过相关原始资料的直接引用，让我们看到了礼教派与“法理派”的真正的论辩。

在正当防卫的概念是否适用于子孙受到尊亲属侵害的场合这个问题上，“法理派”与礼教派发生了国家主义与家族主义之争，“法理派”以为保留尊亲属对子孙的教令权，对“正当防卫”条款予以限制，是旧的家族主义的残余，与国家主义原则相扞格。

---

[1] 梁治平：《礼教与法律：法律移植时代的文化冲突》，上海书店出版社2013年版，第27页。

[2] 梁治平：《梁治平自选集：法律史的视界》，广西师范大学出版社2013年版，“代跋”。

"换言之，旧律是家族主义的产物，新刑律则代表国家主义，此两种主义、精神之间，彼消而此长，不能并存。"[1] 礼教派固不以国家主义为非，但并不接受国家主义与家族主义势不两立之说，批评"法理派""居今日而提倡'非家族主义'，而人们未必因此而有国家思想，而旧有之社会基础先坏。……我国民所以乏国家思想，其故在政治，而不在族制。专制政治之下，其人民必无公共心，无国家观念。"[2] "今乃谓民之不爱国由于专爱家，必先禁其爱家，乃能令其爱国，亦不揣其本之论矣。"[3]

在无夫奸问题上，"法理派"草拟的新刑律草案中不再有和奸无夫妇女治罪的条文，理由是"齐之以礼"与"齐之以刑"，自是两事，不应"浑道德与法律为一"；[4] 礼教派的劳乃宣则批评"法理派""其立论在离法律与道德教化而二之，视法律为全无关于道德教化之事"。[5]

三、不变的守望与不经意间的"位移"

"材料本身并不能说明什么，意义只能通过解释得出。"铺陈毕"礼法之争"中礼教派与"法理派"的基本观点后，在"观察与讨论"部分，梁先生方才不疾不徐地开始了其解释意义的工

[1] 梁治平：《礼教与法律：法律移植时代的文化冲突》，上海书店出版社 2013 年版，第 29 页。

[2] 《桐乡劳先生（乃宣）遗稿》。转引自梁治平：《礼教与法律：法律移植时代的文化冲突》，上海书店出版社 2013 年版，第 29 页。

[3] 同上书，第 31 页。

[4] 梁治平：《礼教与法律：法律移植时代的文化冲突》，上海书店出版社 2013 年版，第 33 页。

[5] 同上书，第 34 页。

作。这本就是梁先生的强项，梁先生要着力讨论的正是这史料背后的东西，因而“观察与讨论”部分也是最富“梁氏特色”的文字。

按说读这部分文字，我不应惊讶，但实际上我的惊讶不亚于读前一部分，甚至有过之而无不及，因为我发现梁先生于不经意间，发生了“位移”。

早在《在边缘处思考》一文中，梁先生谈到发表于12年前的《“法”辨》一文时说道：

> 《“法”辨》有很多缺点，尤其令我不满意的，是那些表露于字里行间的情绪。撰写这篇文章的时候，正是举国上下大谈现代化，学术界内外批判传统文化风头正盛的时候。流风所及，我也难免受其影响，这倒不是说，我有意追逐潮流，实在是因为我当时对传统与现代的关系认识肤浅，对现代性的种种问题缺乏思考……几年以后，我再读《“法”辨》的时候，文中的一些词句开始变得“刺目”，甚至让我觉得别扭，这种感觉是我最初写下这些词句的时候所没有的。我意识到自己变了……[1]

这是1998年的梁先生回视自己十多年的学术之路时意识到的“变”。又一个十多年过去了，在新出的自选集《法律史的视界》自序中，梁先生写道：

---

[1] 梁治平：《梁治平自选集：法律史的视界》，广西师范大学出版社2013年版，“代跋”。

> 比较前后两部自选集的目录，尤其是新加入文字的内容，还是可以看出某些变化之迹。只是，此种变化出于自然，而非出于计划，这也意味着，这种变化，好也罢，不好也罢，并无深意，更没有预示着何种——如一些可敬的读者经常以为和期待的那样——惊人之举。[1]

新加入的文字以其后作为《礼教与法律》最后一章的"世纪礼法之争：晚清遗产谁人继承?"为最新，在我看来，也是虽"出于自然，而非出于计划"的变化中最显明者。以至于我真的因为这十来年"少见（梁先生的著作而）多怪"了。梁先生固然无意预示、我此前也并没期待"惊人之举"，但此举——《礼教与法律》的问世——还是有点惊着我了。这让我想起：其实，日积月累的变化，自己不觉得"惊人"，倘隔一个长时段，别人见到是会惊诧的。譬如毕业后近二三十年未见面的本科同学猛然相聚，几乎会"相见不相识"，再细瞧眉眼，才端的是旧时相识。

在不变的守望姿态中，梁先生望的眼神和望见的景色变了。

如果说写《"法"辨》时的梁"并不掩饰自己对传统的一般否定态度"；写《寻求自然秩序中的和谐》的梁意识到"凭自己的好恶去裁判历史是危险的和不公正的""开始从一个新的也是更具反省意味的立场上去理解和把握传统，对传统与现代的关系的看法也不像从前那么简单和武断"；[2] 写《清代习惯法》的梁认识到以往"否定式的论证较少正面地涉及历史上存在的东西，

[1] 梁治平：《梁治平自选集：法律史的视界》，广西师范大学出版社 2013 年版，"自序"。

[2] 同上书，"代跋"。

也没有能够真正进入普通民众的日常生活，考察当时人们用来满足其需要的制度手段”“在研究清代习惯法的时候，我想到的不只是清代，也不只是习惯法，而是整个古代中国的法律传统。这个传统是由多个方面多种源流组成的，不了解这一点，就不能够真正认识中国古代的法律与社会”。[1] 到了写《礼教与法律》的梁，借用唐诺《尽头》“回忆四十年前柏林童年的本雅明”中的语词和句式，已发生了“位移”——写《法辨》时“毫不掩饰地”对之持“一般否定态度”的中国法律传统具体成形，并且逐渐占据同情乃至正面的位置；相对地，当年肯定的、代表着现代与先进方向的那些思潮逐渐黯淡褪色。那些曾经被“一般否定”的传统指向的、揭示的，是更多的古典中国，或者说消逝的和没有实现的现代中国。

四、“修律”还是“法律移植”

这么说，应该不是笔者的臆测，循着“晚清遗产谁人继承”的发问，我们可以从梁先生看上去谨守中立、不露痕迹的“观察与讨论”中，“捕风捉影”，寻找到“位移”的蛛丝马迹。一者为了证明此种“位移”有据可循，有文为证；一者笔者认同蒙田和阿兰·德波顿的话：当别的作者以我们达不到的明晰和心理准确性表达了先得我心之思想时，我自然会情不自禁地直接引用他们。他们比我们自己还了解我们。我们尚欲言又止，说不清楚自己的想法，他们已说得那么清晰，遣词那么优美。我们在他们写

[1] 梁治平：《梁治平自选集：法律史的视界》，广西师范大学出版社 2013 年版，“代跋”。

的书上划的铅笔道和作的眉批，以及借用的话，都标明我们是在何处找到了一小块自己，或是找到用自己的思想的原料构成的句子……我们把这些话引进自己的著作，表示对他们的敬意，也提醒自己有自知之明。[1] 故此，笔者将不惮于做文抄婆，大段摘引《礼教与法律》的原文。

梁先生在“观察与讨论”中，首先借用霍耐特的说法，将“以立宪和法律移植为主要内容的清末变法”，视作“一场为获得承认而展开的斗争”。

记得我刚拿到《礼教与法律》尚未打开，就吃惊于书的副标题——“法律移植时代的文化冲突”，因为几乎所有中国法制史的教科书都是把清末的法律变革称为“清末修律”，不曾见过这么直截了当称为“法律移植”的。2013年梁先生在月轮山上作讲座时，我曾向梁先生提问：刘坤一、张之洞、袁世凯连衔保奏沈家本、伍廷芳“修订法律”，光绪的谕旨也是“参酌各国法律，悉心考订”，当初设立的也是“修订法律馆”，沈家本的头衔是“修律大臣”，所以学界一向称清末法律改革为“清末修律”，为何梁先生一书的副标题径直用的是“法律移植时代的文化冲突”？纯粹从语词来分析，“修律”与“移植”总是有别的吧？

我也曾在邮件中与张伟仁先生讨论过这个问题，张先生认为清末变法初时绝无“移植”西法的本意—— a “transplantation” of foreign laws to China was never contemplated（因为习惯于英文打字，而拙于汉字输入，张先生一般给我写邮件时都用的英文），然而沈家本手下一帮留日的年轻人想要对传统法律体系作“彻改”，

[1] 参见［英］阿兰·德波顿：《哲学的慰藉》，资中筠译，上海译文出版社2004年版，第177页。

沈家本很大程度上是被他们说服，竭力为他们辩护。（My understanding is the same as yours. From what I have read my impression is that a group of young scholars under Shen, who had some education in Japan, was in favor of a complete overhaul of the traditional system and Shen was largely persuaded by them and defended their cause.）

一年之后，我想我慢慢想通了这个“修律”还是“移植”的问题了：清廷、张之洞等礼教派本来考虑的是“修律”，结果却在“法理派”的主持下成了“法律移植”。梁治平先生之所以明确将清末变法称为“法律移植时代”，是因为“就整体而言，新刑律乃至当时已定、将立之法，在基本的概念、方法、原则和体系诸方面都已经是现代的”，[1] 尤其是因为从此“中国的准则法被逐出于法界，而代之以西洋准则法”，开启了“法律移植时代”。“修律”是从起意、动机来看的，“法律移植时代”则是从后果、现实来看的。“法律移植时代”的命名并不意味着梁先生对“法律移植”的价值认同，而恰是其忧思所在：

> 综观中国百年历史……国家主义狂潮之下，国家已然独立、“富强”，而社会贫弱，人心离散，国家统一迟迟不能完成；理性主义大胜自然主义，国家治理之理性化反而难以实现；规划的社会变迁，令社会生活支离破碎，生机尽失；法律主义固已取代道德主义，但是“政令不行，伦理荡尽”。“有中国特色的社会主义法律体系”已宣告建成，然而法律与社会仍处处脱节，法治精神荡然；普遍主义和特殊主义轮

[1] 梁治平：《礼教与法律：法律移植时代的文化冲突》，上海书店出版社 2013 年版，第 122 页。

番交替，争论不止，政治合法性危机日且深矣；中西古今之辩了无止歇，文化认同问题较以往更加严重和急迫。所有这些或强或弱的矛盾，或隐或显的问题，无不可追溯于清末。[1]

这场为获得承认而展开的斗争起始，如梁先生所说，礼教派与"法理派"对于变法修律以收回领事裁判权这点并无异议，清末礼法之争，并非改革与反改革之争，而是改革者内部之争，其根本在于主体的文化认同。

本来是主体自我认同基本途径的承认，在这里却表现为一种令人困惑的自相矛盾的诉求和过程。……为承认而斗争的过程表面上是发生于国家之间，实际却引起一个社会内部最深刻的改变。[2]

要求承认所获得的，很可能不是主体自我认同的确立，而是其弱化、改变乃至丧失。实际上，围绕清末法律改革发生的种种争论，根本上是出于此种因文化认同而产生的焦虑。显然，要抒解这一焦虑，摆脱承认与认同之间的悖论式关系造成的困境，只是诉诸收回领事裁判权这一政治目标是不够的。人们必须重新审视和回答这样一些问题：为什么要改革法制？改革的最后依据是什么？改制的基准何来？界域何在？法律为谁而立？新法的正当性基础在哪里？对这些问题的回答，不仅涉及对主体自身历史和传统的理解，也涉及对主体

[1] 梁治平：《礼教与法律：法律移植时代的文化冲突》，上海书店出版社 2013 年版，第 149～150 页。

[2] 同上书，第 52～53 页。

之外世界的理解，涉及对自我的重新界定，以及在此基础之上，对未来中国的想象。[1]

可惜的是，清末礼法之争，争论双方在话语上一开始就不是对等的，情势也没让上述问题得以平心静气的讨论，谁掌握了普遍主义话语，谁就天然地拥有论辩上的优势和强势地位：

理性压倒权威，科学战胜愚昧，人替代神，自由摆脱奴役，解放除去束缚，平等取消等差，文明战胜野蛮，现代取代传统，新破除旧，先进取代落后，凡此种种对立，先由欧西社会内部的，转为西方文明与中国（及其他非西方文明）之间的，最后/同时化为中国社会内部的。清末礼法之争，就是这种对立的一种表现。正惟如此，其优劣胜负，预先就已被确定。[2]

这个胜负就是："以结果而论，法理派在当时及后来都是胜者。"[3]

话说蔡元培先生在回望长北京大学的经历时曾谈道："我素信学术上的派别，是相对的，不是绝对的；所以每一种学科的教员，即使主张不同，若都是'言之成理、持之有故'的，就让他们并存……"[4] 如果说大学里学术派别的并存，其意义在于让

[1] 梁治平：《礼教与法律：法律移植时代的文化冲突》，上海书店出版社 2013 年版，第 53~54 页。
[2] 同上书，第 126 页。
[3] 同上书，第 131 页。
[4] 蔡元培：《我在北京大学的经历》，载《东方杂志》1934 年总第 31 卷第 1 号。

学生有自由选择的余地的话，那一个社会中政治法律观点歧异的派别的并存，其意义则如梁先生所说，关乎我们这个民族的走向："实际上，无论法理派还是礼教派，其存在之历史的合理性固不待言，他们的思想及行动也各具历史价值，如果中国社会的发展是基于此两种思想和力量的一种平衡，我们今天的世界就会不同，我们对这段历史的看法也将不同。"[1]

五、继承清末谁人遗产——为禁声者发声

然而，由于"历史的演进完全倒向一面。于是，在胜利者书写的历史里，失败者在被定格为可笑的反动分子的同时，也被阉割、禁声，失去言说的能力。而为此付出代价的，不只是前人，也是生活于当下的这个民族"。[2] 因此，对作为"礼法之争"赢家的"法理派"的策略、话语重新认识、置评，为被禁声、失去言说能力的礼教派发声，或许是梁先生七年铸一剑的用心所在。

于是，在"为承认而斗争"项下，我们可以看到对"法理派"的评论：

> 沈家本于奏进刑律草案分则时曾标举其"修订大旨"，在"折衷各国大同之良规，兼采近世最新之学说，而仍不戾乎我国历世相沿之礼教民情"。不过在中外、新旧、同异之间，他实际上是重外、趋新和从同的。[3]

---

[1] 梁治平：《礼教与法律：法律移植时代的文化冲突》，上海书店出版社 2013 年版，第 131 页。

[2] 同上书，第 131 页。

[3] 同上书，第 45 页。

如果说“标举”一词还不够明显，那么，其后一段话就几乎是明显的不以为然了：

> 清末法律改制，学习西法，最受困扰的，除了所谓礼教民情与新法不相合之外，便是制度设施与新法的不相配，而立法者偏要取“近世最新之学说”，引领世界潮流，法律与社会之间的隔阂，因此而愈发触目。[1]

而对礼教派，梁先生则以为：“在清末围绕新刑律展开的论辩中，收回领事裁判权的正当性并未受到质疑。……张之洞等人可以说代表了一种更清醒也更明智的现实主义立场。”[2]

其下，梁先生从道德（主义）与法律（主义）之争、家族主义与国家主义之争、自然主义与理性主义之争、特殊主义与普遍主义之争四种视角“观察与讨论”礼教派与“法理派”的世纪之争，对“法理派”和礼教派的观点分别两相比照，这“并不是要在争论双方之间分出高下，而是希望藉由对历史上这些不同观点及其所由出的背景的梳理，更好地理解我们当下的处境，以及造成这一境遇的过去”。[3] 我们在看到礼教派与“法理派”过招的同时，不难察觉到作为观察与分析者的梁先生忧心：

其一，“天下刑律无不本于礼教”：道德（主义）与法律（主义）之争。

---

[1] 梁治平：《礼教与法律：法律移植时代的文化冲突》，上海书店出版社 2013 年版，第 50 页。

[2] 同上书，第 54 页。

[3] 同上书，第 131 页。

"法理派"与礼教派激辩的另一论题是法律与道德之关系。梁先生指出，"法理派"在论争中的主要方法，先是确立礼与法同道德与法律之间概念上的等值关系，然后以道德与法律这一对西方近代范畴来替换礼与法这一对中国传统范畴，如此，则对于礼法问题的讨论就转而变成道德与法律关系的讨论。这里的问题是，礼与法，同道德与法律，这两对概念是否等值？[1]

礼究竟是什么，如何定性？

> 圣人所讲的礼，并不只是道德、风俗之类，而首先是国家制度、文化秩序、社会体制。[2]
>
> 礼之范围广泛，内容庞杂而琐细。就个人而言，从生到死，一切生活起居、进退揖让的规则都有礼导引和支配；由群体言之，则家庭组织、社会制度、国家体制、文明准则，也无一不在礼的规范之下。[3]

梁先生没有明确给礼定性，在论及中国传统法律体系的结构时，笔者曾以《左传》"国之大事，在祀与戎"[4] 为基本线索，追溯了中国传统法的起源，以为中国传统法在结构上表现为礼灋[5]

---

[1] 梁治平：《礼教与法律：法律移植时代的文化冲突》，上海书店出版社 2013 年版，第 61 页。

[2] 同上书，第 62 页。

[3] 同上书，第 63～64 页。

[4] 《左传·成公十三年》。

[5] 苏力在刊于《读书》1998 年第 7 期上的《"法"的故事》一文中说道："翻开当代中国的几乎任何一本法理学教科书——无论其名为《法理学》还是《法学基础理论》——或法律辞书，甚至台湾学者的法律教科书，我们都可以看到类似下面的文字：中文的'法'字古体写作'灋'。根据东汉许慎所著《说文解字》一书的解释：'灋，刑也，平之如水，从水；廌，所以触不直者去之，从去。'"关于"灋"字在何时简写为"法"字，笔者曾就此问题请教浙江大学古籍所的

结构，即传统法表现为礼与灋两支——源于祀的礼，与源于戎的灋。[1]

严复在翻译《法意》时曾经提醒人们，"西文'法'字，于中文有理、礼、法（灋）、制四者之异译"。"西文所谓法者，实兼中国之礼典。"[2] 严复的意思即英文里的 law，在中国传统法中相对应的不是只有灋，还包括理、礼、制等。这确乎是极重要的提醒，可惜现在已经渐渐为人们所淡忘了。

已故哈佛教授史华慈先生在《论中国的法律观》一文中也谈到这一语词的翻译所带来的误解：

> 现在，我们可在惯用的英文中找到礼、法（灋）这两个词的对应词。"礼"被译作 propriety，而"法"（灋）则被译作 law。基于这种翻译，人们可能认为，在中国对于 law 的任何讨论，都将围绕中文"法"（灋）这一概念。不幸的是，实际情况颇为复杂。与 propriety 这个在含义上颇为苍白无力的词相比，"礼"的意蕴显得更为广泛丰富。另一方面，西方的 law、droit、recht 等词，其含义较为宽广，而中国"法"（灋）这一词的含义可能显得狭窄。

关长龙教授，关教授谓："灋字金文多如此，小篆已有简写者，隶变后多简写，汉代古文经多用旧形，今文经皆用简形。"虽然"灋"字在汉以后已开始用简形，但简形在内涵与外延上与旧形无殊。然而，西法东渐以后，作为 law 的中文对译的近现代意义上的"法"字，与西法东渐前"灋，刑也"意义上的"法"字，在内涵和外延上大相径庭。为避免西法东渐前后之"法"字在概念内涵与外延上的混淆，笔者后文中干脆以"灋"字指称西法东渐前的法，而以"法"字指称与 Law 相应西法东渐后的法。

[1] 参见郭建、金敏、周东平等：《中国法制史》（JM 联合教材），浙江大学出版社 2011 年版，第一编"中国传统法律总论"。

[2] [法] 孟德斯鸠：《孟德斯鸠法意》（上册），严复译，商务印书馆 1981 年版，第 2~3 页。

在礼的概念中，隐含着某些假定，它们类似于西方的"自然法"概念中的某些假定。其中假定之一就是，认为人类世界和非人类世界存在永久的"自然"秩序（道）。就人类社会而言，这种道是一种规范性的东西——它告诉我们人类社会应当是什么样子。

当考察礼名义下的具体规定时，我们发现，礼涉及许多可归之于西方的民法或私法的内容，如结婚、离婚、赡养父母、送终责任、家庭的财产处置以及妾的地位等。但从整体上看，作为一种规范体系，礼并没有全部涉及西方法律范围内的广大区域。礼不是一种旨在顾及各种情况的规范体系，而是一种教化工具，是滋育道德的手段。

根据西方的某些法的定义，礼的功用无疑属于法的范畴。但它只能在有限范围内是法。……在所有礼不能通行的地方，必须用法来维持秩序。因此，法（灋）与刑也有联系，"法"（灋）变为刑罚的同义语，在现实与字面上，法（灋）代表制裁，其首要意义是指刑法。在礼不能有效地维护公共秩序的场合，必须诉诸法（灋）。[1]

由于语词的翻译带来对中国传统法的误解，将"law"与传统中"灋"的一支简单对应，以为只有"灋"才是法律规范，而无视传统法中"礼"这一支，视之为只是道德规范。

其实，沈家本对严复的提醒并非不知，查百度的清末修律条目，见有如下文字：

[1] 许纪霖等编：《史华慈论中国》，新星出版社 2006 年版，第 44~45 页。

> 沈家本……从概念下手，对法律观念加以改造，他认为，中西法文化的差异在于中国人对法的理解有失于狭隘和偏颇。国人历来视“法”为以恶制恶的工具，法即为刑。因此，若没有礼教的指导及道德的约束，重法就难免滥刑。这种对法的狭小视野导致了人们对法的畏惧抑或不屑。而在西方，情况就大不一样了，西人的法不仅仅是“刑”：说者谓西方“法”字，于中文有“理”“礼”“法”“制”之异译，不专指刑法一端。这就肯定了西文“法”可译为中文之“礼”“理”“法”“制”等。

为此，笔者专门电邮请教了李贵连先生：我记得西方“法”字，于中文有“理”“礼”“灋”“制”之异译这话是严复说的，沈家本也说过吗？还是沈采用了严说？

李贵连老师答复：电邮收到，“说者谓……刑法一端”，出自沈家本文存《新译法规大全序》一文。“说者”是谁？沈没有说，应该是严复。因为此前严复文中有说。

如此看来，“法理派”并非不明白礼与灋不能简单对应于分析实证主义法学的道德与法律之分。“法理派”确立礼与灋同道德与法律之间概念上的等值关系，正如梁先生所说，不过是“法理派”与礼教派论争的“主要方法”或策略。

梁先生借用王伯琦《近代法律思潮与中国固有文化》中“准则法”与“技术法”的分类，认为中国传统社会的准则法是礼，礼所展现的，是一个合乎中国人理想的社会秩序，也是刑律所要维护的社会价值和基本规范。因此，清末“法理派”称不当浑法律与道德为一，其实是在把礼法概念分解、置换为道德与法律范畴之际，"不动声色地发动了一场革命，要将中国的准则法逐出于法界，而代之以西洋准则法"。[1]

> 当此准则法根基动摇、道德被逐出法律、礼俗与国法全面背离之际，包括性道德在内的所谓"礼防"的松弛不啻是社会崩解的征兆。事实上，清末的社会确实是在一系列历史震荡之中分崩离析，不复存在。而且，在此震荡中瓦解的不只是政治的社会，也是社会共同体和文化共同体。[2]

然而，让笔者当初有些困惑的是，梁先生在指出"法理派"移花接木，将礼与灋置换为道德与法律范畴时，在表述上却不自觉地沿用了"法理派"的逻辑，花了大量笔墨讨论法律与道德的关系，无意中可能会令读者也顺从"法理派"的逻辑，接受"法理派"的礼与灋即道德与法律的置换。

下面这段文字，亦易令人发生误解："这也是为什么，礼教派关于礼与法、法律与道德、法律与风俗习惯、法律与历史的论述，很容易让人想到西方历史上的自然法传统和后起的历史法学。"[3] 这样的表述会再次加深读者礼与法（灋）对应于道德与法律的印象。

还有书名《礼教与法律》，由于"一目了然"，极易令读者误以为礼与法是对立的东西，或许从读者拿到书起就直观地显现、放大了"法理派"将礼与法（灋）对应于道德与法律的置换，无

---

[1] 梁治平：《礼教与法律：法律移植时代的文化冲突》，上海书店出版社 2013 年版，第 77 页。
[2] 同上书，第 78~79 页。
[3] 同上书，第 109 页。

意中令“法理派”的策略在百年后借此再度复活奏效。

不过，我后来似乎明白了梁先生为何要花大量笔墨讨论法律与道德的关系——或许是出于未雨绸缪罢。尽管如此，有论者似乎仍未领会梁先生这番用意。2015 年 4 月 17 日在北大法学院凯源楼举行的“文化沙龙 · 中国的法律与社会变迁暨《法辨》《清代习惯法》《礼教与法律》发布会”上，周濂先生作了“法律反映了何种道德？——与梁治平老师商榷”的发言[1]，其中谈道：

> 我觉得清末礼教派和“法理派”之争，看似是在争论法律和道德之间到底有什么关系？但是我总觉得，实质并不是法律和道德有没有关系，而是法律和道德之间的关系是什么，法律反映的是何种道德。……礼教派要我们尊崇三纲五常，但是“法理派”其实背后是个人主义，是平等主义，这个是何种关系。法律应该反映何种道德……

对此，梁治平先生在座谈会上作了回应：

> 周濂的另一个问题是：“法理派”是不是有自己的道德观？当然有。他们引进的法律原则，像是无罪推定，罪刑法定等，都是西方自由主义的法律原则，这些东西建立在平等主义、个人主义、权利本位的基础上。只不过，“法理派”不像礼教派那样，把这个问题说得很清楚，很详细。相反，他们经常说，共同法理就是如此，或者各国都是这样，这些

[1] 周濂：《法律反映了何种道德——与梁治平老师商榷》，载法律出版社主办微信公众号“中国法律评论”，发布时间：2015 年 4 月 26 日。

是"最为外人着眼处"，不如此就无法收回治外法权，国家就会继续衰败，最后被淘汰。总之，他们的论证很多是这种策略性的东西，而不是学理上的。

反过来，礼教派对法律的道德基础有很明确的意识，一点也不含糊。因为中国法律传统本身的特质就在这里。法律要体现礼的价值，要表明德的主导性。所谓礼法，礼中有法，法中有礼，二者是合在一起的。

还可以顺便说一句，"法理派"没有把自己的道德观讲得很清楚，也跟他们自己的立场有关。因为他们接受的西方十九世纪实证主义法学，就是一种把法律和道德严格区分开的学说和理论。他们当时就是用这套理论去对付礼教派，回应礼教派的批评。礼教派主张法律本于礼教，他们就说这是"浑道德和法律于一"；礼教派说无夫奸去罪化有悖伦常，他们就说法理要求道德和法律各归其类，世界各国莫不如此。也就是说，他们的立场，就是强调道德和法律是两回事，不能混在一起。其实，他们是借道德和法律的区分，把礼教从法律中清除出去，而剩下来的，既不是中国的礼教，也不是中国的法，而是西方近代的法。这个法，就像我刚才说的，当然也有它的道德基础，但是"法理派"不讲这一点，他们只谈法，法理，不谈道德。[1]

周濂先生的看法具有代表性，借用阿蒂亚、萨默斯在《英美

[1] 梁治平：《那些年我追过的问题》，载法律出版社主办微信公众号"中国法律评论"，发布时间：2015年5月19日。

法中的形式与实质》[1] 中“形式—实质”的分类，周濂先生等是从实质性的角度关注礼教派与“法理派”对法律与道德之间关系看法的，他们以为礼教派、“法理派”争论的焦点在于实质性的不同的道德观，礼教派尊崇伦常，“法理派”强调个人主义、平等主义等，所以周濂先生发言中要与梁治平先生商榷的是——“法律反映的是何种道德”？这在我看来是很奇怪的，如前所述，梁治平先生在《礼教与法律》一书中已经花了大量甚至在笔者当初看来过多的笔墨讨论这个问题，周濂先生为什么仍不满意，要与梁治平先生“商榷”呢？想来周濂先生等实际上是对梁先生文字中不自觉流露的对礼教派的同情不满。“法律应该反映何种道德”呢？这里，关键是“应该”二字，在周濂先生等看来，当然应该是个人主义、平等主义这些普世价值，而“法理派”其实背后是个人主义，是平等主义，梁先生应该对此大书特书，然而梁先生《礼教与法律》一书的笔触却隐约可见对“法理派”的不以为然，因此，梁先生的立场值得“商榷”。

为此，梁先生在座谈会上首先从实质性的角度回应了周濂先生的“商榷”：“法理派”当然有其道德观；礼教派更是对法律的道德基础有明确的意识，并如前所引不厌其烦地复述了《礼教与法律》书中的相关内容。接着，梁先生从形式性的角度分析：但“法理派”对其道德观谈得不清楚或者不愿意谈，因为他们要借着西方 19 世纪实证主义法学法律与道德两分的理论，完成“礼—法（灋）”对应于“道德—法律”的置换，把礼完全划归道德规范的范畴，从法律中清除出去。

---

[1] 参见［美］阿蒂亚、萨默斯：《英美法中的形式与实质》，金敏、陈林林、王笑红译，中国政法大学出版社 2006 年版。

笔者从形式性角度更关注的是这一置换与选择性的剔除，使中国传统法由源于祀的“礼”与源于戎的“灋”两支失去了“礼”这一支，只剩下了“灋”这一支，由“礼—法（灋）”二元结构变成“法（灋）”的单一结构，而由于“灋，刑也”的特点，使中华人民共和国成立后主流范式对中华法系特征的叙述就成了“诸法合体，民刑不分，以刑为主”[1] 并笼罩至今。

其二，“必使国民直接于国家”：家族主义与国家主义之争。

“法理派”将国家主义论说绝对化，认为国家主义同家族主义非此即彼，不能两立。相较之下，梁先生以为礼教派的立场更具妥协性。“他们并不反对国家主义，只是同时希望保持固有的家族主义，并通过将家族主义扩而大之，修而明之，实现现代的国家主义。这种沟通新旧、兼收并用的态度表明，他们不认为新学与旧学、传统与现代之间有如冰炭，水火不能相容。这种立场在今日看来，或者能够获得更多理解和认可吧。”[2]

礼教派的立场在今日，是否能够获得他人更多理解和认可，我不得而知，也并不那么乐观，但我可以确定的是，礼教派的立场在今日，获得了对传统与现代的关系的看法渐趋平和成熟、对传统的理解和把握日臻全面深入的梁先生的理解和同情。

其三，“法律何自生乎？”：自然主义与理性主义之争。

法律是发现的还是创制的？梁先生将法律分为源于风俗习惯的、发现的法律，与源于“公理”的、立法者创制的法律。礼教

[1] 参见法学教材编辑部编写组编写：《中国法制史》，群众出版社 1982 年版，第 4 页；司法部部编教材编审：《中国法制史》，中国政法大学出版社 1998 年版，第 9 页。

[2] 梁治平：《礼教与法律：法律移植时代的文化冲突》，上海书店出版社 2013 年版，第 96~97 页。

派的法律出乎前者；“法理派”的法律出乎后者。

> 礼教派的法律源自风俗习惯，“法理派”的法律则出于公理；风俗习惯演化于无形，而非出自人类心思智虑，公理却属于理性范畴，而超乎历史；源自风俗习惯的法律因此是发现的，而非创生的，相反，出于公理的法律可以理性方法推导得出，也可以人工智巧编造推行；发现于风俗习惯中的法律体现了过去的智慧，出于公理的法律则是当下立法者意志的显现；体现过去智慧的法律受传统约束，其改变较为缓慢，表明立法者意志的法律则不受此类约束，故能借立法即时创立、废止；相应地，法律发展的途径，在前者主要为自下而上的，在后者则是自上而下；自下而上形成的法律与秩序，更多自生成分，而自上而下的过程，更多人为成分；这也意味着，它们对立法者要求不同：在风俗习惯中发现法律，并非不需要理性和技艺，但这种理性和技艺是谦卑的和审慎的，因为它们要尊重历史和传统；从公理中推导出法律则不同，它要求立法者不但有正确无误的推理能力，而且有明察秋毫的洞察力，和高瞻远瞩的预知能力，这是一种超乎历史和传统的理性，因此，立法者一旦具备这样的理性，就可以改写历史。[1]

梁先生特意点明：“此所谓自然主义，并非不具理性，更不是反理性的。它只是认为人类理性有其限度，不足以为衡量一切

---

[1] 梁治平：《礼教与法律：法律移植时代的文化冲突》，上海书店出版社 2013 年版，第 106 页。

的尺度，更不能一夜之间创造出崭新的秩序。"[1] 不用说，梁先生的倾向性在于法律是生成的、源自风俗习惯、承认人类理性有其限度的那一边，而其关怀仍然在当下。

2011 年 3 月 10 日，十一届全国人大四次会议上，时任全国人大常委会委员长吴邦国宣布：中华人民共和国成立以来特别是改革开放 30 多年来，在中国共产党的正确领导下，经过各方面坚持不懈的共同努力，我国立法工作取得了举世瞩目的巨大成就。到 2010 年年底，我国已制定现行有效法律 236 件、行政法规 690 多件、地方性法规 8600 多件，并全面完成对现行法律和行政法规、地方性法规的集中清理工作。目前，涵盖社会关系各个方面的法律部门已经齐全，各法律部门中基本的、主要的法律已经制定，相应的行政法规和地方性法规比较完备，法律体系内部总体做到科学和谐统一。一个立足中国国情和实际、适应改革开放和社会主义现代化建设需要、集中体现党和人民意志的，以宪法为统帅，以宪法相关法、民法商法等多个法律部门的法律为主干，由法律、行政法规、地方性法规等多个层次的法律规范构成的中国特色社会主义法律体系已经形成，国家经济建设、政治建设、文化建设、社会建设以及生态文明建设的各个方面实现有法可依，党的十五大提出到 2010 年形成中国特色社会主义法律体系的立法工作目标如期完成。[2] 吴敬琏则称"现代市场经济不可或

[1] 梁治平：《礼教与法律：法律移植时代的文化冲突》，上海书店出版社 2013 年版，第 109 页。

[2] 参见《如期形成并不断完善中国特色社会主义法律体系》，载新华网：http：www. xinhua. net. com/2013ih/2013 - 03/08/c_ 114955050. htm，最后访问日期：2011 年 3 月 10 日。

缺的法治基础尚未建立”，[1]“表达与实践”——借用黄宗智先生的术语——的距离如此遥远，与“法律何自生”不无关系罢。

其四，“公例发明，推之人类社会而皆准”：特殊主义与普遍主义之争。

梁先生将清末“礼法之争”由表及里分作三层：最表面的一层为法律的具体规范，如“无夫奸”“子孙违反教令”等条的存废；进一层为原则上的分歧，如道德与法律、立法与习惯之关系；再进一层，则是中西古今之辨，历史运化之理。

> “法理派”动辄言公例、法理、东西各国、环球法学界、文明进步，其陈述简化而夸张，却又不容置辩，强烈的规范性主张就在事实性陈述之中。这种强大的力量与其说来自说理和论证，不如说来自修辞，来自话语。[2]
>
> 礼教派秉承传统，重风俗人心，言改革则讲求国情，强调循序渐进。因而希望能寓新于旧，新旧并包。出于这种关切的种种议论，有些或不免于狃于旧习之讥，然而观其整体，其主旨并非泥古不变，而是求于变革中不失文化自我。这种立场和取向，在一波高过一波的普遍主义和激进主义浪潮下注定不能成功。但是，如果不以成败论英雄，我们就必须承认，礼教派当日提出的问题及理据，实较“法理派”的更现实、更复杂，也更深刻。[3]

---

[1] 吴敬琏、马国川：《中国站在新的历史十字路口》，载《同舟共进》2012 年第 2 期。

[2] 梁治平：《礼教与法律：法律移植时代的文化冲突》，上海书店出版社 2013 年版，第 127 页。

[3] 同上书，第 131 页。

"法理派"理据简化、夸张，却以普遍性的话语取胜；礼教派理据现实、深刻，却败于普遍主义与激进主义浪潮。一般人或许会以为目下的普适论者是"法理派"的继承者，而以为国情论者是特殊主义者，与强调个别性和地方性的礼教派有渊源，梁先生却直截了当地指出两者都是清末"法理派"的继承者，它们对这段历史的叙述和评判，虽然用语不同，标准却是一样的。这真是独具慧眼，令我心惊之下，也有一种豁然开朗的感觉。其实，无论是普适论者，还是国情论者，都是普遍主义与激进主义的后裔，在反传统这点上是一致的，后者甚至比前者更激进。国情论者与普适论者的差别或许在于"居庙堂之上"还是"处江湖之远"罢。

既然清末"法理派"有其继承者，那么遗产没人继承的就很清楚了——礼教派。败北后的礼教派成了"绝户"，遗产无人继承，这才有梁先生"晚清遗产谁人继承"一问？至此，"晚清遗产谁人继承"的发问，可以改为"继承晚清谁人遗产"？这是发问，也是喟叹。眼前又浮起张之洞"古研不容留宿墨，旧瓶随意养新花"的墨迹；想到《旧约·传道书》中的话——"银链折断，金罐破裂，瓶子在泉旁损坏……"；想起严复"非旧无以为守，非新无以为进"的话；也想到多年前俞江在《读书》上发的一篇文章的标题——《倾听保守者的声音》，在我们这儿，爱德蒙·柏克这样的"守夜人"是缺席的，保守者的声音无人倾听久矣，几乎成了《广陵散》。我们对得住我们所受的苦难吗？

2014 年 10 月于浙大紫金港

明天是“好否”还是“有无”？*
——香港高等法院“邓光裕堂案”述评

一、游荡在香港法院的中国传统家族法的“幽灵”

说来惭愧，笔者虽然是学法律史的，但若不是2007年夏初张伟仁先生到浙大法学院讲学，我根本不知道在我们中国法制史教科书上早已被“革命”的清朝法律制度乃至中国传统家族法[1]的“幽灵”依然游荡在中华人民共和国香港特别行政区的法庭。这让我惊觉克林伍德在《历史的观念》一书中所提出的“活着的过去”（living past）不光存在于观念中，而且存在于现实中。

张伟仁先生在浙大法学院讲学时，向我们介绍了他作为专家证人在香港高等法院数度出庭作证的“邓光裕堂案”，其后，又无私地向笔者提供了该案一审、二审的判决意见书、专家意见书等法律档。

该案的案情大致如下：

---

* 本文原载《中外法学》2013年第3期。

[1] 借用滋贺秀三先生在《中国家族法原理》一书中的概念。［日］滋贺秀三：《中国家族法原理》，张建国、李力译，法律出版社2003年版，第11页。

乾隆年间广东邓姓家族为纪念其祖邓文国而设立"邓光裕堂"，将该族位于新界的广大土地登记于该堂名下，由邓氏的六房子孙共同司理。该堂每年以其土地出租所得租金支付维修该族祠堂、祖坟及祭祖之"肉金"、司理之"鞋金"、在学子孙之"书金"，并于必要时给予该堂成员经济资助，名曰"派饥"。

1963 年香港当局因公用征收该堂的部分土地，发给补偿金及"换地证"。1976 年该堂将"换地证"出售，得价金约港币 1500 万元，分予诸房，当时四房已绝嗣，其余五房成员多寡不一，[1] 其中人丁较稀少的第三房即本案原告亦分得约五分之一。1981 年香港当局再度征收该堂土地，第三房司理邓芝兰因对该堂成员如何分配补偿金不能达成协议，拒绝接收补偿金。1982 年五房司理签署协定将前述补偿金 8%平均分配予五房，92%平均分配予各成员，并约定以后政府征收该堂土地的补偿金均依此比例分配，第三房房长称其签字系受胁迫而为。自 1983 年至 1997 年香港当局共征收该堂土地九次，其补偿金皆按上述比例分配。1998 年香港特区政府再行征收该堂土地，邓芝兰致函其他四房，要求更改分配比例，将 50%平均分配予诸房，50%平均分配予各成员，否则不接受分配，其他四房则不同意更改，于是将补偿金悉数存入银行。2001 年本案被告即第一、第四、第五、第六房决议发给"派饥"每人港币 1500 元，原告拒领；2002 年被告决议动用邓光裕堂存款港币 201,000 元发给"派饥"每人港币 1000 元，并讨

[1] 据传统中国的家族法，只有男性才是"堂"的成员。截至该案提起诉讼时，邓光裕堂共有成员 206 人，其中长房 22 人，二房 11 人，三房 5 人，五房 151 人，六房 17 人。显然，补偿款若按各成员平均分配，五房最占便宜，三房最吃亏；若按各房平均分配，则三房最占便宜。参见香港特别行政区高等法院"一审判决书"，*Judgment*，HCA No. 331 of 2002，pp. 8-9。

论如何分配该堂存于银行的港币7300万元。

原告未参加会议，反对“派饥”并向香港高等法院提起诉讼，主张未经光裕堂成员全体同意发放“派饥”及分配政府征收该堂土地补偿金的行为无效，要求法院判令被告将2002年所发“派饥”返还给光裕堂，并禁止该堂此后未经全体成员之同意再行分配政府征收该堂土地之补偿金。被告则主张1982年五房关于分配堂产之协议有效。[1]

由于诉讼标的数额巨大，两造除出庭律师（barrister）和事务律师（solicitor）外，还分别聘请了“重量级”的专家证人，原告方的专家证人即张伟仁教授，[2] 被告方的专家证人为“中国通”Anthony Dicks。[3] 对于专家证人的实力，一审法官在判决书中用了这样的话予以了肯定：“双方专家证人在该领域均享有极高的声誉，毋庸置喙。”[4] 两位专家此前曾多次在香港高等法院就中

[1] 参见香港特别行政区高等法院“一审判决书”，张伟仁先生“专家意见书”，*Judgement*，*Expert of Wejen Chang*，HCA No. 331 of 2002。

[2] 张伟仁，台大法律学士、耶鲁大学法学硕士（LL. M.）、哈佛大学法学博士（S. J. D.）。原任台湾“中研院”史语所研究员、台湾大学法律系教授，并曾执教于哈佛、耶鲁、纽约、康乃尔、北大、清华等大学，讲述中国法律思想及清代法制。更值得一提的是，张伟仁先生还是台湾史语所保存的明清三法司档案的主要整理者，其毕数十年之功所主持的《明清档案》324册已在台湾出版。

[3] Anthony Dicks，毕业于剑桥大学，1961年进入英国内殿律师公会（the Inner Temple），1994年成为“皇家大律师”，曾执教于剑桥大学，为伦敦大学中国法荣休教授，参见*Expert of Anthony Dicks*，HCA No. 331 of 2002。“皇家大律师”这一称号表明了Anthony Dicks非泛泛之辈，“这一称号由御前大臣在与其他法官和资深出庭律师商议之后授予，是一种极高的荣誉。这一称号的意义部分是社会性的（由于该称号广为人知，因而拥有该头衔者享有一定的威望），但主要是职业上的，它意味着拥有该头衔者在所从事的事业中获得的成就。目前，全英国执业皇家大律师只有大约五百位。”引自［英］P. S. 阿蒂亚、R. S. 萨默斯：《英美法中的形式和实质》，金敏、王笑红、陈林林译，中国政法大学出版社2005年版，第303页。

[4] 香港特别行政区高等法院“一审判决书”，*Judgment*，HCA No. 331 of 2002，p. 4。

国习惯法方面的问题出庭作证。

对于该案的事实部分，两造无异议，因此双方辩论的焦点就集中在诉讼标的之性质及应适用的法律，特别是对所适用之法律的基本精神的理解上。这里，我们不得不回顾一下本案所涉的历史背景及相关的司法制度：1842年第一次鸦片战争后签订的《南京条约》割让香港岛；1862年第二次鸦片战争后的《天津条约》割让九龙；而新界900多平方公里的土地则在1898年租借，为期99年。[1] 根据1898年英国租借新界后所制定的《新界条例》：自1843年4月5日起施行于香港的英国的普通法和衡平法，于1899年4月17日起适用于新界，但依该条例第13条第1款之规定，香港法院在处理新界土地诉讼时得适用中国传统法，即清律及习惯。[2]

本案法官Anthony To依据重要先例及专家意见，认定《新界条例》所称"土地"应包括土地所生之孳息、出售所得价金及被征收所得补偿金，适用本案之法律为《大清律例》、中国习惯法、新界习惯及光裕堂习惯。被告方的专家证人Dicks虽然号称中国

[1] 据维基百科，香港岛的面积为78平方公里，只占全香港陆地面积的7%，新界的面积约有980平方公里，相当于香港陆地面积的91%，载http://zh.wikipedia.org/zh-cn，最后访问日期：2013年3月4日。

[2] 《新界条例》第13条："原讼法庭或区域法院可执行中国习俗。"（09/06/2000）（1）除第（2）款另有规定外，在原讼法庭或区域法院所进行的任何有关新界土地的法律程序中，法庭有权认可并执行任何影响新界土地的中国习俗或传统权益。New Territories Ordinance, Section 13: Court of First Instance or the District Court may enforce Chinese customs（01/07/1997）（1）Subject to subsection,（2）in any proceedings in the Court of First Instance or the District Court in relation to land in the New Territories, the court shall have power to recognize and enforce any Chinese custom or customary right affecting such land. 所谓"中国习俗"，据张伟仁先生在香港法院亲身作证所得的认知，包括《大清律例》内之律及例，而且该等条文的效力高于一般通行之民间习俗。笔者阅读邓光裕堂案一审、二审长达164页的判决书、判决理由，也印证了张伟仁先生的认知。

通，但自承在阅读所提供的中文材料时，对中国文言了解不够。这样，历时数年、无数次的法庭辩论，大部分的时间成了张伟仁先生的“课堂讲解”——被两造律师和法官追问并向他们解释中国传统法及习惯的历史、社会、经济、政治背景及其理论依据。

首先，是对诉讼标的性质的界定。本案的诉讼标的是族产，虽然笼统地说属于滋贺秀三先生所说的“家族法”的调整范围，不过，滋贺先生《中国家族法原理》一书实际上基本探讨的是家产，对族产虽有少许文字涉及，但并没有说出个所以然来。此次通过阅读张伟仁先生“邓光裕堂案”的专家意见书，清楚地看到了家产与族产在分析、继承、处分上的不同。

根据《大清律例》的规定：“其分析家财、田产，不分妻、妾、婢生，止以子数均分；奸生之子依子量与半分。”我们从中可以看到：其一，家产是可以分析的，在父母生前或死后分析的情形均常见，“进行家产分割的特点，是与家父的死亡没有直接的关系”。[1] 其二，家产在分析时，贯彻的大体上是“诸子均分”的原则，据滋贺秀三先生的考察，这一分家原则“至少是汉代以来延续到最近被稳固维持的一个大原则”，[2] “家产分割上嫡庶子的平等，不只是一个时代法的规定，也是民众的传统性的法意识”。[3]

张伟仁先生在“专家意见书”中解释道，“除了个人，宗族亦可以拥有财产”。[4] 宗族的财产称为“族产”（clan property），

[1] [日] 滋贺秀三：《中国家族法原理》，张建国、李力译，法律出版社 2003 年版，第 69 页。

[2] 同上书，第 199 页。

[3] 同上书，第 201 页。

[4] 张伟仁先生“专家意见书”，*Expert of Wejen Chang*，HCA No. 331 of 2002。以下简称“专家意见书”。

通常是通过出租获取收益的土地，其收益则用途不一，总体来说就是"光前裕后"。就"光前"而言，是慎终追远，使对祖宗的祭祀活动有经济上的保证；就"裕后"而言，是使祖宗的余荫可以佑庇后世子孙，无论是在生计还是学业上。从"专家意见书"所引述的公元1080年北宋名臣范仲淹所定的《范氏义庄规矩》来看，族产的用途十分广泛，包括：(1) 每月分给全族男女老少乃至仆人的常谷；(2) 未出嫁女子的妆奁；(3) 青年男子的结婚费用；(4) 族人的丧葬费用；(5) 给予宗族附近邻人的周济；等等。在缺乏全国性的社会保障制度的中国传统社会，族产实际上为族众提供了生老病死的保障功能，其用思和考虑的周密甚至是当今的社会保障制度所不曾顾及的。而国法对于这类族规及其所保护的族产，是予以承认和支持的。如北宋元祐六年（1091年），"刑部言：墓田及田内材木土石，不许典卖及非理砍伐，违者杖一百，以不荫论"。[1] 北宋元祐七年（1092年）诏："诸大中大夫、观察使以上，每员许占永业田十五顷；余官及民庶，愿以田宅充奉祖宗飨祀之费者亦听，官给公据，改正税籍，不许子孙分割典卖，止供祭祀，有余均赡本族。"[2]

"专家意见书"为什么且可以征引北宋的相关族规与国法呢？显然是因为这类处理族产的规则不仅为有宋一朝所有，其产生与形成可能早于北宋，而直到《大清律例》仍有类似规定。[3] 所以，族产不可分割和让与（indivisible and inalienable）可以说是传

---

[1] 《宋会要稿》食货六十一。转引自张伟仁"专家意见书"。

[2] 同上。

[3] "凡子孙盗卖祖遗祀产至五十亩者……发边远充军；不及前数，及盗卖义田，应照盗卖官田律治罪（加盗卖他人田宅二等）。"见《大清律例便览》，第963页、第970页。转引自张伟仁"专家意见书"。

统中国处理族产问题的“通则”（the general principle）。这一通则是经由上千年的社会生活逐渐形成的“活法”（living law），且为制定法即“国法”所认可。在这里，我们看到了“礼”与“刑”、“天理”“人情”与“国法”之间的互动。

二、“天理国法人情”作为中国传统法的法源并行不悖

贺卫方先生曾经在《法律职业化的难题》一文中称中国传统社会官员在对纠纷作出裁判时“经常地将所谓天理、人情置于国法之上”，“由于司法过程不注重‘同样的事情同样地对待’的准则，因而，司法不能通过纠纷解决过程对立法规则加以明确化和精细化，天理与人情的高度不确定性导致决策者可以翻手为云，覆手为雨……”[1] 贺文还说日本著名的中国法律史专家滋贺秀三先生“轮到讲中国法学时，他几乎有点无话可谈的感觉”。[2]

且不说滋贺秀三先生近五十万字的力作《中国家族法原理》，便是贺文提到的《清代诉讼制度之民事法源的概括性考察——情、理、法》[3] 一文中，滋贺对作为古代中国法律渊源的天理、国法、人情及其相互关系不但不是“无话可谈”，而是说了不少。

滋贺秀三认为法制史的研究首先是从对法律渊源的论述开始的。在中国法制史的研究中，法律渊源理论作为所谓法典编纂沿革的问题，很早以来一直受到关注。尽管在这个方面也仍有无数

[1] 贺卫方：《法律职业化的难题》，载《人民法院报》2001 年 12 月 7 日。

[2] 同上。

[3] [日] 滋贺秀三：《清代诉讼制度之民事法源的概括性考察——情、理、法》，范愉译，载王亚新等编：《明清时期的民事审判与民间契约》，法律出版社 1998 年版。

应做而未做之事，[1] 但法律渊源的研究还有一条途径，或者说是一条不可或缺的途径。这就是，着眼于现实的诉讼场景，通过分析审判事例，来揭示什么被作为审判的依据。[2]

以往中国大陆的法制史教科书对于法源的考察基本上就是将其作为"法典编纂沿革问题"来处理的。这实际上是分析实证法学的路数，关注的主要是立法，尤其是立法中的法典，或者说就是那几部刑法典。而滋贺这里所说的另一条途径，即着眼于当时的诉讼场景，通过分析现存的诉讼档案，来揭示当时审判案件的依据，则实际上走的是社会学法学的路数，关注的主要是当时的司法实践。

我们对传统分析法学（traditional positivism）关于法律渊源的限缩性（under-inclusive）理解都不陌生，我们甚至可以背出中国法制史教科书中汉的法律形式主要是"律、令、科、比"，隋唐为"律、令、格、式"，等等，但这事实上都是一些法条主义式的对法源的理解，往往是静态的。滋贺的文中，通过对旧中国现实的诉讼场景的考察，为我们提供了一种 over-inclusive、动态的对法源的理解：

> 在诉讼中……作为公共权力的判断或意思表现，为了强制当事人接受他们所不情愿的后果，审判必须有着某种制度性的设定，使当事人即使并不心甘情愿也不得不承认这种结

[1] 杨一凡、田涛等主持的卷帙浩繁的"中国珍稀法律典籍"的整理编辑即为这方面的努力。

[2] 参见［日］滋贺秀三：《清代诉讼制度之民事法源的概括性考察——情、理、法》，范愉译，载王亚新等编：《明清时期的民事审判与民间契约》，法律出版社1998年版，第19页。

果并非全无道理。换言之，必须使当事人多多少少在某种程度上感受到存在一种保障：审判是依照某些普遍性标准对案件进行裁决，无论是谁，在相似的情况下都能得到相似的结果，谁也不致受到完全随心所欲的处置。[1]

滋贺将能够作为上述“某种普遍性判断标准”的东西，在可能的限度内作广义理解，称为“法律渊源”。

滋贺对法律渊源的这种理解与他在《中国家族法原理》中对法的定义的看法是一致的，在该书的“序说”中，滋贺认为：

如果将实定性视为法的本质要素，法就是由集中的权力定立或承认的同时具有强制作用的规范来定义的话……就有关旧中国的私法作出某种内容充实的叙述大约也成为不可能。如果法的特质不是从规范的形式而是从内容上求得，那么所谓法，就是自古以来的法谚所说“应该给予某人应归于他的东西”（*suum cuique*）的意义上的关系到正义的规范。……本书便持这一见解。旧中国的私法那样的研究对象本身，我认为带有不能接受法实证主义的方法论的那样的特性。[2]

可见，滋贺所说的轮到讲中国法学几乎有点无话可谈是在假定持分析法学的法律定义和方法论的前提下，而这恰恰是滋贺认

[1] 参见［日］滋贺秀三：《清代诉讼制度之民事法源的概括性考察——情、理、法》，范愉译，载王亚新等编：《明清时期的民事审判与民间契约》，法律出版社1998年版，第20页。

[2] ［日］滋贺秀三：《中国家族法原理》，张建国、李力译，法律出版社2003年版，第11页。

为在研究旧中国私法时所要摒弃的。或者说，滋贺说"无话可谈"是以反论的方式引出关于中国法是有话可谈的，可惜贺卫方先生没有听出滋贺的弦外之音。而滋贺对旧中国审判事例的分析，得出的结论也与贺文所谓完全不考虑规则以及依据规则的判决的确定性"翻手为云，覆手为雨"的说法大相径庭，即滋贺认为旧中国的审判是有"某种普遍性判断标准"的。这种普遍性的判断标准，在旧中国，就是"情、理、法"。

贺文称中国传统社会的官员在裁判纠纷时将所谓天理、人情置于国法之上，这里隐含着一种预设，即认为天理、人情与国法是对立的。但据滋贺的考察，"理""天理"指思考事物时所遵循的、也是对同类事物普遍适用的道理。如"有借有还，一定之理"，[1]"父在子不得自专，理也"。[2] 前者客观地看，是对所有人，不分东西方都适用的规范；后者，对生活在过去的中国人来说，也是对所有人——夷狄姑且不论，至少是对"诸夏"——都是适用的规范。滋贺注意到在判语中所见的"理"字，可以说完全没有使人感觉到朱子理学中的那种哲学性意味，也就是说，不是表现为那种"纯粹理性"，而表现为一种实践理性、经验理性。

"情""人情"往往被现代人误解为"人情世故"的人情，甚至是请托。但滋贺指出，在当时司法实践中所称的"情"字的含义及其作用颇具多面性。

首先，情字有情节、情况等事实关系的含义，在英国人所编

[1] 《问心一隅》卷下7a。转引自王亚新等编：《明清时期的民事审判与民间契约》，法律出版社1998年版，第36页。

[2] 《徐雨峰中丞勘语》卷三61b。转引自王亚新等编：《明清时期的民事审判与民间契约》，法律出版社1998年版，第36页。

的辞典中，被译为 circumstances。滋贺文中举了《徐雨峰中丞勘语》卷四的一桩“戴氏悔婚”的案例，其中道台的判语为：“夫大小之狱，必以其情，戴氏悔婚矣。亦察其悔婚者何情耶”，滋贺评论说这“可以看作是这种作为沟通事实与规范评价之间桥梁的用语之例”。[1] 笔者想起来，“大小之狱，必以其情”这句话曾经见于《左传》“曹刿论战”，李梦生《左传译注》译为：“大大小小的案件，虽然不能详细审察，但一定按照实际情况处理。”[2]

其次，滋贺指出，情本来有“心”的意思。然而这里——特别是在说到“人情”时——通常照例是指活生生的平凡人之心。一般，人们通常可以估计对方会怎样思考和行动，彼此这样相互期待，也这样相互体谅，或许这就是“人情”所代表的意思。无论是从好的方面还是从坏的方面超越或践踏了这种一般人的想法，就是“不近人情”。审判中，同样必须重视这种对一般人而言是正常的、并非不合情理的要求。[3]

滋贺把相互联结、相互补充形成的“情理”，称作中国式的理智（良知），“可以说这是一种最普遍的审判基准”。[4] 这种“天理人情”，与“国法”又是什么关系呢，嘉庆年间大名府知府张五纬说得最明确：“律例者，本乎天理人情而定。”[5] 清初的

---

[1] [日] 滋贺秀三：《清代诉讼制度之民事法源的概括性考察——情、理、法》，范愉译，载王亚新等编：《明清时期的民事审判与民间契约》，法律出版社 1998 年版，第 37 页。

[2] 李梦生：《左传译注》，上海古籍出版社 1998 年版，第 122 页。

[3] [日] 滋贺秀三：《清代诉讼制度之民事法源的概括性考察——情、理、法》，范愉译，载王亚新等编：《明清时期的民事审判与民间契约》，法律出版社 1998 年版，第 37 页。

[4] 同上书，第 39 页。

[5] 张五纬：《未能信录》卷一，“原起总论”1a。转引自王亚新等编：《明清时期的民事审判与民间契约》，法律出版社 1998 年版，第 39 页。

汤斌在谈到为官的心得时说："天地间，法、情、理三字，原并行不悖。"[1] 国家的法律是情理的部分实定化，一般而言，情理所起的作用有提供线索的性质。因此，法律的条文还需要通过情理加以解释和变通。由情理之水的一部分凝聚成形的冰山，恰恰就是法律。[2]

"天理国法人情"作为法源在古代中国的司法实践中并行不悖，在现存最完好的县衙门——河南内乡县县衙门的门匾上得到了最为直观的象征与表达。

而在"邓光裕堂案"中，张伟仁先生的"专家意见书"中向我们提供的北宋有关处理族产问题的族规和国法，再一次证实了滋贺秀三"国家法律是情理的部分实定化"这一研究结论。

另外，通过"邓光裕堂案"，"我们发现，所谓中国古代没有民法，这个结论实际上是由于我们沿用了那种如今看来过于狭窄的'法律'定义，即法必须由国家制定颁布，而造成的一个智识盲点"。[3] "由于制定法的泛滥，近代以来的学者在谈论法律时已经习惯于谈论成文的宪法、制定法或某些法律原则。然而，法律不是、至少主要不是成文法的制定，而是社会生活中体现出来的规则。"[4]

在"邓光裕堂案"中，族规、习惯、"通则"等实际上扮演着民法的角色，发挥着调整部分财产关系的功能，而国法对之是

---

[1] 《学仕录》卷一 14a。转引自王亚新等编：《明清时期的民事审判与民间契约》，法律出版社 1998 年版，第 22 页。

[2] 参见［日］滋贺秀三：《清代诉讼制度之民事法源的概括性考察——情、理、法》，范愉译，载王亚新等编：《明清时期的民事审判与民间契约》，法律出版社 1998 年版，第 35~36 页。

[3] 苏力：《阅读秩序》，山东教育出版社 1999 年版，第 105 页。

[4] 同上书，第 105 页。

予以认可和保护的，虽然其行文是通过对盗卖、毁损族产者处以“100 blows of the heavy bamboo”（笞一百杖）这样的形式。从本案中，我们除了发现民间法与国家法之间的这种互动外，还藉此可以理解礼、刑关系中“礼之所取，刑之所取”“出乎礼则入乎刑”的意蕴。只有严重违背了族规、习惯、“通则”等礼俗，才会受到刑的惩罚。不然，在考察古代中国的法律制度时，视野中如果只有“国法”，而看不到族规、习惯等礼俗，就只能得出“诸法合体，民刑不分，以刑为主”这类所谓对中华法系基本特征的偏狭概括了。只有放宽视野，扩大视域（horizon），才能理解《管子》对礼、法“同出”的解释：“礼者，因人之情，缘义之理，而为之节文者也。故礼者谓有理也。理也者，明分以谕义之意也。故礼出乎义，义出乎理，理因乎宜者也。法者所以同出，不得不然者也，故杀戮禁诛以一之也。”[1]

三、“代际关系的法律”

在“邓光裕堂案”中，被告方的专家证人 Anthony Dicks 找出了三个北洋政府时期大理院的相关判例以支持被告方分割族产即被香港政府征用之土地赔偿金的请求。

这三个判例都是 1915 年民国大理院的判决：

> 四年上字第七七一号判决：祀产系共有性质，其所有权属于同派之各房。自其维持祖先祭祀之宗旨而言，原期永远

[1] 《管子·心术上》。

保全，不容擅废，故凡设定祀产字据内，例有“永远不得典卖”等字样；然查我国惯例，此等祀产遇有必要情形（例如子孙生计艰难，或因管理而生重大之纠葛）得各房全体同意时，仍得分析典卖，或为其他之处分行为。此种惯例并无害于公益，亦不悖于强行法规。即现行律例于盗卖祀产之规定，意亦仅在禁止盗卖。所谓“盗卖”者，以无出卖权之人而私擅出卖之谓。如未经各房之同意，仅由一房或数房主持出卖，固在“盗卖”之例；若已经各房全体之同意，自不得以“盗卖”论。[1]

四年上字第九七七号判决：族人处分祖遗祭产，以共有物之常规言之，自当以得族人全体之同意为有效要件。惟依地方旧有之习惯或族中特定之规约，各房房长可以共同代理全体族人，以为处分；抑或各房房长集中会议，可依族众多数议决，以为处分者，则依该习惯或规约之处分行为虽未得族人全体同意，亦应认为有效。[2]

四年上字第一八四九号判决：祀产在现行法上，虽以不可分割为原则，然遇有必要情形（如子孙生计艰难，或因管理而生重大之纠葛），并得各房全体之同意时，仍准分析。此项必要情形如已显然存在，各房中仍存意图自利，不表示同意者，审判据其他房分析之请求，亦得准其分析。[3]

Dicks 先生找到这三个北洋政府时期的判决例，笔者在感受到

[1] 郭卫编：《大理院判决例全书》，成文出版社 1972 年版，第 168 页。转引自张伟仁“专家意见书”。
[2] 同上书，第 168 页。
[3] 同上书，第 169 页。

其对旧中国法制的了解及对客户的负责外，还看到了英美法律人与受大陆法系训练的中国法律人的差异，英美法律人在接受一个案件时，除了查阅相关的制定法条文外，还要去查阅相关的判例，这对他们来说是理所当然的，因为他们对“规则”的理解就不是像我们一样往往将之理解为法条，而是也包括了判例法规则。

在上述案例中，我们一方面可以看到大理院在判决中对有关处理族产问题的“通则”的重申和对民间习惯法的描述——“原期永远保全，不容擅废，故凡设定祀产字据内，例有‘永远不得典卖’等字样”；另一方面也如张伟仁先生在专家意见书中所指出的，中国固有法在辛亥革命后所发生的变化。随着中华民国的建立，在1912—1927年，北洋政府的大理院虽然声称在民事方面继续适用清律，但已经开始在西法东渐的大背景下逐步引入某种程度的变化，尽管这种变化是日渐的、细微到不易察觉的(piecemeal and subtle)。

在第一个判决例中，北洋政府大理院的推事们的立场已经从相关传统法律制度和习俗的“永远保全，不容擅废”“不得典卖”退到“遇有必要情形”“得各房全体同意时，仍得分析典卖”，而其依据是“我国惯例”。但张伟仁先生的“专家意见书”指出，大理院这里所谓的“我国惯例”是不大站得住脚的，因为绝大多数的族规都规定族产不得分割，所以尽管大理院作出了这样的判决，但在当时并没有形成为一种普遍的实践。

在第二个判例中，大理院对于分割族产的有效要件则从“得族众全体之同意”退到了“可依族众多数议决以为处分”，其前提是存在地方习惯和族规。对此，张伟仁的“专家意见书”指出大理院这么做实际上是将地方习惯和族规置于"通则"（the general principle）之上。即便如此，要想证明存在这种依族众多数议决来处分族产的地方性习惯和族规也是极为困难的。因为某种法律实践要成为一种习惯须满足这样一个条件：它必须被该地方相当规模的人们在相当长的时间段（即便没能历经数代）内接受并广为运用（To be qualified as a custom a practice must have been accepted and generally approved by the people of a local community of considerable size over a period of many years if not generations）。[1]

到了第三个判例，大理院更是强化了多数议决的规则，并称法院可以据要求分析族产的多数房的请求，罔顾反对的少数各房，强制分析族产。张伟仁的"专家意见书"指出，大理院导入的"多数规则"对传统中国人来说是陌生的，极少有宗族这么做，因为中国的传统强调的是相互协商和妥协。即便大理院作出了这样的判决，其实际效力也是令人怀疑的，在大理院的管辖范围之外，人们还是依照传统来行事。

那么，北洋政府大理院为什么要导入"多数规则"支持分析"原期永远保全"的族产呢？张伟仁的"专家意见书"指出：学者们目前有种共识，当时的大理院虽然被授权适用清律，但作为辛亥革命的产物，它抱有致力于推进传统中国社会、政治、经济和法律制度的现代转型这样一个宗旨。因此，在民事案件中，大理院往往力图放松宗族等传统制度的控制，赋予个人更多的自由。在上述案例中，大理院实际上是在创制新法，这也正是它为什么没有（或者说无法）援用权威渊源来支持其判决的原因。笔

[1] 张伟仁"专家意见书"。

者以为，除了历史大背景之外，当时北洋政府大理院推事的个人教育背景也值得注意，他们往往有留洋（西洋或东洋）的背景。

回到“邓光裕堂案”，由该案引出了张伟仁先生“专家意见书”中最出彩也是笔者最感兴趣的一个问题：就算退回到北洋政府大理院的第一个判决例的立场，只要邓光裕堂现存五房族众全体同意，就可以分析全部堂产，这不等于让邓光裕堂寿终正寝？如果是，那将会是对邓光裕堂的创设者意愿的违背，也是对邓姓后世子孙的利益的僭越，因为毕竟，祖先们设立光裕堂为的是千秋万代的子孙的利益。如果光裕堂现存各房达成协议，处置该堂部分而不是全部财产，那么现在的一项法律行为就不能视为替后世子孙创设规则，后世子孙对邓光裕堂的命运和他们自己的利益，有权利发出他们的声音。所以，即便是现有各房一致的协议，也不该约束后世子孙，剥夺其处置权。

事实上，张伟仁先生在这里所提出的问题和所阐述的内容，已经超越了他作为一个本案专家证人的具体立场，而具有普遍的法理学上的意义；某种程度上，甚至也对其当事人的眼前利益提出了质疑。因为本案原告也就是张伟仁先生的当事人是出于自己的利益，在要求其他各房更改 1982 年协议的分配比例，“将 50%平均分配予诸房，50%平均分配予各成员”，而遭到其他各房拒绝的情况下提起诉讼的，其诉讼请求只是要求法院“禁止该堂此后未经全体成员之同意再行分配政府征收该堂土地之补偿金”。倘其他各房答应了原告更改 1982 年协议的要求，又或者此后得到了“全体成员之同意”，则邓光裕堂仍面临着分崩离析的命运。邓光裕堂创建者们的意愿如何得到尊重？邓姓后世子孙们的利益又如何得到保障？

由于问题已经涉及“世代”，这实际上已经关乎伯尔曼所说的"代际关系的法律"，[1]"法律的基本目的之一是提供稳定性和连续性……法律中大规模的突然变化即革命性变化实际上是'不自然的'。当这样的事情发生，必须采取某些措施防止它再次发生"。[2]"用爱德蒙·柏克的话讲，那些数典忘祖者也不会远虑他们的后代。"[3]"邓光裕堂案"让我们有机会来重新打量和认真对待（take seriously）中国传统法及其法理；不管是自觉还是不自觉，原来我们的祖先们在形成他们的生活规则时对他们的后代是有过远虑的，绝非"野蛮""落后"这样的标签化语词可以盖棺定论。

如果我们把视野越出"邓光裕堂案"，打量一下我们处于全球化生态危机中的地球，早在陀斯妥耶夫斯基所处的19世纪开始，"世界的新信条"就已经是："你有了需要，就应该让它满足……你不必怕满足需要，甚至应该使需要不断增长。"[4]这种鼓励不断满足物质欲望的所谓"发展"所付出的生态代价有目共睹，那么，我们在污染水资源，[5]竭泽而渔式地开采数亿年所

---

[1]［美］伯尔曼：《法律与革命》，贺卫方等译，中国大百科全书出版社1993年版，第41页。

[2] 同上书，第18~19页。

[3] 同上书，第48页。

[4]［俄］陀思妥耶夫斯基：《穷人的美德》，刘开华等译，天津人民出版社2007年版，第64页。

[5] 柴静新书《看见》第七章"山西，山西"有一段柴静与"老头儿"（山西环保厅巡视员）的对话：

> "山西百分之六十的河都是这样"，老头儿说，"想先发展，再治理？太天真了"。
>
> 我问："如果现在把污染都停下来呢？"
>
> "挖煤把地下挖空了，植被也破坏了，雨水涵养不住。"
>
> "你是说无论如何我都看不见汾河的水清了？"
>
> 他看我一眼："你这一代不行了。"

形成的石油、煤炭等矿产资源时，我们是否想过：我们实行的究竟是“全体一致的同意”还是“多数原则”甚或是“少数原则”？是谁赋予了我们随心所欲地处置地球及其之上的资源的权利？《创世记》里上帝赋予亚当夏娃的只是“管理（manage）权”，我们这一代人权利的边界在哪里呢？在后世子孙无法提前发出他们的声音的情况下，他们的利益又由谁来顾及？

1980年，美国学者艾恺对时已87岁高龄的梁漱溟作了连续两周的访谈，30盒录音带在26年后整理成书出版，中文书名为《这个世界会好吗？》，书末附有一小段点题的文字：

> 1918年11月7日，梁漱溟的父亲梁济正准备出门，遇到漱溟，二人谈起关于欧战的一则新闻。“世界会好吗？”梁济问道。漱溟回答：“我相信世界是一天一天往好里去的。”“能好就好啊！”梁济说罢就离开了家。
>
> 三天之后，梁济投净业湖自尽。

而我注意到，英文的书名却是*Has Man A Future*？在访谈中，

“这并不是最要紧的，要紧的是现在已经出现地下水污染了”，他说，“就你们家那儿，污染物已经从土壤中一点一点地渗下去，一直到几百米之下”。

我觉得，不会吧，这才几年。

……

现在这些焦厂已经被取缔，老头儿说：“但今后几百年里，每次降雨后，土壤中致癌物都会向地下水溶入一些。”

我听得眼皮直跳。

柴静：《看见》，广西师范大学出版社2013年版，第124~125页。

艾恺教授明白无误地向梁漱溟提问过："今日的世界有希望吗？"[1] 梁漱溟也承认现在的世界处于现代化的危机中[2]。这两个似乎有所差异的书名让我琢磨了许久：明天究竟是"好否"还是"有无"呢？

拿"邓光裕堂案"来说，如果各房达成全体一致的协议分析光裕堂的全部财产，那光裕堂就不是"好否"而是"有无"的问题了。

所幸，"邓光裕堂案"一审法官完全采信了张伟仁先生在本案中的专家证言，其判决意见耐人寻味：

> 原告虽曾同意分配补偿金及派饥，但其中之一（第四原告）出生于1982年协议之后，该协议未得其同意，彼有权抗议，故该协议未得全体之同意。
>
> 即使原告未受胁迫自愿订立"1982协议"，但一旦醒悟分配之非，仍得提出异议，反对分配。
>
> 基于中国传统及法理，族产及其孳息原则上皆不得分配，除非：有不可抗拒之情势并经全体族人之同意。
>
> 因此，"1982协议"依香港法无法执行，依中国传统法及习惯为非法，且因违背公共政策（public policy）而无法执行。因为该协议背弃了该堂设立的目的，会使该堂毁于一旦。该协议也是对后世子孙对该堂财产权益的抢劫。（It violates the purpose of the Tong and is destructive of the Tong. It would rob

[1] ［美］艾恺采访、梁漱溟口述：《这个世界会好吗？——梁漱溟晚年口述》，东方出版中心2006年版，第166页。

[2] 同上书，第332页。

the future generations of their right to the asset of the Tong.)

被告在香港法及中国传统法下皆无权要求原告履行“1982 协议”并寻求赔偿。被告谅不至再行分配补偿金，故不必颁发禁止令。[1]

“邓光裕堂案”从 2002 年香港高等法院初审到 2007 年上诉法庭作出终审判决，前后历时五年之久。该案的二审法官虽认为初审法官对“土地”概念的界定不必那么弯弯绕，但支持了一审法官的判决意见和理由。[2]

与北洋政府大理院的判例相比，香港高等法院在本案中充分尊重了中国传统和法理，而其关于“1982 协议”未得第四原告同意的特别说明，可以视为对张伟仁先生“专家意见书”中有关后世子孙的声音和权益的响应。

行文至此，这篇述评似乎可以打住了，但有几个问题仍值得思考：本案的原告如果没有找到兼通中国传统法和英文的张伟仁先生，那本案的判决结果会当如何？大陆法律人中，有几人可以担当起类似的在香港高等法院出庭作证的专家证人的角色？中国传统法及法理为什么反倒是在香港获得了尊重？在 2047 年之前，法官可以推论“被告谅不至再行分配补偿金”，那 2047 年之后呢，“邓光裕堂”的运命又会如何？

2008 年 10 月于杭州宝善桥

[1] 参见香港特别行政区高等法院“一审判决书”，*Judgement*，HCA No. 331 of 2002。
[2] 参见香港特别行政区高等法院“二审判决书”，*Judgement*，CACV 137/2007。

“自其异者视之，肝胆楚越也”*
——《英美法中的形式与实质》述评

一、一本在英国法与美国法之间展开比较的著作

1982年，一位名叫西蒙的年轻法律学子在准备期末考试。他向父亲提了个有关美国法律现实主义的问题，这一不经意的提问，于5年后引出一本独特的法学著作——《英美法的形式与实质》——的问世。因为，西蒙的父亲不是别人，正是牛津大学的法学教授P. S. 阿蒂亚。

儿子的提问促使父亲去思考一个未曾有人解释过的问题——法律现实主义与美国法律体系各个制度层面之间的关系，并意识到这是一个值得从事的重要课题。多年执教于牛津和其他英国大学，并曾在哈佛、耶鲁、杜克和得克萨斯州立大学执教多年的经历，使阿蒂亚不但熟谙英国的法律体系，而且也熟谙美国的法律体系，尽管如此，学者的谨严和共同的兴趣，还是让阿蒂亚找到了在康奈尔大学执教20年之久的萨默斯教授，来共同从事这一探索，后者认为，这是其学术生涯中最有意义的活动之一。

* ［美］P. S. 阿蒂亚、R. S. 萨默斯：《英美法中的形式与实质——法律推理、法律理论、法律制度的比较研究》，金敏、陈林林、王笑红译，中国政法大学出版社2005年版，“译后记”。

随着探讨的不断深入，视野的大大拓宽，展现在我们面前的这本著作，完全不再局限于法律现实主义的问题，而成为一本涉及法律理论和比较法的恢宏论著，讨论了有关法律推理、法律理论、法律制度和法律体系的一系列重要问题，并用比较的方法深化了对这些问题的理解。

在译者以往的阅读经验中，比较往往是在英美法系和大陆法系之间展开，而将“英美法”视为一体。因此，一翻开该书，见作者劈头阐明主旨，不免心惊：“我们的基本观点是：美国和英国的法律体系，尽管在表面上存在着种种相似性，实则有着深刻的差异——英国法律体系是高度形式化的（formal），而美国法律体系是高度实质化的（substantive）。”[1]

在此，作者以为英国与美国法律体系之间的相似性是表面的（superficial），而差异则可以说是深刻的（differ profoundly）。“profound”一词有深刻的（penetrating beyound what is superficial）、源于本质的（coming as if from the depths of one’s being）、贯穿始终的（thoroughgoing）、完全的（absolute）等含义，如此大胆的用词，几乎是译者的受教育和阅读经历无法承受的——犹记得 20 世纪 80 年代初本科时学法理，法律的本质问题是学习重点，但那只可用以表述不同“类型”的法律的区别，比如资本主义法与社会主义法的区别；即便后来阅读视野稍宽，似乎也只可接受英美法系与大陆法系之间的差别算得上 profoundly；如今要译者在英国法与美国法之间来一个“本质的”“完全的”不同，委实下不了笔，

[1] P. S. Atiyah and R. S. Summers, *Form and Substance in Angro-American Law*, Clarendon Press, Oxford, 1987, p. 1.

踌躇再三，还是用了个略微中庸一点的“深刻差异”。正如相声讲究“说学逗唱”，翻译者们追求“信、达、雅”的境界，套用古人自述时常爱用的谦辞，“某不才”（在古人是谦辞，在我则是“实话实说”），只求勉力到达前两重境界就以手加额矣。现在看来，就算想要达到前两重境界，除了受“才”的限制外，还受到“识”和“胆”的制约。

二、“求同存异”——更形式化的英国法与更实质化的美国法

《庄子·德充符》：“自其异者视之，肝胆楚越也；自其同者视之，万物皆一也。”

可以说，《英美法中的形式与实质》的作者正是出于“自其异者视之”这样一种视角，才会视英国与美国的法律体系为“肝胆楚越”，即英国法律体系为高度形式化的，而美国法律体系则是高度实质化的。该书的副标题为“关于法律推理、法律理论和法律制度的比较研究”，所以该书也可以视为一本比较法的论著。而比较，往往要突出和强调被比较对象的“异”，只是，作者奉行价值中立的立场，无意臧否英国和美国的法律体系，因而避免了像我们在所谓“中西比较”中司空见惯的那种简单化的优劣论。

在我们对英美法一向“自其同者视之”的情形下，忽然出现一本“自其异者视之”的书，自然有一种耳目一新的感觉。但愿如作者所言，借助于“形式与实质”的界分去观察英国法与美国法的总体特征，能使读者对这两种法律体系有更深入的了解。

全书十五章，可以说是对前述主旨的展开与论证。

作者首先讨论了法律推理问题。阿蒂亚和萨默斯根据所运用的依据的不同区分了实质推理和形式推理这样两种不同类型的法律推理。实质推理中所运用的实质依据，是指道德的、经济的、政治的、习俗的或者其他社会因素。与实质依据不同，形式依据必须预设存在一项有效的法律或其他有效的法律事实，例如，一份合同或一份判决。权威性是形式依据的基本特征。一般来说，形式依据同样具有某种程度的强制性，即在法律适用的过程中优先于其他任何相反的实质性依据。一个形式依据的功用通常就像一道屏障，它或明或暗地将尚未整合入规则的实质性依据从决定过程中隔离了出去。[1] 不过，实质依据与形式依据并非截然对立的关系，一个实质依据可以通过立法或司法的途径被整合入法律，成为一条法律规则，转化为形式依据，从而成为形式推理的一个新的渊源。换言之，一个形式依据往往整合或反映了实质的推理过程。因而它是一种混合物：一方面，具有某些形式特征；另一方面，也具有某些实质推理的特征。

作者指出，在作出判决或采取其他法律行动时，实质推理在美国法律体系中的运用远比形式推理广泛，而在英国法律体系中，情形恰好相反。因而，英美两国的法律和法律推理在总体风格上分别显示出"更形式化"和"更实质化"的特征。尽管作者声明这类分析主要是一种定性分析，而不是定量分析，他们并不想量化这种差异，或者暗示这种差异是可以实际计量的。但为了确认和阐释这些差别，作者还是建立了一个颇为精致的理论装置来分析作为法律体系之特征或属性的"形式性"（formality）。在

[1] P. S. Atiyah and R. S. Summers, *Form and Substance in Angro-American Law*, pp. 1-3.

各种类型的形式性中，作者着重讨论的有四种，用以描绘法律推理的形式化程度：**权威性之形式性**（authoritative formality）、**内容之形式性**（content formality）、**解释之形式性**（interpretive formality）和**强制性之形式性**（mandatory formality）。对这一理论装置，作者充满了自信："我们希望这本身是对法律理论的一个原创性贡献。"[1]

形式（化）的、形式性、形式推理这些词，容易与形式主义（formalism）相混淆，意识到特别是在今日美国，后者含有贬义，经常用于指称这些弊病，例如，概念主义，过度强调法律概念的内在逻辑，判例法的过度概括化等。为此，作者特意对形式推理和形式主义推理作了区分。作者提醒人们，他们在使用"**形式的**"一词时是不带贬义的。事实上，阿蒂亚和萨默斯甚至将恢复形式法律推理的名声，视为本书的首要目标之一。他们确信，形式性依据处于法律的中心地位，并且在当代法律理论的发展史上，正确地分析形式依据是一个备受忽视的主题。而形式主义推理，则是对形式依据的过度扩张，是各类形式性的变异。

虽则由于本书的基本立论所决定，本书的主要笔墨都花在为英国法律体系更倾向于运用形式推理，而美国法律体系更倾向于运用实质推理提供详尽的证据和解释。但作为严谨的学者，阿蒂亚和萨默斯不可能留下太大的把柄被对手作为攻击的口实，所以他们不忘提醒读者：无论是实质依据还是形式依据，在英美两国的法律体系中都得到了广泛运用，很难想象哪个法律体系能够在实践中撇开这两种类型的推理；事实上，这两种依据都是任何可

[1] P. S. Atiyah and R. S. Summers, *Form and Substance in Angro-American Law*, preface.

行的法律观所固有的。由此，我们知道，阿蒂亚和萨默斯虽强调英美法的“异”，但这种异可以理解为“同中求异”。

三、英美两国法律理论与其制度的相应

既是对前述基本立论的展开，也是对其的深度解释，作者认为某一法律体系的法律推理形式是趋向于形式化还是实质化，与众多的历史、文化和制度性因素紧密相关。这些因素包括主流法律理论、法院与立法机关的宪法性关系、立法机关与行政部门的政治角色、法官遴选与任期方面的惯例与实践，以及一国法律文化与法律教育的特性。作者没有就这些关系之间的因果作任何简单化的解释，而确信上述各个方面的因果影响不是孤立的，其作用方向也不是单一的，而是长期以来互为作用的。比如，作者认为英美两国法律推理在风格上的差异，或许反映了不同社会尤其是其中的法官和律师们实际所持——不管是如何的隐晦、难以言说——的法律理论类型的差异；同时，在某个社会中所流行的法律理论的性质，很可能与该国的制度和历史存在某种关系。这些制度因素和历史因素，反过来也反映了两种法律推理风格的差异。[1]

出于专业训练和爱好，在前面提到的各种因素中，译者特别关注英美两国的法律理论，尤其是边沁对于英国法律理论的影响以及对他的某些误解。

阿蒂亚和萨默斯认为法律理论也可以依据它们更趋形式化或

[1] P. S. Atiyah and R. S. Summers, *Form and Substance in Angro-American Law*, pp. 3-4.

实质化的倾向，对其进行划分。因而，在一个极端，是各种高度实证主义化的理论，它们坚持"法律就是法律"，强调法律的渊源取向；处在另一极端的法律理论，则极其关注有效法的实质内容和工具作用，强调除了渊源取向外，内容取向也是确定有效法律的标准；在确定规则的含义时，应当关注存在于规则之中和规则背后的实质性依据，而不是规则的字面意思。[1]

担心读者会误以为作者主张以这种方式对实际的法律理论进行简化处理，阿蒂亚和萨默斯声明他们只是认为与法律体系一样，多数法律理论在"形式的—实质的"划分中，都趋于、倾向或偏向于其中的这一极或那一极。在加上了"从总体上并且相对而言"这样的限定之后，作者得出了这样的观察结论：英国的法律理论长期以来一直是形式化的和实证主义的，而美国的法律理论已经接受并且仍然保留了多种更趋实质化的理论的影响，包括自然法或多变的"权利"理论，以及其他更具工具主义性质的理论。英、美两国法律理论总体上的不同特征，在阿蒂亚和萨默斯看来，表明在英美两国的法律体系中，就像我们惯常喜欢表述的：理论和实践是一个密不可分的整体。

为此，作者花了八、九两章的篇幅来论证和解释这一结论。论证和解释是从 1776 年英美两国的法律理论开始的。与《万历十五年》作者的欲擒故纵——起首就是"万历十五年在中国历史上是个平淡的年份"——相反，阿蒂亚和萨默斯直陈："我们难以抗拒从 1776 年开始我们的叙事的诱惑。这一年，发生了一系列与本书的主题大有干系的事件：在美国，《独立宣言》发表，自

[1] See P. S. Atiyah and R. S. Summers, *Form and Substance in Angro-American Law*, p. 3.

然法的实质性原则被清晰地运用；在英国，边沁的《政府片论》出版，或许可以被看作由边沁所开创的英国悠久的实证主义传统的发端。”[1]

《政府片论》与《独立宣言》的同时问世，预示着英美法律理论“形式化—实质化”的分野。这一分野的发端引起了译者的极大兴趣，因为，“产生的意义不亚于完成”。[2]

在《政府片论》中，边沁将布莱克斯通作为一个靶子，对布莱克斯通视法律规则本身具有道德正当性的超验论及其渐进论、传统论进行了毫不留情的批判。在此基础上，边沁将法律的本质定义为以制裁为后盾的政治上的上级对下级的命令。正是在这里，法律的概念开始与某种权威设定的东西相联系。有效法律的本质始终是一个形式问题——法律有效性的标准是渊源取向的而不是内容取向的。[3] 边沁并且坚持认为所有的权利都来自实在法，对自然法、自然权利等所有先验的权利采取了彻底排斥的态度，所有关于“权利”的实质依据（除了出于功利原则的原因）就这样毋庸置疑地遭到摒弃。权利来自法律的授权，而不是法律规则的源泉，边沁的这一观点从某种意义上来说给了实质依据的运用一击。这一点起初并不明显，因为边沁当然也可能根据功利原则倒向以实质依据为源泉一边：他不必强调法的“专断”，而可以使之建立在合理的基础上。但边沁似乎有其难言的苦衷：运用功利原则作为权利的直接源泉与其法律是一种命令的观念相抵

[1] P. S. Atiyah and R. S. Summers, *Form and Substance in Angro-American Law*, p. 222.

[2] [美] 巫鸿：《礼仪中的美术》，郑岩、王睿译，生活·读书·新知三联书店2005年版，第698页。

[3] See P. S. Atiyah and R. S. Summers, *Form and Substance in Angro - American Law*, p. 223.

触。[1] 为了避免理论的尴尬，边沁只能倒向形式化一边。

边沁的法律"命令说"由于与英国的政治制度相契合，特别是与英国议会在英国政治体系中自"光荣革命"以来扮演的角色相吻合，因而在英国19世纪的法律改革中产生了如哈特所总结的"压倒性的影响"[2]，罗素也说："边沁派完全缺乏动人感情的力量，若考虑到这一点，在整个19世纪中期他们对英国的立法和政策的影响可算大得惊人了。"[3] 在边沁的学说与英国政治法律制度的关系上，我们可以发现理论与实践的相得益彰。一方面，议会至高无上的法律地位，尽管得到边沁本人及与他同时代的法律家的肯定，但在边沁的时代或许并不像后来所认为的那么绝对。不过，部分地作为边沁本人的影响的结果，议会在19世纪英国开始成为改革的伟大工具，而作为这一历史进程的结果，议会的权力至上、不受限制的观念变得比以往更加明确。另一方面，尽管边沁"为人腼腆到了苦痛的程度，勉强跟生人在一起时总是万分惶恐"，[4] 其作品虽多，可许多著作都充塞着晦涩难懂的话和他自己发明的术语，并且有那么不少著作未曾（至今依然如此）出版，但经由穆勒、奥斯汀等人的阐释和宣扬，边沁的观点得以广为传播。更重要的是，由于与英国改革时代政治制度的契合，边沁开创的实证主义传统在英国日渐根深蒂固、枝繁叶茂。

近读何炳棣先生学术回忆《读史阅世六十年》，谈到他1948年在哥伦比亚大学进行博士课程最后口试时，其业师柏莱伯诺的

---

[1] See P. S. Atiyah and R. S. Summers, *Form and Substance in Angro-American Law*, p. 224.
[2] [英] 边沁：《道德与立法原理》，时殷红译，商务印书馆2000年版，"导言"。
[3] [英] 罗素：《西方哲学史》（下卷），马元德译，商务印书馆1996年版，第331页。
[4] 同上书，第327页。

问题之一就是要求其在10分钟内评估英国功利学派宗师边沁的主要理论及其对立法及议会改革的影响。何先生谈到，虽则19世纪英史大家阿维勒认为，英国功利主义哲学两大派系中的胜利是亚当·斯密信徒所组成的以放任主义和自由贸易为主要特征的“曼彻斯特派”，而不是边沁弟子们以立法手段取得社会利益一致化的《西敏斯特评论》学派。但何先生经过个人反思，却认为从英国历史发展的总趋势看，边沁学派的影响是超过经典经济学派的。[1] 如今，距何先生口试时又半个多世纪过去了，证以英国目前的政治法律制度及福利国家的长成，边沁学派的影响更可以说是“深而且巨”。

有意思的是，虽则从边沁和奥斯汀的时代起，英国的律师和法官们如果说不是显而易见地，也是不知不觉地对实证主义理论的许多重要原则作出了贡献。但人们往往把一些并不属于边沁和奥斯汀的观点归结到他们头上，有的观点，甚至是他们所激烈反对的。例如，恰恰是从布莱克斯通那里，而不是从边沁那里，英国实证主义者获得了主权的性质这一关系到所有法律的渊源的重要观念。尽管如此，从宽泛的角度来看，边沁式实证主义的特征支配了英国的法律理论和法律体系，使之呈现出形式化的特征。[2] 而边沁实证主义（Bentham's positivism），在阿蒂亚和萨默斯眼里，甚至成了英国分析实证主义法学的代名词。虽则从哲学上看，无论是实证主义还是功利主义都不是边沁的原创，但边沁的功绩就在于把它们积极地应用到法律上。

---

[1] 参见何炳棣：《读史阅世六十年》，广西师范大学出版社2005年版，第226~230页。

[2] See P. S. Atiyah and R. S. Summers, *Form and Substance in Angro - American Law*, p. 240.

也许是笔者孤陋，反顾国内法理学界，可能是由于强调法理学的纯粹性、规范性的缘故，对奥斯汀的兴趣和关注似乎远远要超过边沁，乃至有"奥斯汀分析法学"的称谓。正因为如此，眼见阿蒂亚和萨默斯在讨论英国的法律理论时，大谈"边沁实证主义"，而对奥斯汀则着墨不多，笔者不免"少见多怪"。后来发现，对边沁和奥斯汀孰轻孰重，不光是阿蒂亚和萨默斯，英、美学者似有某种共识：布鲁厄姆称"改革时代就是边沁时代"，[1] 梅因于 1875 年写道："我不知道在边沁那时以来实施的法律改革有哪一项不能归功于他的影响。"[2] 哈特则提醒人们："同辨识边沁著作与随后法律变革之间的具体因果联系相比，更重要的是认识到边沁的思想渗透弥漫在社会的普遍气氛中。"[3]

甚至是"非同寻常"、其"思想属于他自己"[4] 的波斯纳，在肯定边沁对于法学理论的贡献和在法理学史上的地位这一点上，与阿蒂亚和萨默斯也可以说是"英雄所见略同"，或者说有过之而无不及。在《法理学问题》"绪论"的"法理学简史"一节，波斯纳这样写道：

> 边沁的功利主义法律观具有超越自然法和实在法之间以及形式主义和现实主义之间的争论的意义。一方面，它拒绝了以各种道德论（功利主义除外）作为法律的基础；另一方面，它也拒绝了各种仅仅是情感的、传统的、雄辩的或（简而言之）无反思和不系统的法律研究进路。边沁寻求使法律

---

[1] ［英］边沁：《道德与立法原理》，时殷红译，商务印书馆 2000 年版，"导言"。

[2] 同上。

[3] 同上。

[4] 参见苏力：《〈波斯纳文丛〉总译序》，载《环球法律评论》2001 年第 4 期。

立足于科学的基础之上，使之成为一种实用的人类工具，用以实现诸多确定的社会目标。就这有限的但重要的方面来看，边沁是本书提倡的实用主义法律观的原创者。[1]

需要指出的是，波斯纳的目光主要集中在"原创"的边沁及其功利主义法律观上，这个"原创"的边沁将他的法律观建立在功利主义哲学基础上，主张"一切法律所具有或通常应具有的一般目的，是增长社会幸福的总和"，[2] 这样，法律在边沁那里的理论逻辑，是可以成为"一种实用的人类工具"的，而边沁本人，则可以成为波斯纳所说的实用主义法律观的先行者。但阿蒂亚和萨默斯讨论的则是如前所述，虽归结到边沁头上，但汇合了英国法律理论与实务界的种种观念的"边沁式实证主义"，有些甚至与边沁的思想大有出入。就是阿蒂亚与萨默斯，"也只是通过哈特晚近的著作"，"才了解到英国 19 世纪的实证主义离边沁本人的思想有多远"。[3] 事实上，随着时间的推移，支撑边沁和奥斯汀著作的价值理论在 19 世纪英国逐渐丧失其影响，到 1900 年为止，尽管作为一种政治和改革的意识形态，功利主义在实践中取得了巨大的成功，但在法律理论家中间，似乎不再具有它曾经的影响，所有的价值理论很大程度上都被忽视。这一变化加剧了英国实证主义转向形式推理寻求支撑的倾向，法律的一般理论日益与关乎实在法内容的实体价值部分相分离。英国实证主义日

---

[1] [美] 波斯纳：《法理学问题》，苏力译，中国政法大学出版社 2002 年版，第 17~18 页。

[2] [英] 边沁：《道德与立法原理导论》，时殷红译，商务印书馆 2000 年版，第 216 页。

[3] P. S. Atiyah and R. S. Summers, *Form and Substance in Angro-American Law*, p. 244.

益更为形式化，有时甚至到了形式主义的地步，这一倾向导致了它与美国工具主义法律理论的分立。

美国的法律理论则从《独立宣言》时期起就走上了与英国法律理论相左的方向。在阿蒂亚和萨默斯看来，这与两国革命的不同特点有关：英国革命试图竭力缩小变化带来的阵痛，在新政权的法律框架内弥合断裂；与此相反，美国革命则形势要求强调、放大这种断裂，[1] 尤其是声称在极端状况下（in extremis）拥有反抗权内含着一个或许可以称之为终极性的实质理由。它意味着拒绝效忠于不当运作的现存合宪政权。因而这实际上是对形式性的"法律就是法律"的否定。由于《独立宣言》的象征意义，并且不久以后它便作为一个伟大的历史性文件载入了新生的美利坚合众国的史册，它所蕴含的反形式化倾向本身在其后开创一种重法律的性质和宗旨的新传统的过程中扮演着一个重要的角色。美国这一时期的法律理论，深信实质推理的作用；深信有一种高于实在法的"高级法"；深信实质解释方法优于形式或字面解释方法；与实质化的法律观相契合，而与形式化的法律观相左。[2]

到了19世纪中晚期与20世纪初，英国实证主义理论的重要特征影响了美国，自然法思想的重要性开始衰退，法律体系的内容和运作方式中，形式主义的东西开始滋生、蔓延，但随即遭到了霍姆斯、庞德等人的激烈批判。

虽则霍姆斯对自然法理论也不以为然，出于深深的道德怀疑主义而拒绝一切道德和道德性的说教，除非这种道德性在可以完

[1] See P. S. Atiyah and R. S. Summers, *Form and Substance in Angro-American Law*, ch. 8.
[2] Ibid., p. 231.

全通过功利的计算得出的范围内，[1] 但与英国边沁身后的法律理论与实践强调逻辑形式、忽视价值理论不同，霍姆斯强调法律依据的相对价值："在逻辑形式的背后，潜藏着一个对互为冲突的法律依据的相对价值与重要性的判断，这一判断往往是不自觉的、难以言说的，的确，这是整个司法过程的根基和命脉所在。"[2] 在《法律的道路》发表两年之后，他如此来表达他的一般立场：

> 如果我们想要遵循真实，那么我们就不能从字面上来考虑问题，至少，必须不断地将言词转化为其所表明的事实。我有时对学生说法学院追求的是一种神启与逻辑相结合的教学方式，即认为权威性的前提是毋庸置疑的，而不追问其价值，而后，逻辑被用以作为唯一的手段推出结论。对教条主义来说，这是一种必要的教学模式。但一项法律规则真正能够提供的正当化作用，如果有的话，那么就在于它有助于引出一个我们所期望的社会目标。那些制定、完善法律的人心中切实应该有这些目标，这是完全必要的。[3]

如果说英国 19 世纪后的法律理论实际上抽离了边沁著作中的价值理论，名为"边沁式实证主义"，但实际上并不是"原创的"边沁主义；那么，霍姆斯对任何法律必须"服务于我们所期望的目标"——一种功利主义的价值理论的强调，则使霍姆斯的法律

[1] See P. S. Atiyah and R. S. Summers, *Form and Substance in Angro-American Law*, p. 247.
[2] "The Path of the Law", 10 *Harv. L. Rev.* 457 (1897).
[3] "Law in Science and Science in Law", 12 *Harv. L. Rev.* 443, 460 (1899).

观区别于形式化的法律观，在这个意义上，霍姆斯才是个真正的边沁主义者。行文至此，我忽然明白了波斯纳为什么说边沁是包括波斯纳本人在内所提倡的"实用主义法律观的原创者"。闹了半天，边沁的知音和真正的继承人在他当年没瞧在眼里的大洋彼岸。

在阿蒂亚和萨默斯看来，任何法律必须"服务于我们所期望的目标"不仅是对功利主义价值理论的坚持，其本身就是一个工具主义的法律观念。由于强调法律只是实现社会目标的工具，就不会将法律本身看作一个目的。美国法律工具主义理论的许多特征，不仅与形式化法律观的特定因素，而且在总体精神上相抵触。法律工具主义理论的主流与牢固的实质化法律观高度一致，尤其体现在它强调法律的一般价值理论、法律的实质目的，强调判例法判决中政策的重要性，强调在适用先例的过程中判决背后的实质性因素所扮演的角色，强调制定法解释中的意图解释方法，以及一般来说，对法官造法的注重。至于法律工具主义的左翼——法律现实主义派，可以说对形式推理和形式化法律观更为反感。[1]

在当代，英美两国的法律理论尽管有种种变化，但据阿蒂亚和萨默斯的观察，传统的分立仍然存在并将继续延续。在英国本土，尽管近来对自然法理论的兴趣重新抬头[2]，与此同时对更社会学性的法律理论的兴趣也日益增加，但分析实证主义作为主流的地位仍然不容置疑，并且，经过哈特的改造而重新焕发出活

---

[1] See P. S. Atiyah and R. S. Summers, *Form and Substance in Angro - American Law*, p. 255.

[2] See e. g., J. Finnis, *Natural Law and Natural Rights*, Clarendon Press, Oxford, 1980.

力。至于美国现当代的法律理论，被哈特讥诮为，一半是梦魇，一半是高贵的梦想[1]。所谓梦魇，指的是法律工具主义和法律现实主义；所谓高贵的梦想，是指从富勒到德沃金的新自然法理论。梦魇也好，高贵的梦想也罢，作为法律理论，都比分析实证主义更为实质化。因而，阿蒂亚和萨默斯总结说：“甚至在今天，仍然可以看出实证主义在英国与那里的更为形式化的法律和政治制度相适应，而新自然法和工具主义法律理论在美国则与美国更实质化的制度相应。”[2]

四、英、美两国法律制度与其文化、传统的相互关系

如前所述，虽则译者的兴趣点在于理论，但不能不承认作者对英美两国一些制度性因素及其与文化、传统的相互关系的观察分析也极为敏锐，试举几点：

第一，关于立法者与制定法。诚如与戴雪齐名的英国宪法史名家白芝浩[3]在《英国宪法》一开头就指出的，孟德斯鸠在18世纪中叶以英国政治为蓝本，大谈立法、行政、司法三权分立、相互制衡之说，影响美国革命、立宪至深至巨，但与19世纪中叶英国的政治运作不符。白氏认为英国政府效率之高，保密能力之强，正由于内阁充当行政及立法之间的联系，英国的内阁几乎可

[1] “Americn Jurisprudence through English Eyes: The Nightmare and the Noble Dream”, 11 *Georgia Law Rev.* 969 (1977), reprinted in H. L. A. Hart, *Essays in Jurisprudence and Philosophy*, 123-144, Clarendon Press, Oxford, 1983.

[2] P. S. Atiyah and R. S. Summers, *Form and Substance in Angro-American Law*, p. 258.

[3] Walter Bogehot (1826—1877)，何炳棣先生甚至认为白氏由于学术天分极高，加之曾实际从政，其观察的深刻锐敏较戴雪有过之而无不及。证之以阿蒂亚和萨默斯的介绍分析，可以说何先生对白氏的推崇大有道理。

以说是行政与立法权力的完全融合。[1] 英国的立法可以说是由内阁主导的，而其制定法无论在公法还是私法层面，效用上都超过美国。并且，与美国不同，立法也是英国法律改革的主要途径。由于相较于普通法，制定法具有更为形式化的特征，这也使英国法律制度较之美国更为形式化。至于美国的立法机关，由于存在州与联邦两套系统，也由于法案的起草方式、议员组成方面与英国的差异，更由于分权与制衡，从而使美国立法机关的效率和立法水准均低于英国。但在阿蒂亚和萨默斯看来，这不等于说英国的相关制度优于美国，而与两国主流法律文化和传统的差异有关，只能说美国人愿意付出"低效"的代价，因为："大多数美国人认为议会所做很可能害多于益，议会机器的主要功能因而在于阻止劣法获得通过，这样的机器需要一个精良的刹车。"[2]

第二，关于法官与法院。英国法官队伍极为精干，高级法官一般至少须执业出庭律师 10 年以上，而出庭律师本身在英国就是一个高度同质化的小团体，这使英国法官不像美国法官那样异质化而具有同质化的特点。针对一些美国法律人以为只要有若干丹宁勋爵坐在法官席上，就可以使英国的法律体制发生一场静悄悄的革命，以司法能动主义取代消极主义，阿蒂亚和萨默斯批评这些美国法律人无知：他们不懂，英国法官遴选制度和惯例使这样的事不可能发生。

在法官制度方面引起译者注意的一个小问题是美国的法官助理（law clark）制。不久前，在本人供职的浙大法学院举行的 2002 级在职 JM 论文答辩中，有两篇论文涉及了我国目前正在推

[1] 参见何炳棣：《读史阅世六十年》，广西师范大学出版社 2005 年版，第 232 页。
[2] P. S. Atiyah and R. S. Summers, *Form and Substance in Angro-American Law*, p. 314.

行的法官助理制。这一由最高人民法院名义上出于推进“法官的职业化”实则为了减少法官的数目而推出的制度，在实践中起码在浙江省遭到了各级法院的消极抵抗和一些法官的强烈不满，一位基层法官一针见血地指出——“谁当法官？谁当法官助理？”考之以美国的法官助理制，不难发现，中国式的“法官助理制”在理论上也难以自圆其说——究竟是法官助理制还是助理法官制？

第三，关于陪审制。英、美陪审制存在不少的差异，其中一个主要方面是英国在民事审判方面放弃了陪审制，而美国仍在实行，这使陪审制在美国的运行远较英国普遍和重要。之所以出现这种差异，其中一个主要的原因是司法理念的不同，英国奉行精英主义，而美国强调司法民主。我国有关陪审制的存废之争已经是个老话题，在共识难求的今天，人们对陪审制的看法倒是似有共识——鸡肋。在“职业化”呼声甚嚣尘上之时，了解一下英国近年司法改革的动向、美国陪审制长盛不衰的原因，或许有助于我们在歧路上“三思而后行”。

第四，关于法学院的角色差异。阿蒂亚和萨默斯在讨论英、美法学院的角色差异时，是将之作为一个影响英美两国法律体系的制度性因素来考虑的。他们认为英、美两国法学院的性质和地位存在极大的差异，英国法学院对于英国法律秩序的影响微不足道，而美国的一流法学院则是法律和公共政策的主要研究中心和观念的重要来源，具有高度的制度影响力。[1] 如果说英国的法律文化是以法官和出庭律师为中心的，那么，倘若“在美国也存在那么一个一般法律文化，那么它也是以更具同质性的一流法学

---

［1］ See P. S. Atiyah and R. S. Summers, *Form and Substance in Angro - American Law*, pp. 384-388.

院为中心的"。[1]

较之美国，中国各综合性大学的法学院和一些专门的政法学院以前的角色或许更类似英国（法学教育的模式似乎至今更类乎英国[2]）。由于"专家意见书"在司法实践中的作用（尽管对其作用也是毁誉参半），一些法学院的教师纷纷兼做律师，法学界与实务界的联系似乎紧密了些（当然，这种联系常常会变味）。但更重要的是，大量法官、检察官、律师与公安干警以在职法律硕士的身份，进入法学院接受学院派（academical lawyers）的"再教育"，似乎有使中国的法学院也日渐成为一种"制度力量"的趋势。从这些在职法律硕士的毕业论文中，可以看出法学院中流行的一些法律名词、术语慢慢流入他们的笔端，当然，其理念是否真的发生了或发生着变化现在还很难说。

第五，《英美法中的形式与实质》的作者谈到了英美两国在"法律观"方面的差别。"法律观"一词，在原文中的表述为"vision" of law，作者用以概括地指称公众——尤其是法官和律师——在某种程度上对法律所持的难以言说甚或是无意识的信念，而这些信念涉及法律的性质与功能，涉及法律的制定、解释、适用和实施活动应当如何开展以及应当由谁负责等。[3]

英、美两国的法律观念，是与这两个国家中占支配地位的法律理论密切相关的。不过，"观念"作为一种 perception，虽则未予言明，不易察觉，但其潜在的力量更加无声而巨大。套用一个

[1] See P. S. Atiyah and R. S. Summers, *Form and Substance in Angro - American Law*, p. 406.

[2] Ibid., pp. 389-403.

[3] Ibid., pp. 4-5.

俗套的比方，如果说法律理论是显明的漂浮的冰山，那么，法律观就是浩瀚的海洋了，它以影响法律及其制度性安排这种方式，深深地嵌入该社会的文化中。作者指出：法律即“一种规则体系”这样的法律观，体现了英国人关于什么是法律的观念；而法律是“社会的公正感或正义感的外在表达”，则表达了美国法律文化中一个强有力的（或许是占支配地位的）主题。[1]

为了更清楚地解释法律观及其对法律和制度的影响，阿蒂亚和萨默斯对“概念”（concept）和“观念”（conceptions）作了区分。他们指出，尽管在英国和美国，事实上所有的现代国家，都承认和使用某种法律概念，然而由于法律的性质在英国和美国的法律体系中在许多基本方面存在不同，因而这两个法律体系拥有颇为不同的法律观念。在英国的观念中，形式性——尤其是公认的法律的权威渊源——是识别法律的主导性因素，事实上，是压倒性的因素，从而也是对实际上什么是法律的理解。但美国的观念却与此不同。除了渊源取向标准外，法律在美国常常同时必须满足有效性的内容取向标准。例如，两国都承认“有拘束力的先例”这一概念，但其先例观念颇为不同，而这些区别就植根于现象中。英国的观念较形式化：先例之所以有拘束力是由于其渊源——它们是上级法院的判决，而与其内容无关。在美国，先例的权威性不单单是渊源取向的。先例往往有拘束力是因为其蕴含的原则被广泛认为是公正和善良的，否则它们可能将被认为不那么具有拘束力。所以，在这一基本方面，与其他方面一样，法律

[1] See P. S. Atiyah and R. S. Summers, *Form and Substance in Angro-American Law*, p. 5.

的性质在美国与其在英国有所不同。[1]

似乎可以这样说，如果说法律概念具有一定的普适性，那么法律观念具有"地方性"。

在作了上述种种比较后，阿蒂亚和萨默斯得出结论：在英国和美国这样具有长久的民主治理传统的国家中，法律推理的方法，主流法律理论，以及公众和法律从业者所持有的、作为各种制度性安排之准则的法律观，相互之间长期以来是融洽一致的。[2] 因而，阿蒂亚和萨默斯将他们自己的工作，看作就像是在拼装两幅错综复杂的、精致的镶嵌画（intricate mosaic pattern）。在每一幅图画中，所有色彩斑斓的碎片相互契合，但都不能随意地甚或压根儿无法拼装入对方的图画中。虽然这两幅图案之间存在不容否认的相似性，但是对许多单独的碎片来说，情况并非如此。[3]

这样，就又回到了我们开始时讨论的问题——视角，当你"自其同者视之"时，你会看到两幅图画的相似性，甚至"万物皆一"，将相似性看作同一性，视两幅画为一幅或其复制品；当你"自其异者视之"时，你才会看到"肝胆楚越"，发现那原来是两幅镶嵌画，一幅是重形式的英国法律体系，一幅是重实质的美国法律体系。

余下的，就是反观我们自己的那幅画了，如果说继受、"移植""接轨"等属于"时也，势也"，那么在我们这么做时，至

[1] See P. S. Atiyah and R. S. Summers, *Form and Substance in Angro - American Law*, pp. 416-417.

[2] Ibid., p. 5.

[3] Ibid., p. 4.

少，不妨听听阿蒂亚和萨默斯的忠告，充分考虑一下法律移植的"环境"和"生态后果"："必须好好研究这类变化可能导致的至少是最浅层的后果。学者们、法律改革和政治改革家们必须放宽他们的视野，探究他们希望引入的改革的至少下一步重大后果。我们认为这并非是不可能的。"[1]

2004年12月于杭州宝善桥

[1] P. S. Atiyah and R. S. Summers, *Form and Substance in Angro-American Law*, Clarendon Press, Oxford, 1987, p. 428.

中 西 辩 者

辩者邓析

古罗马的法庭辩护士

为罗马共和国辩护

——论西塞罗“混合制”政体说

辩者邓析*

春秋末期郑国大夫邓析，约略与子产和孔子同时。不过，子产和孔子或“贤”或“圣”，邓析却是个“异类”。

在邓析扑朔迷离而悲剧性地死亡两千多年后，围绕着其“追谥”问题，人们仍莫衷一是。胡适尊之为“思想界的革命家”，[1] 冯友兰指其为“古代一有名之讼师”。[2] 两本中国法律思想史的教科书则都将邓析与法家拉上了关系，或称之为“法家先驱”[3]，或“溯”法家之“源”至于邓析。[4]《南方周末》上文学评论家李敬泽的短文——《纪念律师邓析》，[5] 则径称邓析为“中国最早的律师”。那么，邓析究竟该得到怎样的一个合适的“谥号”呢？

一、“讼师”乎？“律师”乎？

邓析助人打官司、教人学讼的“事迹”，经过《吕氏春秋》

---

* 此文原载《读书》2019 年第 4 期。

[1] 胡适：《中国哲学史大纲》，上海古籍出版社 1997 年版，第 53 页。

[2] 冯友兰：《中国哲学史》（上册），中华书局 1992 年版，第 243 页。

[3] 马小红主编：《中国法律思想发展简史》，中国政法大学出版社 1995 年版，第 82 页。

[4] 俞荣根主编：《中国法律思想史》，法律出版社 2000 年版，第 85 页。

[5] 李敬泽：《纪念律师邓析》，载《南方周末》2005 年 9 月 22 日，第 31 版。

的记载，人们大抵"皆能言之"，也是邓析得到"讼师"或"律师"谥号之所本。

据《吕氏春秋·离谓》："子产治郑，邓析务难之，与民之有讼者约，大狱一衣，小狱襦袴，民之献衣襦袴而学讼者，不可胜数。以非为是，以是为非，是非无度，而可与不可日变。所欲胜因胜，所欲罪因罪，郑国大乱，民口讙哗。"

这样公然传授、人们纷纷献衣献褂[1]学习诉讼技术在中国历史典籍的记载中似乎也是绝无仅有的事，尽管《吕氏春秋》记载邓析的这些事迹是用以作为"反面典型"的。邓析的言行在我们这样一个"礼仪之邦"前无古人，被后世追认为讼师的"祖师爷"。然而，邓析虽教人诉讼并收取一点费用，表面上看起来与后世讼师的特征相似，实则与后世的讼师有别。

首先，两者的出身不同而导致一为"玩票"性质，一为职业行为。按照何怀宏先生"世袭社会"与"选举社会"[2]的分类，邓析所处的时代属于"世袭社会"，在身份上，邓析的出身属于贵族。所谓贵族，就在于"博学而无所成名"，[3]天涯社区网"天涯杂谈"上闹得纷纷扬扬的"周易事件"中，主人公之一周公子给"贵族"一词所下的定义是："我们贵族是不工作的。"邓析教人家打官司属于"玩票"性质。后世的讼师出现时，世袭制已经瓦解，时代进入所谓"选举社会"，即人才主要通过考试和举荐获得，如日本学者夫马进考察的，后世讼师的存在与科举制

[1] "衣"和"褂"的区别在于一长，一短。

[2] 此"选举"不同于我们现在英文为 elect 的民主选举，而只是对人才的选拔、举荐，对应的英文约略为 choose 或 select。

[3] 《论语·子罕》：达巷党人曰："大哉孔子，博学而无所成名。"子闻之，谓门弟子曰："吾何执？执御乎？执射乎？吾执御矣。"又《论语·为政》："君子不器。"

度存在密切的联系，国家培养生员、通过科举从中选用官僚，在这个过程中还培养了无用武之地的贫穷预备队，他们往往不是成为幕友，就是成为讼师。[1] 也就是说，后世讼师的来源主要是落第生员。虽然讼师在历代都是不名誉的，一直在地下活动，但不可否认，他们助人诉讼的行为是职业性的。

其次，从助人诉讼的目的来看，后世讼师显然是出于生计，至于邓析教人诉讼，却主要不是奔着财。如前所述，即便是帮人家办大案子，邓析所收也不过是“一衣”，即一袭长衫。而且，以邓析的出身和身份，应该衣食无忧。这一点《吕氏春秋》的作者看得很清楚，一开始就指出邓析不过是把教人诉讼作为跟当政者唱“对台戏”即“务难之”的一种姿态。荀子也看出了这一点，只是和《吕氏春秋》的作者一样，他对邓析的做法颇不以为然，因而批评邓析：“好治怪说，玩琦辞……然而其持之有故，其言之成理，足以欺惑愚众。”[2] 用我们今天的话来说，邓析可以说是中国历史上最早的“持不同政见者”，通过教人诉讼来表达对法律的不同理解，发出与当政者不同的声音。对此，刘星以为将邓析作为讼师的祖师实际上是一种“词语的暴力”，邓析的身份不但不是“讼棍”，而是“法律学问家”。[3]

最后，邓析在当时（甚至是在其后）属于不世出的“异类”，缺乏“同志”，其教人、助人诉讼的行为属于单打独斗式，且从其对当权者“务难之”的情形来看，邓析的行为属于公然叫板，

---

[1] 参见［日］夫马进：《明清时代的讼师与诉讼制度》，王亚新等译，载王亚新等编：《明清时期的民事审判与民间契约》，法律出版社 1998 年版，第 413～415 页。

[2] 《荀子·非十二子》。

[3] 参见刘星：《法学作业——寻找与回忆》，法律出版社 2005 年版。

颇具"个人英雄主义"色彩，也反映出春秋战国那个时代人特有的"血气"。而后世讼师由于制度的原因，即诉讼的书面主义与科举制对前述贫穷预备队的培养，"当讼师的人物也就会源源不断地产生出来"，[1] 他们与幕友、胥吏、差役、歇家、[2] 代书等"彼此结连"，并且讼师之间也互通声气，集聚于类似仓颉庙一类的场所，形成了一定的规模与"组织"（尽管是地下的）。[3] 尽管有了"组织"，有了"同志"，但经过上千年"文明"的"熏陶"，"十年寒窗"和屡试不第的磨难，再加上当权者对这一地下职业的打压，后世的讼师们总摆脱不了一副"猥琐"的形象。

那么，以邓析为"中国最早的律师"又如何呢？

撇开出身、助人诉讼的目的等不论，邓析与"律师"的最大不同在于律师有其职业伦理。邓析作为"不法先王，不是礼义"[4] 的异议者，在教人诉讼时并不受任何约束，即《吕氏春秋》所说的"所欲胜因胜，所欲罪因罪"。《列子·力命》也说："邓析操两可之说，设无穷之辞。"从《吕氏春秋·离谓》篇所举的一个例子，我们可以看到邓析在具体的案件中如何"可与不可日变"，《吕氏春秋》和《列子》的指摘倒也不是"莫须有"。

据说郑国有一条河叫洧水，某一次发大水，郑国的一个富人淹死了，尸体被一个舟子捞起，"奇货可居"，向死者的家属索要巨款，才肯归还尸体。死者的家属于是向邓析讨教，邓析对死者

[1]　[日] 夫马进：《明清时代的讼师与诉讼制度》，王亚新等译，载王亚新等编：《明清时期的民事审判与民间契约》，法律出版社 1998 年版，第 415 页。

[2]　告状人所投宿的设在衙门附近的旅馆。

[3]　参见 [日] 夫马进：《明清时代的讼师与诉讼制度》，王亚新等译，载王亚新等编：《明清时期的民事审判与民间契约》，法律出版社 1998 年版，第 415～417 页。

[4]　《荀子·非十二子》。

家属说："安之，人比莫之卖矣。"即沉住气，舟子反正卖不出去"货"，没人会要那具尸体。死者家属于是按邓析的教导耐心等待。这一下轮到那捞起尸体的舟子着急了，也去向邓析讨教，邓析又教导他："安之，此必无所更买矣。"即不要慌，死者家属只有到你这里，才能买回尸体。

《离谓》篇没有交代这一案件的结局，不知死者家属和舟子谁更沉得住气，也不知邓析从中得到了几多"衣袴"。但可以想见，邓析的言行无疑与当时社会的道德标准相去甚远，放在今天，也是人们所难以接受的。并且，在今天看来，也背离了法律规定与不得同时代理当事人双方的律师伦理。不过，考虑到故事发生在两千五百多年前，那时恐怕尚无不得同时代理当事人双方这样细致的法律规定，且律师职业尚没有产生，律师职业伦理又何从产生。彼时的郑国，像邓析这样公然在别人打官司时替人出谋划策的人可能并世无二，要不，当事人双方也不会都跑到邓析门下讨教。在双方当事人都去找邓析讨教的情况下，"安之"似乎是邓析能向他们提供的最"明智"的策略。于是，难题就留给了当事人耐心的比拼。问题的关键在于：邓析压根儿就不是一个律师，你拿所谓"律师伦理"去要求他，只怕他在九泉之下也是莫名其妙。

二、辩者邓析与名家

一般法律思想史的教科书将邓析作为"法家先驱"或追溯法家之"源"至于邓析，其主要的理由之一是："邓析主张：'民一于君，事断于法，此国之道也。’”[1] 作者标明所引邓析的“主张”出自《邓析子·转辞》。

事实上，现存名为“(周) 邓析撰”的《邓子》两篇，[2] 冯友兰先生明确指出“乃是伪书”，[3] 在胡适看来“只有开端几句或是邓析的话”，[4] 也就是《无厚》篇开头的一段话：

> 君于民无厚也，父于子无厚也，兄于弟无厚也。何以言之？天不能屏勃厉之气，全夭折之人，使为善之民必寿，此于民无厚也。凡民有穿窬为盗者，有诈伪相迷者，此皆生于不足，起于贫穷，而君必执法诛之，此于民无厚也。尧舜位为天子，而丹朱商均为布衣，此于子无厚也。周公诛管蔡，此于弟无厚也。推此言之，何厚之有？[5]

该段文字言语中充满了智者式的警醒，与老子“天地不仁”[6] 可谓英雄所见略同。至于《邓子》的其余文字，看上去真个是“元黄互陈，宫商迭奏”，[7] 不过辑录老庄申韩各家余绪而成，破绽百出，《转辞》篇的一些文字完全出自《老》《庄》，[8] 更有甚者，某些文字似乎是专跟历史上的邓析唱反调的，如仍是《无厚》篇，认为“小辩则不然，别言异道，以言相

---

[1] 俞荣根主编：《中国法律思想史》，法律出版社 2000 年版，第 86 页。
[2] 现存《邓子》只有两篇，第一篇名为《无厚》，第二篇名为《转辞》。
[3] 冯友兰：《中国哲学简史》，赵复三译，新世界出版社 2004 年版，第 74 页。
[4] 胡适：《中国哲学史大纲》，上海古籍出版社 1997 年版，第 54 页。
[5] 《邓子·无厚》。
[6] 《道德经》第五章。
[7] (明) 杨慎：《邓子序》，扫叶山房。
[8] 因而一般认为现存《邓子》系魏晋时人所伪造。

射，以行相伐，使民不知其要”，主张“序异端，使不相乱”。要知邓析正是以“别言异道”为职志的，“序异端”的结果不是正好“革”自己的“命”吗？这样一来，邓析岂不是死于自杀，死了都没地儿喊冤？

有关法律思想史教科书的作者似乎也不是不知道《邓子》系伪书，但认为，“今存《邓析子》虽系伪书，但从邓析私造竹刑，助人诉讼，对立法和司法十分重视的情况来看，邓析提出‘事断于法’的主张是有可能的”。[1] 这种逻辑是大有问题的，邓析私造竹刑，助人诉讼是一回事，但都属于“私”的行为，与属于“公”的“对立法和司法十分重视”是两回事，恰恰是代表“公秩序”者所最为头疼的。倘若“事断于法”系邓析的主张，则邓析将“事断于”什么“法”，是他所私造的竹刑，还是正式公布的“国法”？不要忘记，与邓析同时的子产正是以“铸刑鼎”而名世的，该事件被认为是中国历史上第一次公布成文法，时在公元前536年。更令人不可思议的是，既明知《邓子》系伪书，又为何要凭伪书中的主张来给定邓析的“名分”？为何不思量一下其与相对较可靠的资料是否大体一致？

《吕氏春秋》中较集中地载有邓析的一些事迹，此外，《左传》和《荀子》也有少量文字涉及邓析，冯友兰和在“大胆想象”的同时“小心求证”的胡适论及邓析，都是以上述典籍为依据的。

冯友兰将邓析归类于“名家”，可谓是得其所哉。名家的代表人物在春秋末期就是邓析，战国时期则有以“合同异”著称的

[1] 俞荣根主编：《中国法律思想史》，法律出版社2000年版，第85页。

惠施和以“离坚白”名世的公孙龙。“名家这个学派，在英文里有时被译作‘智者学派’（Sophists），有时被译作‘逻辑家’（logicians）或‘辩证法家’（dialecticians）。名家与西方传统哲学中的智者学派、逻辑家、辩证法家确有某些相似之处……”[1] 胡适也说邓析“这种人物简直同希腊古代的‘哲人’（Sophists）一般”。[2]

名家在先秦时被称为“辩者”。其特点用公孙龙的“夫子自道”便是好辩：“然不然，可不可，困百家之知，穷众口之辩。”[3] 喜欢说一些似非而是的话，在与人辩论中，往往对别人否定的加以肯定，而对别人肯定的又加以否定。也就是前述《离谓》篇所谓“以非为是，以是为非”。

一个“玩”字点出了名家与春秋战国时期别的各家各派的基本差异。在春秋战国这一前所未有的社会大动荡中，别的各家面对这大乱之世，无不疾首蹙额，或从积极的角度献计献策，希望能够“拨乱反正”，或从消极的角度主张“绝圣弃智”，[4]“使民复结绳而治”。[5] 只有名家，优哉游哉，还有心思玩弄辞藻，为辩而辩，并以此为乐。据说孟子也“好辩”，但人家自己多次声明“予岂好辩者？予不得已也”，[6] 其“好辩”之意在于“言距杨墨”，爱好的不是“辩”本身，而是“辩”之用。而名家“好辩”，爱好的则是“辩”本身，哪怕其“辩而无用”，甚至为“好辩”而付出自己的生命，邓析便是如此。

---

[1] 冯友兰：《中国哲学简史》，赵复三译，新世界出版社 2004 年版，第 73 页。
[2] 胡适：《中国哲学史大纲》，上海古籍出版社 1997 年版，第 53 页。
[3] 《庄子·秋水》。
[4] 《道德经》第十九章。
[5] 《道德经》第八十章。
[6] 《孟子·滕文公章句下》。

《吕氏春秋·离谓》还记载："郑国多相县以书，子产令无县书，邓析致之。子产令无致书，邓析倚之。令无穷，则邓析应之亦无穷矣。"

据胡适解释，"县书"的意思是把议论张挂在某处，让别人来观看；"致书"的意思是送上门去给人看；"倚书"的意思是混在其他物品里夹带着给人看。《吕氏春秋》在记载邓析的这一"事迹"的同时批评道："夫辞者意之表也，鉴其表而弃其意，悖。故古之人得其意则舍其言。"这也就是所谓"得意忘言"，但对邓析这样以"言"为职志、以"言"为生命的辩者来说如何做得到？《吕氏春秋》站在正统意识形态的角度警告："言者以谕意也，言意相离，凶也。""故辩而不当理则伪，知而不当理则诈，诈伪之民，先王之所诛也。"[1] 可惜邓析听不到这一警告，听到了恐怕也"本性难移"，所以其悲剧性的命运怕是无从改变的。

只是，《吕氏春秋》对邓析的批评，如果邓析在世，肯定是不服气的，必与之好好地"辩"一番不可。两者的分歧在于，以《吕氏春秋》为代表的正统意识形态认为，"言"的价值就在于"谕意"，"言"与"意"、"名"与"实"不可相离，言意相离就是"辩而不当理"，明知这一点而有意犯之，就是"诈伪"，混淆视听，会造成秩序的混乱，因而该杀。而在邓析、公孙龙等名辩者眼里，"言"自有其独立的价值，并不必然有待于"意"来体现其价值。冯友兰先生认为，在名家中，惠施和公孙龙代表了名家的两种不同倾向，惠施强调现实的相对性，公孙龙则强调名的绝对性。从《吕氏春秋》所载的前述例子看，邓析的思维方式似

[1] 《吕氏春秋·离谓》。

更近乎于公孙龙，因而《吕氏春秋》中《离谓》《淫辞》两篇主要在批评邓析和公孙龙"言意相离""言心相离"，认为这会导致"言行相诡，不祥莫大焉"，从这两篇的篇名可以看出《吕氏春秋》作者的倾向性。《淫辞》篇还记载了一个有关公孙龙的如何借玩"盟约"的文字游戏来替赵王解难的故事：

> 秦赵相与约，约曰："自今以来，秦之所预为，赵助之。赵之所欲为，秦助之。"居无几何，秦兴兵攻魏，赵欲救之，秦王不悦。使之让赵王曰："约曰，秦之所欲为，赵助之；赵之所欲为，秦助之。今秦欲攻魏，而赵因欲救之。此非约也。"赵王以告平原君，平原君以告公孙龙。公孙龙曰，亦可以发使而让秦王曰："赵欲救之，今秦王独不救赵，此非约也。"

这正是名家的拿手好戏，这回却似乎并不是"辩而无用"的，而与实际的"外交"法律活动相联系。名家与法律活动的联系并不限于此，邓析就不必说了，据记载惠施在任魏惠王的相时，也曾"为魏惠王为法，为法以成，以示诸民人，诸民人皆善之"。[1]

一般中国法律思想史教科书言及中国的"轴心时代"——春秋战国时期的法律思想，学者们津津乐道的总是儒、墨、道、法四家，尤其是儒、法两家，甚至把这一时期的法律思想看作主要是儒法两家的斗争史。现在看来，名家与春秋战国时期的法律活

[1]《吕氏春秋·淫辞》。

动大有干系，且他们的法律活动探讨的正是法律条款的逻辑、语言本身，更富有“分析实证”精神。或者，用牛津大学法学教授阿蒂亚和美国康乃尔大学法学教授萨默斯创设的法律概念来说，名家更重视法律的形式性（formality）。[1] 倒是被译为“Legalist”的法家，对名家探讨法律问题持反对态度，如韩非子认为“坚白、无厚之词章，而宪令之法息”，[2] 意即倘邓析、公孙龙的言论风行，那么国家的法度就会废弛。到底是哲学家的眼光深刻，一针见血：“韩非子和其他法家其实是政客，并不是法学家。”[3]

“法制不议”是法家的一大特色，因为他们认为对法制的议论、探讨会破坏法制的权威性、统一性，造成秩序的混乱，因而他们主张“以法为教，以吏为师”。邓析这类专与官府唱反调、私造竹刑、私相传授法律知识、助人诉讼的人正是法家所最痛恨的国之蠹虫，正是法家所必欲去之的对象，邓析又怎么可能是“法家先驱”或“源流”？至于“民一于君，事断于法，此国之道也”这类话只可能出自法家而不可能出自邓析之口。

三、邓析之死——“不可以生而死”

邓析的生年固不可考，其卒也属于非正常死亡，即不得“善终”，《吕氏春秋》和《列子》说是子产杀的，而《左传》则说是驷颛杀的。

据《吕氏春秋·离谓》：“子产治郑，邓析务难之……子产患

[1] P. S. Atiyah and R. S. Summers, *Form and Substance in Angro-American Law*, “acknowledgements”, Clarendon Press, Oxford, 1987.

[2] 《韩非子·问辩》。

[3] 冯友兰：《中国哲学简史》，赵复三译，新世界出版社 2004 年版，第 74 页。

之，于是杀邓析而戮之。"又据《列子·力命》：邓析"数难子产之治，子产屈之。子产执而戮之，俄而诛之"。

子产杀邓析这种说法，与子产的为人行事不合。关于子产的为人，孔子曾屡屡赞许其为"惠人"。一个不毁"乡校"，有着让国人闲时在乡校随意议论其执政得失并择善而从的胸襟的人，[1]不会独独容不下一个邓析。再者，据《左传》，"子产之从政也，择能而使之"，[2]邓析怎么着也算个"能者"，子产若果然择能而使，也不会"执而戮之""诛之"。另外，从铸刑书的事件上子产的言行来看，子产将公布成文法作为"救世"的手段之一，子产并不惧怕民"有争心""知争端"，而这正是邓析所从事的"事业"，这样说来，子产与邓析不但不是死敌而是"同志"，子产又有何动机杀邓析？最后，子产既然在公元前536年公布了成文法，在其执政期间，从保持法律的最起码的连续性和稳定性来看，子产也不大可能在其余下的十来年执政时间里改弦易辙，杀邓析而改用其竹刑，金属铸的刑书莫非不及竹简上的刑书坚固？这种可能当然是存在的，法律的稳定性也不与其载体的质地成正比，但在"铸鼎"不是一件随便的事的春秋战国时代，子产铸刑书当然也不是一件心血来潮的事，何况铸的又是刑书，不是以子产个人的名义而是以国家的名义作出的行为。

因此，《吕氏春秋》和《列子》的说法的可靠性值得怀疑。相对于以"史"见长，"记得事却详"[3]的《左传》，吕不韦集众门客之力编成的《吕氏春秋》和托名列御寇的《列子》的本意

---

[1]《左传》襄公三十一年。
[2]《左传》襄公三十年。
[3]《朱子语类》。

均在于“义理”，于“记事”上便逊于《左传》。

正如其时郑国民间流传的歌谣所吟诵的：“子产而死，谁其嗣之？”[1] 子产以宽和的政策使人民服从，在其治下，郑国“上下有章，都鄙有服”，[2] 秩序井然。继任的子大叔继续推行“以宽服民”的政策。子大叔虽“美秀而文”，[3] 但只能算是个“能者”，而称不上“有德者”，故而后来面对“多盗”的情形，不得不改变子产以来实行的政策，以“猛”即严厉的措施来打击盗贼。到得子大叔死后，政权落入郑国的强族驷氏家族手里。由国内外日益紧张的局势所决定，也与驷氏家族特别是驷颛本人强横的个性有关，郑国的国内外政策变得更为强硬，对外屡屡兴师伐宋，并与多年修好的晋国开战，杀邓析只不过是驷颛“攘外必先安内”政策的前奏和牛刀小试。

据《左传》定公九年，也就是公元前 501 年，“郑驷颛杀邓析，而用其竹刑”。驷颛是继子产和子大叔之后郑国的执政，接替子大叔当权在定公八年（公元前 502 年）冬，是《左传》这一年所记载的最后一件事，而邓析被杀是在次年春，是《左传》定公九年所记载的第二件事。因此可以说驷颛一上台就杀了邓析。

至于杀邓析而用其竹刑，表明驷颛是个“识货”而理智的实用主义者。虽然谁也没见过“竹刑”究竟长什么样，只从杜预的《左传》注中得知那是邓析所“私造”的书于竹简的一部刑法，想必由这位法律专家起草的刑律在当时是很合用的。《左传》的作者毕竟是君子，不明白当权者怎么可以干“杀人越货”的勾

[1] 《左传》襄公三十年。
[2] 《左传》襄公三十年。
[3] 《左传》襄公三十一年。

当，才会针对此事一反史家安于叙事的常态，连续三次引用《诗经》指斥驷颛杀邓析而用其竹刑的行为"不忠"、冷血：

> 《静女》之三章，取彤管也。《竿旄》"何以告之"，取其忠也。故用其道，不弃其人。《诗》云："蔽芾甘棠，勿剪勿伐，召伯所茇。"思其人犹爱其树，况用其道而不恤其人乎？子然无以劝能矣。[1]

《列子》虽系伪书，但其中提到邓析系"不可以生而死"，[2]对邓析之死的解读可谓发人深省。至于邓析何以"不可以生而死"，《吕氏春秋》解释得很清楚："世之人多欲治其国，而莫之诛邓析之类，此所以欲治而愈乱也。"[3]只有杀了邓析，"民心乃服，是非乃定，法律乃行"。[4]所以，邓析这样的"异类"是不可以生的，只有死。

杀一儆百，效果是明显的，此后在大一统的帝制中国，地下的讼师，有之；[5]邓析这样公然非议"法制"、跟"秩序"捣乱的人物，却再"不世出"。

2005年10月于杭州宝善桥

---

[1]《左传》定公九年。

[2]《列子·力命》。

[3]《吕氏春秋·淫辞》。

[4]《吕氏春秋·淫辞》。

[5]我甚至怀疑统治者虽表面上屡屡禁之，但实际上是默许其存在的：国家的公职有限，无法给这些落第者安排岗位，总得给这些人一条活路吧。否则，反倒会是一股破坏"安定"的力量。

古罗马的法庭辩护士*

从罗马共和国时期直到罗马帝国，曾经活跃过一个被称为“法庭演说家”“辩护士”的特殊群体。弗列兹·舒尔茨（Fritz Shultz）在《罗马法学史》[1] 中将这一法学家阶层通称为 giuristi（法学家，实际上相当于我们的“法律工作者”）。在这些 giuristi 中，除了可称为法律专家的从事法律教育和咨询解答活动的 giureconsulti（法律顾问）外，公元前 2 世纪左右，还出现了一个特殊的集团，他们虽没有接受过系统的法律教育，但懂得一些必要的、基本的法律知识，在法庭尤其是百人团民众会议、部落民众会议等“向民众申诉”（provocatio ad populum）的审判活动中担任民、刑事案件的辩护人，慷慨陈词，使出浑身解数，为其当事人辩护。他们就是被称为 oratoria forense（法庭演说家）或 avvocato（律师，辩护人）的古罗马法庭辩护士，可以说是现代律师们的前身。所以，giuristi 一词在舒尔茨书中有广、狭二义，广义的包括法律顾问和法庭辩护士，狭义的则专指前者。

在古罗马，演说家（oratori）当然不等于辩护士（avvocati），那些口若悬河的演说家们的舞台当然也不限于法庭。正如西塞罗

---

* 本文原载《浙江社会科学》2006 年第 3 期。

[1] Fritz Schultz, *Storia della Giurisprudenza Romana*, per l'Italia da G. L. Savani S. P. A., Firenze, 1968, at 156.

在《论义务》中所指出的，在古罗马，"有许多事情需要演说术"，演说家们"在承审员面前，在人民面前，在元老院里发表演说，寻求称赞，但是最能引起称赞的是在法庭上"。[1] 只有在法庭或其他审判活动中发表演说，维护当事人利益的法庭演说家，才是本文所要论及的对象。

一、共和国后期的法庭辩护士

古罗马的法庭辩护士从共和国后期产生到帝国后期的渐渐职业化经历了一个漫长的过程。在此过程中，古罗马法庭辩护士与真正的法学家（前面所说的 giureconsulti，以下除特别指出外，均在狭义上使用"法学家"一词）之间的关系一直是饶有趣味的。他们既是师生，也是对手。

在罗马共和国后期，未来的法庭演说家们年少时要修习的主课是在修辞学校学习演说技巧，除此之外，未来的法庭辩护士们也学习一些粗浅的法律知识。虽然修辞学校里那些世事洞明的老师总是语重心长地规劝弟子们系统、深入地学习法律，但成效甚微。演说家们对法律的轻视和偏见由来已久，相沿成习，认为那是智力低下者才从事的职业，钻研法律被认为对打算做演说家的修辞学校学生来说是危险的，不啻于"走火入魔"。

还有些有志于成为法庭辩护士的年轻学生则投入法学家门下学习法律。譬如，西塞罗就曾拜大法学家库尹特·穆乔·斯凯沃拉（Q. Mucio. Schevola，曾任祭司长）为师，学习市民法。但即

[1] ［古罗马］西塞罗：《论义务》，王焕生译，中国政法大学出版社 1999 年版，第 203 页。

便睿智如西塞罗，仍不能摆脱演说家们的成见，在《法律篇》《论演说》等书里不自觉地透露出对法学家们的轻蔑。在《法律篇》中，西塞罗讥讽那些“一向的职能就是向人民阐释法律并回答与法律有关的问题的人”即法学家在无关紧要的细枝末节上浪费时间，他们殚精竭虑的不过是房檐屋壁之类鸡毛蒜皮的琐事，尽管对人们来说也是有用的，而他自己志不在此[1]。在《论演说》中，西塞罗提到了占卜官穆乔（Q. Mucio）与两位法庭演说家克拉索（L. Crsso）与安东尼奥（M. Antonio）之间的谈话，讨论法学知识是否应该成为未来的法庭辩护士的必修课。安东尼奥否认学习法律知识的重要性。这是不奇怪的，正反映了那一时期法庭演说家们轻视学习法律知识的普遍倾向。其结果是共和国后期的法庭演说家们往往只具备少得可怜的法律知识。名演说家克拉索虽然被称为“演说家中最优秀的法学家”，但仍然算不上法律专家（giureculsulti）。而且，在西塞罗的笔下，克拉索的法律知识似乎除了为老年的生计做些贮备外别无他用。

法庭辩护士的主力军虽然是演说家们，但法学家们在这一时期也时或作为辩护士出现在法庭上，一则协助裁判官完善程式诉讼的程式，二则在法官面前维护当事人的利益。从公元前 2 世纪下半叶起，法学家们与演说家们在民事领域的辩护活动中展开了竞争，但前者远不是后者的对手。演说家们将在修辞学校中习得的古希腊的修辞和演说技巧带到了法庭上，在巧舌如簧的演说家面前，可怜的法学家们根本抵挡不住阵脚。大法学家斯凯沃拉和塞尔维（Servius Sulpicius Rufus）接受了演说家们的挑战，但西塞

[1] 参见［古罗马］西塞罗：《法律篇》，沈叔平、苏力译，商务印书馆 1999 年版，第 149 页。

罗不客气地批评他的法律老师的辩护风格过于学究气，枯燥乏味，缺乏激情，至多只能算是法学家中较好的演说家。至于塞尔维，尽管年轻时曾跟西塞罗一起受过专门的修辞训练，西塞罗干脆称为二流的演说家，讥讽他缺乏演说天赋，才当了法学家。

事实上，法学家们之所以不能跟演说家们在法庭上平分秋色，原因很复杂：第一，我们可以发现，法庭辩护从一开始就是一种独特的法律活动，它固然需要一定的法律知识，但也要求相当的机智与辩才。不然，就难以解释在古罗马为什么是修辞学校培养的学生而不是专修法律的学生成了最早的辩护士。第二，罗马共和国时期程式诉讼和相对简单的法律关系使演说家们只要具备粗浅的法律知识便能够胜任法庭辩护士的角色，这使以渊博的法律知识见长的法学家们在与演说家们竞争时不占什么优势。第三，早期祭司法学的传统使法学家们更倾向于恪守对他们来说神圣的法律，因而他们不可能像一般法庭演说家那样无所顾忌、不择手段地袒护当事人的利益。

结果是，法学家们越来越避免出现在法庭辩护席上，即便是塞尔维这样受过演说训练的法学家，也极少出庭。斯凯沃拉的门徒、曾创造了"阿奎里要式口约"的阿奎里·加卢（Aquilius Gallus）不愿过多在法庭上抛头露面，而当时的著名法学家奥卢·奥菲里（Aulus Ofilius）、阿尔芬·瓦罗（Aufenus Varo）、奥卢·卡谢里（Aulus Cascellius）等则没有参加辩护活动的记载。法学家们将自己局限于向法庭演说家们传授法律知识这样的"准诉讼"活动。

法学家们固然不是法庭演说家们的对手，但在独任法官面前进行的普通民事诉讼并不足以让演说家们充分施展其辩才，在民众大会上进行的“向民众申诉”的刑事诉讼程序才为演说家们提供了大显身手的舞台。

“向民众申诉”制度的出现在传统上被追溯至公元前509年，但朱塞佩·格罗索（Giuseppe Grosso）[1] 认为这是后人人为提前的，较可靠的史料表明这一制度是与公元前300年《瓦勒里法》同时产生的。随着共和国宪制的发展，“向民众申诉”作为对市民的一项基本保障而成为一种普遍的措施。根据这一制度，执法官不得无视被告人的申诉而对其适用死刑和鞭笞。因而，它被认为是对执法官行使强制权和刑事制裁的“治权”的限制。

传统理论将“向民众申诉”制度的程序划分为两个阶段：其一，执法官审理和判决的阶段；其二，被告人向民众申诉的阶段。新近的一些研究则根据可靠的实例，认为不存在两个阶段的划分，而由执法官直接向民众会议提出控告，民众会议进行审判。从案件的管辖来说，极刑案件只能由百人团民众会议管辖，而科处罚金则应当召集部落民众会议作出决定。

格罗索还在《罗马法史》中为我们描述了“向民众申诉”的程序：执法官提起诉讼，勒令被控告者在规定的时间出席民众会议；执法官在民众会议上提出控告，出示证据；被告方进行辩护，发表辩护演说；民众会议或按执法官的建议科处刑罚，或宣布无罪开释[2]。想象中，这一幕似乎与今天好莱坞电影中有陪审团出席的审判十分相似，这且按下不表。民众会议在罗马共和国时期事实上处于刑事诉讼的中心，“‘申诉’导致一种以民众为

---

[1] [意] 朱塞佩·格罗索：《罗马法史》，中国政法大学出版社1994年版，第135页。

[2] 同上书，第193页。

法官的诉讼程序的开始"。[1] 据说，"向民众诉讼"起源于在库里亚民众会议上举行的原始的带有神明裁判色彩的争斗比赛，随着诉讼和刑罚的世俗化，左右裁判的力量由"神明"降落到凡间，原先的"竞于气力"的争斗比赛也文明化了，变成了控辩双方在民众面前进行的辩论。可以想见，要想打动民众，控辩双方都须得具有"蛊惑人心"的本事。如此，刑事诉讼成为演说家们独家的领地也就不奇怪了，法学家们从不涉足这一"禁地"。当然，这也与罗马法的"市民法"特点、法学家们乐于以研究"户婚田土钱债"这类被中国古代国家法以及中国士人视为"薄物细故"[2] 的东西为己任有极大的关系。

至于法庭演说家活动的方式，跟我们今天的律师并无二致。根据西塞罗的说法，"法庭演说有两种形式，即控告和辩护，其中辩护演说更能激起称赞，但是控告演说有时也能赢得赞赏"。[3] 西塞罗本人就是在控辩两方面都极其成功的例子。西塞罗曾应西西里人的请求，控告原西西里总督勒索，并以此赢得巨大声誉；也曾不畏苏拉的强权，为罗斯基乌斯辩护。当时，苏拉的亲信为侵吞罗斯基乌斯父亲死后留下的大笔财产，控告罗斯基乌斯犯有弑父罪，年仅 27 岁的西塞罗为罗斯基乌斯作了成功的辩护。西塞罗为后人留下了一系列雄辩的法庭演说辞，我们从中可以依稀领略其风采。

[1] [意] 朱塞佩·格罗索：《罗马法史》，中国政法大学出版社 1994 年版，第 134 页。

[2] 参见梁治平：《清代习惯法：社会与国家》，中国政法大学出版社 1996 年版，第 15 页。

[3] [古罗马] 西塞罗：《论义务》，王焕生译，中国政法大学出版社 1999 年版，第 203 页。

二、帝国前期的法庭辩护士

从公元前27年屋大维取得政权到公元3世纪末戴克里先称帝前，史称帝国（政）前期，也就是吉拉尔等所说的元首制（principato）时期。

这一时期，与共和国时期一样，在严格意义上的法学家身旁，仍活跃着一个法庭辩护人团体。法学家与法庭演说家的对抗也依然存在，且不但没有缓和，反而更加激烈。

随着罗马法的发展和繁荣——后世的罗马法学者们用诸如罗马法学的“昌明时期”“壮年时期”等来描述这一时期，[1] 也由于历任君主的重视和倡导，法学人才辈出，法学家的地位如日中天。一些大法学家如帕比尼安、乌尔比安等往往进入君主的法律咨询委员会，或担任高级官职。同时，这一时期还出现了“经君主批准的解答权”，那些有名望和才华的法学家的解答逐渐取得法律效力，对法官具有拘束力。据认为，这一制度的出现可以追溯到奥古斯都（屋大维），公元2世纪的罗马法律史学家彭波尼说：“奥古斯都首次规定某些法学家可以根据他的授权解答问题，因而他们的解答具有较高的法律效力。”[2] 彭波尼还认为萨宾是第一个以官方名义作解答的人。盖尤斯则把这一制度定义为“获准发表具有法律效力的意见的人的判断和看法”。[3] 值得注意的是，具有法律效力的不限于法学家们对具体案件所作的解答，而

---

[1] 参见周枏：《罗马法原论》（上册），商务印书馆1994年版，第20～24页。

[2] D·1，2，2，49.

[3] 参见［意］朱塞佩·格罗索：《罗马法史》，中国政法大学出版社1994年版，第341～343页。

且也包括拥有解答权的法学家们在其论著中所发表的看法。

演说家们对此当然很不服气，免不了在其论著和演说中发牢骚，抱怨自己的不走运。这下，轮到法学家们来笑话演说家了。一位法学家就曾这样讥嘲法庭演说家们："我不是常常提醒你们狂欢节是不可能永远持续的吗？"[1] 意谓演说家们风光无限的好日子过去了。彭波尼在给法学家们列传时，毫不客气地将法庭演说家们排除在外，甚至连西塞罗也无缘进入彭波尼排定的法学家的座次。

在这一时期的法庭演说家的内部，也存在巨大的社会分化。既有如小普列尼奥、塞内加那样杰出的演说家，也有出身低微的二、三等演说家们为改变自己的命运而努力挣扎。辩护士的"托伽"（toga，长袍）为平民子弟铺就了一条通往上流社会的道路。

这些卑微的法庭演说家的"奋斗"故事成了当时的讽刺作家们的创作素材。后者在他们的作品里竭尽能事，讥嘲法庭演说家们的鲜廉寡耻和肆无忌惮，但这并不足以说明其时的法庭演说家们品行特别恶劣，唯利是图。

与共和国末期的法庭演说家们一样，这一时期的法庭辩护士们仍然缺乏系统、全面的法律知识。史载莫德斯汀的同时代人格雷高里·塔乌玛图勒科立志做一名法庭辩护士。他的私人教师懂罗马法，教给了他一些初级的法律知识。在这位私人教师的劝导下，格雷高里决定离开家乡新凯撒利亚前往当时罗马法的研究中心贝里多（Berito）正儿八经地学习罗马法。途中，格雷高里碰到了奥里杰内，后者"开导"他：何必多此一举？格雷高里作了

---

[1] Fritz Schultz, *Storia della Giurisprudenza Romana*, per l'Italia da G. L. Savani S. P. A., Firenze, 1968.

难，就像赫拉克勒斯在旷野上一样，停住脚坐在那里冥思苦想，不知何去何从，最后终于决定不去贝里多，返回家乡当上了法庭辩护士。

从以上故事中，这一时期法庭辩护士的法律知识程度可见一斑。因而法庭演说家们遇到法律问题时只能向法学家请教，甚至带着自己的法律顾问出庭，以便在碰到专业法律问题时能够当场解决。可见，法律修养与演说技巧其时在法庭辩护士这一行当中仍更偏重后者。也就是说，辩护士们更倚仗的仍是“三寸不烂之舌”，他们主修的修辞学课程注重的是辩论的技巧和演说的效果，所谓“操两可之说，设无穷之辩”。[1] 辩护士这一职业的特点又决定了他们必然千方百计地为当事人的利益辩护，这就难免给人颠倒黑白、混淆是非的印象，所谓“以是为非，以非为是”。[2] 所有这些，都是法庭演说家们为人诟病的原因。但当时多数优秀的法庭演说家们受过基本的法律训练，具备必要的法律知识，并且是有良知的。演说术也不同于诡辩术，法庭辩护士们有他们自己的“行规”，看重自己的名誉。“如果演说既庄严，又富有节制，那么没有什么比它更令人赞叹的了。”[3] 这正是法庭演说家们所企望达到的境界。讽刺作家们不过是把存在于某些法庭辩护士身上的陋习夸张了而已。

---

[1] （西汉）刘歆：《邓析子·序》

[2] 同上。

[3] ［古罗马］西塞罗：《论义务》，王焕生译，中国政法大学出版社 1999 年版，第 203 页。

三、帝国后期的法庭辩护士

公元284年戴克里先即位，剥夺了元老院的权力，独揽大权，建立专制君主制（dominato），两年后将罗马帝国分为东、西两部，罗马历史进入帝国（政）后期，直到公元565年优士丁尼逝世。也有学者将这一时期称为罗马法的成熟时期（庞德）、老年时期（胡果），舒尔茨则称之为罗马法学官僚化时期。至于下限划到优士丁尼为止，理由格罗索在《罗马法史》一开头就说得很明确：这是罗马法这门学科通常遵循的时间限度[1]。而就我们所论及的话题来说，这一下限也是合适的，在这一阶段，法庭辩护士这一职业发生了重大的变化，完成了从演说家到职业律师的嬗变。

直到3世纪末，情形一直依旧。法学家们与帝国前期一样，远离辩护活动，即使例外地参加，也仅限于民事诉讼，他们把这一阵地几乎都拱手让给了稍具法律知识的演说家们。法庭演说家们则仍然向法学家们讨教一些基本的法律知识。

然而到了4世纪，随着君士坦丁帝建都君士坦丁堡（拜占庭），在东罗马帝国出现了新的情形，使法庭辩护士从此成为真正意义上的avvocati（律师）；真正意义上的giuristi（法律家）。《中国律师的当代命运》一书提到的西方的律师制度“在古罗马时期便已基本草创”，[2] 确切地说，到了这一时期是在东罗马迈出了“草创”的许多关键的步子。这并不奇怪，熟悉罗马及罗马

[1] [意] 朱塞佩·格罗索：《罗马法史》，中国政法大学出版社1994年版，第4页。
[2] 杜刚建、李轩等：《中国律师的当代命运》，改革出版社1997年版，第140页。

法历史的人都知道，进入帝国后期，帝国的政治及立法的重心都转移到了君士坦丁堡。

一项从法庭演说家到职业律师的进程中具有里程碑式意义的制度在东罗马被规定下来：那些想做律师的人必须在法律学校学习法律知识，而不是像从前那样简单地在修辞学校学点法律的皮毛。尤其是在贝里多，未来的律师们须花 4~5 年的时间学习罗马法。

与前两个阶段一样，做辩护士是出身贫寒的人“发迹”的途径。而与此同时，许多有着优越家庭背景的世家子弟也纷纷前往贝里多学习罗马法，成为律师。结果是从 4 世纪起直到 5 世纪，在贝里多形成了一个学习罗马法的热潮，带来了罗马法学的兴盛。《狄奥多西法典》正是这一时代潮流的产物，并且对于其后优士丁尼的法典编纂活动也产生了深远的影响。

公元 460 年，利奥一世在位时，颁布了一项皇帝敕令，第一次以法律的形式确定了当时已成为惯例的做法：任何人若要取得律师资格，必须通过法律知识考试并由一名法学教授出具该人具有出庭所必备的法律知识的证明。

然而在西罗马，情形与东罗马全然有别。尽管那些想当法庭辩护士的年轻人时或也在罗马的学校里学习法律，但与东罗马那种系统的学习是有区别的。法庭辩护士在西罗马从本质上来说仍然属于演说家的范畴。公元 442 年，西罗马瓦伦丁尼安皇帝颁布过一项敕令，对法庭辩护士须学习的课程作了规定，从中可以发现，这里的“课程”主要指的是修辞学课程而非法律课程。

另外，主要是在东罗马而不是西罗马，在律师阶层逐步职业化的同时，国家也不断强化对律师的管理，形成了一系列的制度。出席特别法庭的律师必须获得许可，这种许可意味着该律师具有某种不同一般的资格。与此同时，还出现了对从业律师最高人数的限制，虽然中间有反复，但最终成为了一项制度。出庭律师还被登记在册，作为一个特殊的阶层享有相应的权利，承担一定的责任，并在出庭辩护时须服从法官的指示。此外，一向由律师们自行向当事人索取的酬金也变为由法律作出规定。

随着律师地位的上升，律师们获得了普遍的尊敬，跻身于 seminarium dignitatum（体面、高贵一族）的行列。无论是在西罗马还是在东罗马，那些堂皇的办公楼的主人正是律师。在东罗马，律师们还为帝国的立法机构提供服务，尤其是在法典编纂的预备工作方面。新一代的法庭辩护士们已经由早期的法律的"槛外人"变成了"槛内人"。

西谚"罗马不是一天建成的"，从古罗马早期的法庭演说家到职业律师，看来也确乎不是摇身一变的事。

1999 年 6 月初稿于 Villa Senni，罗马

2005 年 9 月修改于杭州

为罗马共和国辩护*

——论西塞罗“混合制”政体说

古代风习和人——罗马国家存在的基础。

——恩尼乌斯

一、践谁人之迹?

西塞罗有关国家与法的理论，主要体现在他的两部著作《论共和国》(*De Re Publica*)和《论法律》(*De Legibus*)中。至于这两部著作的写作，一般认为，是由于受到了柏拉图的两部同名著作的影响，这在学者中几乎成了不争的事实。

艾米里奥·科斯塔在所著《西塞罗—— 一位法学家》中说:“《论共和国》与《论法律》两部著作中所描述的理想的国家与法律的轮廓及其相互关系，无疑源于柏拉图。”[1]

---

* 本文原载孙笑侠主编:《返回法的形而下》，法律出版社2003年版。

[1] Emilio Costa Cicerone—Giureconsulto per Nicola Zanizelli, Bologna, 1927, p.16. 西塞罗生前并没有厕身于法学家——giurecunsulti之列的意思，公元2世纪的罗马法律史学家彭波尼在给法学家列传时也没将西塞罗算入，因为在古罗马，“法学家”

那波利费德里科二世大学罗马法史教授卢伊奇·拉布鲁纳在《论共和国》的中译本引言中说："受希腊文献中蕴含的理念和范例的启迪，特别是受雅典的柏拉图的杰出的哲学谈话录的影响，西塞罗在这部著作作品中表现出具体的、具有实际意义的创作动机……"[1]

罗马大学罗马法教授皮朗杰罗·卡达拉诺在《论法律》的中译本引言中说："西塞罗所撰对话《论法律》是作为对《论共和国》的补充；它们与柏拉图的两部类似著作的对应关系是显而易见的，并且不无争论性对照。"[2]

这种"众口一辞"的看法的形成与西塞罗自己的"坦白"大有关系。据《论法律》，西塞罗在与挚友阿提库斯的对话中，毫不掩饰自己对柏拉图的崇敬之情，并"供认"自己的写作受到了这位希腊哲人的影响。

> 那就是说，你希望我们也像柏拉图…… 谈论关于国家制度和完善的法律那样……就这些问题进行比通常广场上更为详尽的讨论？[3]
>
> 我现在就像设想的那样，继续仿效那位有神明感召的著名哲人。我深怀对他的崇敬之情，因而也许超过了常规地经

几乎成了私法学家的专称。科斯塔给自己研究西塞罗的专著取名为《西塞罗——一位法学家》，显然有其特别的用意，那就是要替西塞罗正名，替 giureculto 这一词正名，以现代意义上的法学家一词来诠释 giureculto。从现代意义上来说，西塞罗当然是一位法学家。

[1] [古罗马] 西塞罗：《论共和国　论法律》，王焕生译，中国政法大学出版社 1997 年版，第 3 页。

[2] 同上书，第 171 页。

[3] 同上书，第 188 页。

常称赞他。[1]

既然西塞罗自己都这么说了，学者们于是也就乐得顺水推舟，断定《论共和国》与《论法律》是柏拉图《理想国》与《法律篇》榜样作用下的产物。

尽管西塞罗毫不吝啬对柏拉图的赞美，学者们也因此大谈柏拉图对西塞罗的影响，但西塞罗对柏拉图的“迷恋”更像是一种“异性相吸”——源于两人禀性的不同，对西塞罗这样一个崇尚并奉行严肃、律己的生活的斯多葛主义者来说，浪漫单纯甚至有点儿异想天开的柏拉图对他具有不可抗拒的魅力。但这种吸引主要是外在的、形式的，西塞罗生前似乎也有过生怕背上“东施效颦”之恶名的担心，所以在著书时假借他兄弟昆图斯之口竭力分辩自己说到底“只是模仿了柏拉图一点，那就是谈话的风格”。[2] 这指的是两者的著作都是用对话体写成的，这种文体的优点人们已经谈得不少，毋庸我赘言。但学者们似乎没太注意到西塞罗的分辩，而宣判西塞罗的模仿行为不仅限于形式方面，更在于“理念”“理想的国家与法律的轮廓及其两者之间的相互关系”等实体问题上。这恐怕是西塞罗所没有料到也不愿意接受的，听听他的自我辩护吧：“原封不动地转述、翻译、贩卖别人的观点算不得难事，我如果不想保持自我的话，也可以这么做，但这有什么意义呢？”[3]

尽管笔者相信西塞罗的话，《论共和国》与《论法律》并非

[1] [古罗马] 西塞罗：《论共和国 论法律》，王焕生译，中国政法大学出版社1997年版，第254页。

[2] 同上书，第222页。

[3] 同上。

对柏拉图同名著作的转述或拉丁版，但诚如孔子所教诲或者说所揭示的——“不践迹，亦不入于室”，[1] 西塞罗对法律及政体的看法亦不是“灵机一动”的结果。只是，与其说西塞罗所“践”的仅是柏拉图的“迹”，倒不如说更多的“践”的是亚里士多德的“迹”。兴许是对粘液质的亚里士多德的潜意识的不“感冒”，西塞罗不愿意承认或未曾意识到这一点，同时也往往为学者们所忽略。

尽管西塞罗在罗马人中已经属于“异数”：不屑于终其生为“户婚钱土田债”一类“薄物细故”所役，而将目光投向最佳的政体、良善的法律等他所认为的最根本性的问题，不像大多数罗马法学家“致力于实用性，而把哲学留给了哲学家们去探讨”。[2] 但西塞罗毕竟还是个罗马人，不可能完全抛弃罗马那种经世致用的实用性，加之其个人际遇，不可能像柏拉图在他的学园里那样，沉浸在自己的世界里“缔造”其理想国。西塞罗想告诉他的谈话对象、想告诉世人的是：“我们的国家是如何产生，如何成长壮大，如何巩固和繁荣的，而不是像柏拉图笔下的苏格拉底那样，给自己臆造一个国家。”[3] 当他打算这么做时，最能给他帮助的不是他所喜爱的柏拉图，而是被他所冷淡的亚里士多德——亚历山大的那位冷静得近乎刻板、无趣，世俗得近乎世故、乏味的师傅。难怪西塞罗对亚里士多德不“感冒”，在罗素的笔下，亚里士多德在亚历山大的眼里不也是“一位没趣味的老

---

[1] 《论语·先进》。

[2] Fritz Schultz, *Storia della Giurisprudenza Romana*, per l'Italia da G. L. Savani S. P. A., Firenze, 1968, p. 241.

[3] ［古罗马］西塞罗：《论共和国　论法律》，王焕生译，中国政法大学出版社 1997 年版，第 265 页。

迂腐”吗?[1] 但喜欢或不喜欢是一回事，事实如何是另一回事，比较一下《论共和国》、《论法律》与《政治学》，不难发现在政体理论上，亚里士多德对西塞罗的影响是明显的，无论是国家的产生、政体的分类，还是政体的演变。

二、为罗马共和国辩护

(一) 国家定义及国家产生的原因

在阐述国家问题时，西塞罗避开了有关史前时代、初民社会的那些复杂而含糊的问题，“我不想复述博学的人们论述这些问题时常常提到的那些方面，即从男女初次相见开始，再说到氏族和血统……”[2] 而是直截了当地从国家的定义开始。“国家乃人们之事业，但人民不是某种随意聚合的集合体，而是许多人基于法的一致和利益的共同而结合起来的集合体。”[3]

在柏拉图，国家是基于互助的目的而结成的个人的集合；在亚里士多德，国家是人们为了共同的利益而形成的家庭的联合；西塞罗的国家定义与古希腊贤哲的国家概念相较，特别强调“聚合”不是随意的，除了基于共同的利益，还在于法的一致。

这里，值得注意的是“法”的属性，即这种法是“公民性”的，还是“自然性”的。正是在这点上，西塞罗自觉地接受和承

---

[1] 大概罗素爵士也不怎么喜欢亚里士多德，要不然，为什么一向比较客观公允的他，会主观地“愿意想象”亚里士多德对亚历山大的影响“等于零”。参见［英］伯特兰·罗素：《西方哲学史》，何兆武、李约瑟译，商务印书馆 1996 年版，第 210 页。

[2] ［古罗马］西塞罗：《论共和国 论法律》，王焕生译，中国政法大学出版社 1997 年版，第 39 页。

[3] 同上。

继了古希腊贤哲的优秀传统——坚持法的正义性。

"法的一致"在西塞罗著作的拉丁文原文中为"ius consensus"，"ius"（法）与"lex"（法律）相较，ius具有潜在的自然性与完善性，即是符合理性与正义的法，"lex"以"ius"的存在为前提条件。朱塞佩·格罗索也提到："据西塞罗介绍，在法律中曾经存在进行一般自我限制的条款，涉及这样一个先存的一般性限制：'如果某项规则不应当被确认为法，确认该规则的法律则是无效的。'"[1]

《论共和国》的意大利语译本则更是直接将"法的一致"译为"per accordo nell'osservare la giustizia"（信守一致的正义），即将ius理解为"giustizia"（正义）。

从法的正义性出发，西塞罗反对把实在法或者说"法律"（lex）等同于"法"（ius）。"确实，把所有基于人民的决议和法律的东西都视为是正义的这种想法是最愚蠢的。甚至也包括僭主颁布的法律？……要知道，只存在一种法，一种使人类社会联合起来，并由一种法律规定的法，那法律是允行禁止的正确理性。谁不知道那法律，谁就不是一个公正的人，无论那法律是已经在某个时候成文或从未成文。"[2] 他认为，如果法是由人民的法令、统治者的决定、法官们的判决确立的，那么便可能出现使抢劫、通奸、伪造遗嘱的行为合法化的法律。"如果法律能使非法变成合法，那么为什么同一法律不能使恶变成善？至于说到我们，我们区别好的和不好的法律只能凭自然标准。我们遵循自

[1] [意] 朱塞佩·格罗索：《罗马法史》，黄风译，中国政法大学出版社1994年版，第107页。

[2] [古罗马] 西塞罗：《论共和国　论法律》，王焕生译，中国政法大学出版社1997年版，第200~201页。

然，不仅区分合法和非法，而且区分高尚与丑恶。”[1]

至于国家产生的原因，西塞罗认为主要不在于人的弱小，而由于人的某种天生的聚合性。这让人想起亚里士多德的名言：人天生是一个政治动物，离群者不是野蛮人便是神祇。[2] 对此，亚氏在《伦理学》、《动物志》以及《政治学》中有大量篇幅的论证。西塞罗无疑阅读过亚氏的有关著作，并不知不觉地接受了亚氏的观点，他所说的“博学的人们”的头一个应该就是亚氏，有谁比这位“百科全书氏的学者”更博学呢？

由于西塞罗无意于跻身“博学的人们”之列（受限于时间、精力、兴趣、学识等），所以采取了这种简单甚而至于“武断”的办法，将国家产生的原因归于人性本身，“要知道，人类不好单一和孤独”。[3] 就是说，人的社会性蕴含、内在于其自然性中。

（二）国家政权有如一个球——三类传统政体及其演变

随着国家的产生，西塞罗认为，出现了管理国家的国家机构：“任何一个作为人民的组织形式的公民社会，任何一个如我所说作为人民的事业的国家，为了能长治久安，都允由某种机构管理。”[4]

根据管理国家的全部事务的最高权力的归属，西塞罗将传统

[1] [古罗马] 西塞罗：《论共和国 论法律》，王焕生译，中国政法大学出版社1997年版，第200~201页。

[2] 参见 [古希腊] 亚里士多德：《政治学》，吴寿彭译，商务印书馆1997年版，第7~9页。

[3] [古罗马] 西塞罗：《论共和国 论法律》，王焕生译，中国政法大学出版社1997年版，第39页。

[4] 同上书，第41页。

的政体划分为三类：第一类是王政，在这种政体下，最高权力有一人即国王掌握；第二类为贵族政体，最高权力由一些选举出来的人即贵族掌握；第三类为民主政体，在这种政体下，一切权力归人民。

不难发现，西塞罗对三类政体的分类类乎于亚里士多德政体理论的重述。亚里士多德曾根据统治者人数的多寡与是否照顾到公共利益将政体划分为六类，即君主政体与僭主政体、贵族政体与寡头政体、共和政体与平民政体。只是西塞罗将三类变态的政体与相应的正宗政体放在一起论述，认为三类变态政体不是独立的，而是三类正宗政体蜕变的必然结果，这就牵涉到了他的政体演变理论。

三类传统政体在西塞罗看来本身都不是完善的，各有其缺陷，并最终总是会蜕变，无可避免地顺着一条或急速或平滑的道路通向这种或那种不幸。

在王政下，除了国王外，其他人都被排除在公共立法和协议之外，仅由一个人的意志来管理国家。与亚里士多德"不敢对人类的本性提出过奢的要求"[1]一样，理性的斯多葛主义者对人性的看法也不乐观，认为即使是杰出如居鲁士皇帝，在其身上"也仍然潜藏着那位无比残酷的法拉里斯"。[2]后者为公元前6世纪中期西西里阿格里戈图姆城僭主，曾铸成一空心铜牛烧烤活人，与我国殷商的末任统治者纣王的"炮烙"之刑有异曲同工之"妙"。于是，王政蜕变为暴政，君王演变为僭主，所有的人处于

[1] [古希腊] 亚里士多德：《政治学》，吴寿彭译，商务印书馆1997年版，第166页。

[2] [古罗马] 西塞罗：《论共和国 论法律》，王焕生译，中国政法大学出版社1997年版，第42页。

一个人的暴力压迫之下，既不存在任何法的纽带，也不存在任何意见一致和联合的社会。西塞罗甚至不愿意称这样的国家为“国家”，因为那里不存在“人民的事业”，“什么都不属于人民，人民却属于一个人”。[1]

在贵族政体下，民众仍然被剥夺了参政权，仍然享受不到自由，某种程度上仍然类似奴隶状态，与王政相较，不过是为奴役于一个人还是一些人的区别。并且，当这种政体尚未被败坏之时，西塞罗强调“贵族”不应是“自封”和世袭的，而应由人民选举。这可能与西塞罗本人的出身有关——以其出众的才华达到最高荣誉，当选为执政官，从而晋升于“新贵”的行列。因此，西塞罗指出最优秀的人不等于最富裕的人，那种认为只有殷实富裕之人，或那些出身于名门望族的人才是最优秀的观念是错误的。西塞罗还举了伯罗奔尼撒战争结束之后，雅典由三十寡头集团统治，公元前5世纪中叶罗马十人委员会全权在握，专横、残暴地统治人民两个例子，作为贵族政体蜕变为寡头政体的例证，认为在那种情形下，“国”亦不国，因为那里也已经没有什么人民的事业可言。

在民主政体中，一切都按照人民的意愿进行，一切都归人民掌管，一切都处于人民的权力之下，一切事情均由人民讨论和决定，民众享受到了自由。但西塞罗认为这种政体却是三类政体中最有缺陷的一种，理由有二：其一，虽则古罗马人重实际的传统使西塞罗不可能去复述柏拉图关于人种的“金银铜铁”论，但西塞罗还是认为社会中的人有智有愚，有强有弱，有贤有不肖，他

---

[1] [古罗马] 西塞罗：《论共和国　论法律》，王焕生译，中国政法大学出版社1997年版，第127页。

们之间的地位和法权不应是平等的。德性和智慧超群的杰出公民应享有与他们的智慧和德性相称的等级地位和法权，否则，如果不存在任何地位等级，众生平等，公平本身就是（对贤者的）不公平，所谓平等实际上是（对贵族的）不平等。亚里士多德也借荷马的诗句"良莠不齐兮贤愚同列"隐晦地反对名位的过分"平等"，[1] 只是西塞罗走得更远些，甚至主张一种属于"自然法"的"贤哲的权利"，即贤哲们据此有权要求田地、房屋、牲畜、金银等财富归他们所有，他们这样做不是根据公民契约，而是按照共同的自然法，"那自然法禁止任何财物属于不知道如何利用它、使用它的人"。[2] 贤哲们当然也应该在政治上拥有行使治理国家的权力。其二，当民众享有过分的、无节制的自由时，往往会放纵无度，随意放逐、抢劫、拘禁、挥霍，民主政体蜕变为暴民政体。西塞罗引用了柏拉图的话来描绘这种民主政体的变态的情形：在这样的国家里必然一切都享有充分的自由；父亲惧怕儿女，儿女蔑视父亲，廉耻之感消失；教师害怕学生，对他们奉承，学生鄙视教师；年轻人故作老成持重，老年人不顾体面地玩年轻人的游戏，以求自己不遭年轻人厌恶，不显得过分庄重。其结果是，奴隶自由过分，妇女享有男子权利，甚至狗、马、驴在这样的自由条件下也向人发起攻击，逼迫人们为它们让道。这种漫无节制的放纵会导致如此严重的恶果，公民们的心理变得如此任性，如此放纵，以至于只要稍许对他们相迫，他们便会怒不可遏，不能忍受，他们从此甚至蔑视法律，变得似乎不存在任何统

[1] 参见［古希腊］亚里士多德：《政治学》，吴寿彭译，商务印书馆 1997 年版，第 71 页。

[2] ［古罗马］西塞罗：《论共和国　论法律》，王焕生译，中国政法大学出版社 1997 年版，第 31 页。

治者。[1] 柏拉图的描述有其深刻与犀利的一面，但也有夸大其词的一面，狗、马、驴若亦识民主、自由，当非寻常之狗、马、驴矣。总之，西塞罗引用柏拉图的话，无非是表明他对民主政体的深恶痛疾罢了。在《论共和国》中，处处流露出他的这种倾向，书中的另一个主要人物莱利乌斯甚至将民主政体斥为“野兽”。[2] 相对来说，亚里士多德对平民政体的态度要宽容、温和得多，称为三类变态政体中“最可容忍的”。[3]

西塞罗认为，前述三类国家体制中的任何一种因其缺陷，都缺乏稳定性，从不可能长久地存在下去。其具体的演变是：在王政下最重要最不可避免的变化是当国王变得不公正（你不可能保证所有的国王都是贤者，如柏拉图《理想国》中的那位哲学王）时，这种政制会立即崩溃，统治者会变成僭主。然后如经常发生的那样，贵族把他推翻，国家便具有了上面谈到的三种体制中的第二种体制。或者，如果是人民杀死或赶走了僭主，当它仍然控制自己的感情和理智时，人民将会保持节制，于是便有了第三类国家体制。但如果人民放纵自己，漫无节制，把整个国家置于自己的贪欲之下，在这种极端自由、放纵、狂暴的人民中，又会产生出某个僭主。后来，又如经常发生的那样，他又被优秀的人们推翻，国家便会复兴；但如果是由一些狂妄的人们把他推翻，那便会由一个阴谋集团当政，这样的阴谋集团甚至产生于卓越的贵

[1] 参见［古希腊］柏拉图：《理想国》（第8卷），郭斌和等译，商务印书馆1986年版，第562~563页。

[2] ［古罗马］西塞罗：《论共和国　论法律》，王焕生译，中国政法大学出版社1997年版，第128页。

[3] ［古希腊］亚里士多德：《政治学》，吴寿彭译，高务印书馆1997年版，第179页。

族体制，当某种恶习把那些显贵们引入歧途的时候。就这样，国家政权有如一个球，僭主们把它从国王手里夺过来，然后一些显要人物或民众又把它从僭主那里夺过去，而后又由阴谋集团或僭主从他们手里夺走，兴亡更替，循环往复。

亚里士多德在《政治学》第三章、第五章中也论述了政体的变迁，但亚氏在论述时的语气是冷静、平和的，与其论述对象保持着布莱希特式的、理性的、适当的距离。特别是他虽未明言，但你可以从字里行间体察到亚氏认为政体的变化是或然性的。西塞罗则不然，其行文的语气是激烈、不容置疑的，与其论述对象是休戚与共、难分难解的关系。出于对三类单一的传统政体的不满，西塞罗认为三类政体的变动不稳是必然的、绝对的。只有一种避免了前述三类政体的缺陷的政制才能摆脱这种蜕变、衰亡的命运，这就是他所推崇的最佳政体——混合制。

（三）最佳政体——混合制

在论及政体的优劣时，由于著述者身份、个性与思维方式的不同，亚里士多德与西塞罗存在差异。亚里士多德的思路接近于相对的善，所以在他看来，现实中不存在他的老师柏拉图（亚里士多德称柏拉图为"先进学者"）式的、绝对的、最优良的政体，只有相对的、较好的政体。"最良好的政体不是一般现存城邦所可实现的，优良的立法家和真实的政治家不应一心想往绝对至善的政体，他还须注意到本邦现实条件而寻求同它相适应的最良好政体。"[1] 此处，同现实相适应的"最良好政体"的"最"

[1] ［古希腊］亚里士多德：《政治学》，吴寿彭译，商务印书馆 1997 年版，第 176 页。

实际上已经不是绝对意义上的最好，而是相对意义上的较好。虽然亚里士多德本人认为以中产阶级为基础、由中产阶级执掌政权的共和政体是最良好、最稳定的政体，因为中产阶级处于极贫、极富两者之间，既不像穷人那样希图他人的财物，也不像富人那样资产多得引起穷人的觊觎，过着无忧无惧的平安生活，“无过不及，庸言致祥；生息斯邦，乐此中行”，[1] 最符合“中庸”之德，最能顺从理性。但这种中间形式的混合政体在现实中往往难以实现，温和、理性的亚里士多德也就不强求，认为倘能与现实条件及人民的“自然性情”相契合，三类正宗政体就都是可取的。相对于亚氏的宽和、超然，置身于罗马共和国政治旋涡中的西塞罗则要执着乃至执拗得多，大有“除却巫山不是云”或“弱水三千，我只取这一瓢耳”的意思：除了最佳政体混合制之外，传统的三类政体都不入他的法眼。

混合制政体在亚里士多德那里，已有所论及（亚氏的细致、周密，实在令人叹止，只说政法领域，就少有他老人家没思考过的问题）。混合制理论关注的是让利益不同的社会各主要阶层共同参与国家事务和政府职能，以在社会各阶层之间达到一种平衡，限制专权，维护国家的稳定。对混合政体的这种功用，亚氏通过对斯巴达政体的考察看得很清楚，“一种政体如果要达到长治久安的目的，必须使全邦各部分（各阶级）的人民都能参加而怀抱着让它存在和延续的意愿”。[2] 亚氏认为，所谓混合政体，无非是出身、财富、才能、名望各因素的混合，混合政体正是赖

[1] 福季里特“祈祷文”，参见［古希腊］亚里士多德《政治学》，吴寿彭译，商务印书馆 1997 年版，第 206 页。

[2] ［古希腊］亚里士多德：《政治学》，吴寿彭译，商务印书馆 1997 年版，第 88 页。

于诸因素的混合，达至内部的"均势"而获得稳定的，混合政体中各个因素混合得越好，这个政体就会存在愈久。亚氏还对混合政体作了进一步的分类：称贫富两要素混合的政体为共和政体，称出身、财富、才德三要素混合的政体为贵族政体。后者有别于专以才德为特征的"真正的"贵族政体，即六类政体中的一类，为避免混淆，实际上应称为贵族共和政体，我们后面将会看到，它与罗马共和国的政体最相类似。可见，亚氏所认为的最优良的政体——中产阶级为基础的政体，混合了贫富，正是混合政体的一类，这也为亚氏所承认。[1] 至于亚氏何以不专以"才德"为尚，是因为他认为由中产阶级的阶级成分本身所决定，中产阶级自然地就具有了一切美好的德行，无须再以"才德"相标榜。相反，专以"才德"为尚的贵族政体，由于重视所谓的"名望"，而贵胄均为前代有财有德者的后裔，很容易形成"有财者"即为"有德者"的逻辑，遂使尚"才德"滑向尚"财德"，忽视了平衡的重要性，不仅给有产阶级过多的实权，而且还用虚假的利益欺蒙平民。随着平衡的破坏，接踵而至的便是政体的变革。亚里士多德卒于公元前322年，早于罗马共和国的衰亡近三百年，但后来罗马共和国历史的演变某种程度上被亚氏不幸而言中。

在西塞罗这里，所谓"混合制"即前述三种传统政体的均衡的、适当的混合。"要知道，最好是国家包含可以说是卓越的王政因素，同时把一些事情分出托付给显贵的权威，把另一些事情留给民众们协商和决定。"[2] 与亚里士多德的抽象为财富、出

[1] 参见［古希腊］亚里士多德：《政治学》，吴寿彭译，商务印书馆1997年版，第204~211页。

[2] ［古罗马］西塞罗：《论共和国　论法律》，王焕生译，中国政法大学出版社1997年版，第60页。

身、才德等诸因素的混合的混合政体定义相较，西塞罗的混合制定义更富于实践、具体的色彩，但其要害均在维尔所说的阶级力量和利益的平衡这一点无异。亚氏与西塞罗混合政体理论的差异在于混合哪些“因素”（成分）及如何混合（比例）上。

西塞罗所赞赏的最佳政体——混合制不是别的，正是罗马共和国的宪制。“最完善的国家体制是我们的祖先遗留给我们的那种体制。”[1] 君主制、贵族制和民主制三种因素分别体现在罗马共和国宪制中的执政官、元老院和民众大会上。

在这一混合制下，有几个特点：

第一，执政官、元老院和民众大会三个因素之间存在一种制约关系。

执政官的权力虽然不是列举式的，理论上享有充分的治权，但他们须由民众大会选举产生，并受到他执政官同僚的否决权的限制，两名执政官的制度让人联想到亚里士多德所说的斯巴达实行过的两王并列的制度，立法者的意图正在于通过两大对峙，借以保持斯巴达政体的平衡。[2] 后来罗马共和国宪制的崩溃突出地表现在执政官制度的破坏上，由于对外征服战争的需要，临时性的独裁官变成了长期性的了，即使在战争结束后也不交回权力，走出了迈向帝国的关键一步，这是后话。除“内部”制约外，共和国时期执政官的权力还受到护民官的否决权的限制，同时，两名执政官“除正常的行政管理活动外，没有哪个执法官胆

[1] ［古罗马］西塞罗：《论共和国　论法律》，王焕生译，中国政法大学出版社1997年版，第37页。

[2] ［古希腊］亚里士多德：《政治学》，吴寿彭译，商务印书馆1997年版，第90页。

敢在不征求元老院意见的情形下做出重要决定”。[1] 在司法活动方面，虽则在罗马人的传统意识和解释中，治权所固有的强制权包含最高惩罚权，其外延直至死刑。但同时，“向民众申诉”制度又限制着执法官直接自由运用强制权，强调百人团民众会议对死刑案件的管辖权。西塞罗本人就曾因挑战这一制度而受到惩罚，被放逐。

元老院从最初由执政官挑选到后来由担任过官职的人组成实则民选，其产生要由执政官与民众大会决定，元老院议员的活动还受到监察官的纠察。元老院没有积极意义上的立法权，只有准可权和咨询职能。外交政策虽归元老院主管，但其所签订的条约后来要由民众会议投票表决。

民众会议要由执政官召集并主持，它们虽具有立法职能，但对于“法律”来说，倡议权却归执法官行使，因为“法律”正是根据执法官的提案进行表决的，并且要由元老院准可或预先咨询。宣战虽属于百人团民众会议职能范围，但应当听取元老院的意见。

第二，这一体制不是“臆造”的，“不是由个人，而是由许多人建立的，不是由一代人，而经过数个世纪，由数代人建立的”。[2]

这使人想起那句流传甚广的西谚：“罗马不是一天建成的。”格罗索也指出：“经过平民与贵族的斗争，城邦在政治、经济和

[1] ［意］朱塞佩·格罗索：《罗马法史》，黄风译，中国政法大学出版社 1994 年版，第 107 页。

[2] ［古罗马］西塞罗：《论共和国　论法律》，王焕生译，中国政法大学出版社 1997 年版，第 64 页。

社会力量的平衡中得以巩固，这种平衡促使各种力量在一种出现于公元前四世纪末期、整个三世纪和二世纪前半叶并且以其功能的有机性著称的制度中相互混合。”[1] 西塞罗还认为这种体制有两大优点：一是公平性，因为它既让民众享有一定的自由和权利，又让他心目心中的杰出公民处于与他们智慧和德性相应的等级地位，执掌相应的国家权力，即实现了承袭自柏拉图的使人人“各得各宜”的理想正义。二是稳定性，不像前面提到的那三种国家体制那样很容易变成其病态的反面，国王变成主宰，贵族变成阴谋集团，人民变成一群乌合之众，因而为新的体制所更替。在混合制下，因每种因素都稳定地处于自己位置，不存在任何引起变更的始因，所以除非显贵们出现巨大的过失，否则这种体制是无从崩溃和毁灭的。

第三，虽则西塞罗一再强调三种成分是“均衡”地混合的，但事实上后人仍将罗马共和国时期的政体称为“贵族共和政体”(il governo aristocratico repubblicano)，因为在罗马共和国宪制中，元老院越来越成为罗马政治生活的轴心。

在执法官的更替和民众的流动中，元老院保持着连续性，它由一系列已离任的执法官组成，代表着那个占据领导地位的显贵阶层，保持着罗马政治的连续性，政治领导恰恰是以元老院为基础得到支撑的。西塞罗自己也说：“就这样，在那些时代，元老院使国家处于这样的状态：人民虽然享有自由，但只有很少的事情通过人民，绝大部分事情由元老院决议、法规和习俗决定，执政官拥有的权力按时间只有一年，按其性质和权限是王政性的，

[1] [意] 朱塞佩·格罗索：《罗马法史》，黄风译，中国政法大学出版社 1994 年版，第 142 页。

而对于维护贵族权力无疑是最重要的东西却被严格地保留了下来——人民会议的决议只有得到元老们的赞同才能生效。"[1] 发展到后来要由元老院对法律的合宪性问题作出决定，乃至有权不遵守法律预先宣布某项尚未表决的法案无效。在《论法律》中，西塞罗将元老院的决议应具有法律效力列入"法律中的法律"。[2]

前面已经提及，西塞罗认为混合制具有稳定性，不会崩溃和毁灭，除非显贵们出现巨大的过失。不是执政官，也不是民众，而是元老院——显贵们的行为决定着共和国宪制的存亡，这也说明了元老院在宪制中的举足轻重的地位。在《论共和国》第五卷开头，西塞罗引用了古罗马诗人恩尼乌斯的一行诗"古代风习和人——罗马国家存在的基础"。这"人"首要的就是元老们，"我们的祖先的风习本身培养出了许多卓越的人物，而杰出人士本身又维护了古代风习和祖辈们的遗训"。[3] 所以西塞罗寄希望于元老阶层洁身自律，所谓"君子之德风，小人之德草，草上之风，必偃"。[4]

第四，在混合制中，还有两个因素虽则常放在"官制"中论述，但实际上非但不能用"王政因素"概括，反而是与这一因素相对立的，这就是平民护民官和监察官制度。

护民官制度的起源可追溯到公元前494年，当时罗马因债务问题发生动荡，平民不堪债务的重负及严酷的债务法，占领了圣山，宣誓通过"神圣约法"，创设了两名平民护民官，以保护平

[1] [古罗马]西塞罗：《论共和国　论法律》，王焕生译，中国政法大学出版社1997年版，第91页。
[2] 同上书，第223页。
[3] 同上书，第144页。
[4] 《论语·颜渊》。

民抗拒贵族执法官“治权”的侵害。后来护民官的数目从2人增加到5人直至10人，其权力的中心和基本特点是“否决权”，从此护民官可以制止任何行使公共权力的行为（除了某些例外情况）。为了保证护民官行使权力，护民官神圣不可侵犯。

护民官作为一种独立的因素，不但是针对执政官的权力的，因为护民官的出现缩小了执政官的权力，出现了一个不受他管辖的人，而且也足以削弱元老院的权力和威望。换言之，护民官的设立是对执政官和元老院的一种制约。格罗索将之称为罗马人的一种“天才”的创造，它通过“将一种社会斗争的手段加以制度化”，“推动了罗马国家的发展进程”。[1]

至于西塞罗，虽则觉得护民官职务本身包含某种不足，但从他的立场权衡利弊得失，认定护民官的设立利大于弊，因而对护民官仍持温和的肯定的态度，理由是：当民众起来时，其力量汹涌如大海，激烈如火焰，难以抑止、平息；但当它有一个领袖时，有时会变得比没有领袖时要温和些。因为领袖会认为他自己是在冒风险，而处于愤怒中的人民却不会有危险意识。尽管人民有时是受怂恿，然而它们也常常被抑阻。事实上，防民如防川，仅凭围堵，而不加以疏导，其结果就如同中国神话传说中鲧之治水，难免于身败名裂。被孔子称之为“惠人”“古之遗爱”的中国春秋时期郑国著名政治家子产对此有清醒的“先见”：执政莅民，防民之口，“然犹防川，大决所犯，伤人必多，吾不克救也；不如小决使道，不如吾闻而药之也”。[2] 保民官的设立，人民的

[1] [意] 朱塞佩·格罗索：《罗马法史》，黄风译，中国政法大学出版社1994年版，第73页。

[2] 《左传》襄公三十一年。

呼声就有了一个合法的、制度化的上通渠道，就可以避免积怨已久的人民铤而走险。何况，护民官的数目后来有10位，互相之间也存在一种平行的否决权，显贵阶层不愁在其中找不到他们的支持者和代理人，共和国的历史实践也证明了这一点，格拉古兄弟的改革事业之所以失败，"出师未捷身先死"，惊人相似的一幕便是他们的护民官"同僚"从中作梗。

监察官设立于公元前443年，起初他的管辖范围主要是人口登记，即编制市民名册及其财产清单，以便调整与此有关的义务和特权。监察官的数目为两人，他们在进行人口登记时选出，人口登记大约每5年进行一次，监察官不是在整个5年期间都留任的。

监察官的职责最初是简单的，但后来一项平民会议决议将挑选和任命元老院议员的任务由执政官转交给监察官，并根据他们所拥有的道德监察权授予他开除不称职者的权力。监察官还担负着维护法律的职责，官员卸职后应向监察官作履职报告。所有这一切均使监察官职位在罗马宪制中占有重要一席。元老院元首（princeps senatus）不是由前执政官，而是由最老的贵族前监察议员担任，他在元老院开会时拥有最先表决权。

西塞罗对监察官一职寄予厚望，卡达拉诺也提到，在《论法律》中，西塞罗提议让监察官成为一种常设官职，"我们希望他们在我们的国家永远存在"。[1] 因为公元前434年左右的一项《艾米里法》曾将监察官的最长任期确定为18个月。然而，共和国宪制的深刻危机，破坏宪制现象的日益严重，传统道德的沦

[1] [古罗马] 西塞罗：《论共和国　论法律》，王焕生译，中国政法大学出版社1997年版，第280页。

丧，古代风习的泯灭，当然不是靠常设的监察官能够纠正和挽救的。

尽管西塞罗认为混合制具有稳定性，在这种体制下每种因素都稳定地处于自己的位置，只要存在权利、义务和职责的均衡分配，使官员们拥有足够权力，杰出的人们的意见具有足够的威望，人民享有足够的自由，那么这个国家的状态就能保持稳定。但共和国宪制最终还是崩溃了。

共和国宪制危机与瓦解的现实使西塞罗在怀恋古典的共和国宪制的同时，不能不把目光投向现实，投向未来，并对其政体理论作出修正。

尽管他仍认为混合制是最佳政体，但如果说古典的共和国宪制作为一种混合制是以元老院贵族政治为轴心的话，那么后来西塞罗在他设想的新的混合制中可能更倾向于突出作为“王政因素”的统治者个人的地位和作用。“这种君主因其权威和威望而拥有凌驾于重新正常运转的共和国组织之上的最高政治领导权。”[1]

在《论共和国》中，西塞罗这样说：“如果一定要选择其中某一种非混合性的，那我选择王政……”[2] 对现实的失望使西塞罗期待完美的统治者的出现，“我寻找这样的人已经好久了，很想见到他”。[3] 他像驯服一头巨大的、凶猛的野兽一样驯服罗马国家这头“利维坦”，驱赶着它，“想让它去哪里就让它去哪

[1] [意] 朱塞佩·格罗索：《罗马法史》，黄风译，中国政法大学出版社 1994 年版，第 307 页。

[2] [古罗马] 西塞罗：《论共和国 论法律》，王焕生译，中国政法大学出版社 1997 年版，第 48 页。

[3] 同上书，第 97 页。

里，凭借亲切的驯示和触抚使那野兽拐弯"。[1] 西塞罗期待这位完美的统治者就好像尼采期待他的查拉图斯特拉：瞧，那个人！认为只有这个斯奇皮奥式的"真正的国家统治者和舵手"才能挽救国家："只有他一个人有能力这样做"，[2] "你将是国家安危的唯一依靠"。[3]

那么，这位作为智慧与美德的化身的完美元首究竟具有什么样的品质呢？他应该不为任何欲望感动，凡是他为公民们确定、要求公民奉行的一切，他自己遵行不怠，他自己执行不了的法律从不强求人民遵守。他永远不应停止学习和自省，让自己的精神和生活成为公民们的镜子。他应该善良、智慧，深知公民的利益和尊严能够用自己的智慧和行动保卫国家。

有学者认为，西塞罗理想中的元首模式影射着庞培。格罗索也支持这种观点，"西塞罗肯定会从他身上看到元首的模式"，"在庞培的行动中更多表现的是西塞罗的元首模式"。[4]

但庞培是个模棱两可和难以信任的人，其立场经常在各派之间动摇不定；其作为无所谓信念与理想，主要是受野心的驱动，攫取个人权力而已，且因个性的犹疑而在权力斗争中败于凯撒。西塞罗理想中的元首的最主要的两大特征"美德"与"智慧"离庞培相去甚远，若庞培即是西塞罗理想中的元首，西塞罗就不用苦苦"寻找"了。

---

[1] [古罗马] 西塞罗：《论共和国　论法律》，王焕生译，中国政法大学出版社1997年版，第97页。
[2] 同上书，第35页。
[3] 同上书，第158页。
[4] [意] 朱塞佩·格罗索：《罗马法史》，黄风译，中国政法大学出版社1994年版，第307页。

还有学者认为西塞罗的元首模式曾给奥古斯都以启迪，从后来奥古斯都的实践看不无道理。黄风所译的格罗索的《罗马法史》中文本将奥古斯都以后的罗马政制通通译作“君主制”，其实，在格罗索的意大利原文中，称从屋大维直至戴克里先之前的政制为pricipato，称戴克里先之后的政制为monarchia assoluta，两者字形相差够大的，内涵相差更大。前者意为“元首制”，后者意为“专制君主制”，西方学者可能更容易体会两者的区别。事实上，屋大维一直只承认自己是princeps（元首），在内战结束后将国家事务的管理权交还给了元老院，并认为自己并不享有任何超过其他执政官的权力，只是因其拥有准可权而处于优于他人的地位。[1] 虽然奥古斯都的这种“准可权”及其有关做法实际上肇启了君主制，代表着君主制的开端，但形式上仍然是和得以恢复的共和国宪制并存的。格罗索认为新旧制度的这种并存“正是罗马发展的精神所在，它表现着超越严格和简单规则的活生生的现实”。[2]

倘若西塞罗后期对于其政体理论的修正与奥古斯都的实践存在暗合的话，那西塞罗的运命真是悲剧中的悲剧，因为西塞罗正是被包括屋大维在内的“后三头同盟”杀害的。这令人联想到《左传》对驷颛杀邓析而用其“竹刑”的评论：“故用其道，不弃其人。”[3] 但这只是书生之见，是不会“入”政治家的“耳”的。

---

[1] [古罗马] 奥古斯都《业绩录》。转引自 [意] 朱塞佩·格罗索：《罗马法史》，黄风译，中国政法大学出版社1994年版，第313页。

[2] [意] 朱塞佩·格罗索：《罗马法史》，黄风译，中国政法大学出版社1994年版，第321页。

[3] 《左传》定公九年。

三、"要说的话比希腊作家所写的著作更为有用"

如上所述，主要反映了西塞罗的政治法律观的《论共和国》与《论法律》，尽管在题材、风格等形式上与柏拉图的同名著作相类似，但在内容、思想方面实际上受亚里士多德的影响更大。那么，它们是不是如弗列兹·舒尔茨说的那样，不过是古希腊法哲学的末流而已？倘只"践迹"而无有自己之"迹"，西塞罗何以如苏力在《国家篇　法律篇》的译序中所说，"在西方思想史中占据了一个他人无法取代的地位"？[1]

亚里士多德在谈到政治学著述时，曾把这类著述按作者身份的不同分为两类：一类是学者型的著述，其作者从未参加过现实政治，以处士或学者的身份终其身；另一类则为政治家型著述，其作者都曾实际参加或执掌过国家政务。[2] 亚氏没有具体比较两类著述的优劣，但它们的特点应该是明显的：前者以理论性见长，后者以实践性见长。对于后者，以系统性、"创造性"去审视它，或许是一种苛求，"实践"本身就意味着对"空想"的反对。

不可否认，出于对古希腊文化的仰慕，年轻时负笈游学希腊的经历影响了西塞罗，但西塞罗终究是以杰出的罗马人的形象名垂千古的。作为罗马人，西塞罗本人清醒并不无骄傲地意识到了自己的著作区别于古希腊先哲的独特性，在《论共和国》中，他

[1] [古罗马] 西塞罗：《国家篇　法律篇》，沈叔平、苏力译，商务印书馆 1999 年版。该书系根据英译本译出。

[2] 参见 [古希腊] 亚里士多德：《政治学》，吴寿彭译，商务印书馆 1997 年版，第 102~103 页。

借其心目中的理想人物斯基皮奥之口这样说：“我对杰出的希腊先哲们就这一问题撰述并遗留给我们的那些著作并不满意，但也不想把自己的看法置于他们之上。因此，在你们听我讲话时，请你们把我作为一个既不是对希腊人的学说一无所知的人，也不是把他们的学说视为优于我们的学说的人，而是一个由于父亲的用心和受过广泛教育，从小便充满强烈的求知欲望，不过主要是通过自己的实践和家庭教训，而不是依靠书本获得知识的罗马人。”[1] 西塞罗并且自信他“要说的话比希腊作家所写的著作更为有用”。[2]

如前所述，“混合制”政体并不是西塞罗的创造和发明，它是罗马共和国时期实存的政治制度。西塞罗也一再指出这种制度是“祖传”的，他只不过是阐述和揭示了它产生和发展的特性。但制度本身是沉默的，总是处于一种不断的流变状态，正是这种揭示使之处于“相对静止”状态，使人们得以认识它、借鉴它。

不过，即使是从理论上对罗马共和国政制进行系统考察，西塞罗也不是第一个，在他之前还有作为人质寄居在罗马的希腊人波利比奥，但波利比奥的影响力有限。无疑，西塞罗的思想受到过波利比奥的启示，但正是西塞罗充满激情的论著使“混合制”理论作为一种“古典”深入人心。

这首先要归于西塞罗的无与伦比的“蛊惑”和“煽动”能力。弗利兹·舒尔茨不平于西塞罗的“毫无价值”的著作能够传世，而库尹特·穆齐·斯凯沃拉那在他眼里“奠定了不光是罗马

[1] [古罗马] 西塞罗：《论共和国 论法律》，王焕生译，中国政法大学出版社1997年版，第37页。
[2] 同上书，第38页。

法系，而且是整个欧洲法学的基础"[1] 的私法著作却遭湮灭。这不能归咎于历史的"盲目"，若不是私法学家们被授予"经君主批准的解答权"；若不是有"引证法"的颁布；若不是由那位雄才大略的优士丁尼皇帝下令编纂《民法大全》，真不敢想象有几多罗马私法学家们的著述可以为我们留存。

西塞罗的"蛊惑"力在文艺复兴时期再度得到"复兴"，因为那是如雅各布·布克哈特所说，一个人民以"倾听"为生活中主要享受之一（其实古罗马人又何尝不是如此），而每一个想象力都充满了对于古罗马元老院和它的伟大演说家的回忆的时代，[2] 西塞罗的书信、演说辞、著作都被当作典范勤勉地学习着。你可以不屑地说西塞罗的思想欠缺深刻和智慧，但你无法否认其演说、著述的力量。

其次，西塞罗的魅力还来自其作为古罗马人及政治家的身份。无论亚里士多德如何博闻强记、好学深思，亦无法想象古罗马波澜壮阔、史诗般的伟业。而波利比奥毕竟是早于西塞罗一个世纪的希腊人，虽然有"旁观者清"的说法，但罗马宪制中的有些东西是作为异乡人的波利比奥所不曾注目的，如关于护民官制度的设立和作用；有些东西是作为"人质"的波利比奥所不可解或难以倾注情感的，如关于风习与执政者及人民的关系；有些东西是波利比奥所无法预见的，如共和国宪制后来的演变、衰落及崩溃，对之的探索并因而对混合制理论作出修正就成了作为后继者

[1] Fritz Schultz, *Storia della Giurisprudenza Romana*, per l'Italia da G. L. Savani S. P. A., Firenze, 1968, p. 138.

[2] [瑞士] 雅各布·布克哈特：《意大利文艺复兴时期的文化》，何新译，商务印书馆 1979 年版，第 229 页。

的西塞罗的义不容辞的职责。

另外，雅各布·布克哈特还谈到对古希腊学术的研究在意大利文艺复兴时期始终也没有像拉丁学术那样普遍，一方面是由于语言的原因，研究古希腊学问有极大的困难；另一方面也是更主要的原因是罗马人的优越感和对于希腊人的本能的憎恨（此处可能用“嫉恨”可能更为恰当），唯恐拉丁文唯我独尊的地位受到损害[1]。西塞罗的思想诚然不如古希腊先哲那样具有独创性，但他可是用拉丁文从事演说和著述的罗马人呐！（杭州）本地俗谚“瘌痢儿子自家好”，话虽不够雅训，但实乃人之常情，这种心态即便在斯奇巴尼教授等当今治罗马法的意大利诸名家为《论共和国　论法律》中译本所写的序中对西塞罗的赞美也可见一斑。何况，西塞罗也绝非罗马人的“瘌痢儿子”，而是罗马人中的“人杰”，值得意大利人为之骄傲。倘若没有西塞罗的传承，源自古希腊的理性主义传统将会发生断裂，从古希腊到欧洲中世纪的西方政治法律思想史将留下一段空白，正是西塞罗以世俗的罗马人和务实的政治家的双重身份，透过对古罗马共和国时期实际政治的敏锐观察，为擅长实际政治操作的罗马人在西方政治思想史上留下了不可或缺的一笔。也正是通过西塞罗的传播，以罗马共和国宪制为原型的混合政体理论作为一种古典的并且实存过的（与古希腊贤哲的政体理论相较）制度和理论影响了此后两千年来的西方政治制度及政治法律思想史。

在思考西塞罗混合政体理论的价值时，我脑子里跳出两段中西学人有些冲突的话。

---

[1] ［瑞士］雅各布·布克哈特：《意大利文艺复兴时期的文化》，何新译，商务印书馆1979年版，第191页。

《管子·侈靡》：“问曰：古之时与今之时同乎？曰同。其人同乎不同乎？曰不同。”

维尔《宪政与分权》：“先前世纪的那些问题仍然是今天的问题；尽管语境有所不同，问题的维度也有所变化，但制度思想中呈现出来的最突出的方面却是政治思想的连续性以及政治人之需求的连续性。”[1]

若依了《管子》，古之人既不同于今之人，潜台词即古之政与今之政没有共通之处，则我辈将目光投向西塞罗的政体理论，只有满足自家的好奇心、“自娱自乐”的意义。不敢说寻求“安身立命”的价值，就算替自己洗脱一下“无聊”的指控，我也要站在维尔一边，何况，我真的认同维尔的话呢！

1999 年 6 月于 Villa Senni，罗马

[1] ［英］维尔：《宪政与分权》，苏力译，生活·读书·新知三联书店 1997 年版，第 2~3 页。

后　记

2018年年初，梁治平先生看罢我在2017年年底写的“语词辨析”系列之一《“法”的故事的另一种讲法》，在邮件中建议“将此类文字，无论已发未发，搜为一集出版”。整个上半年，我一则忙于对付浙江大学法学院“垄断经营”多年的两个本科教学班的中法史课；二则因向无出集子的“雄心”或者说“野心”，想想其间的种种费神费力，就先被吓住了。

暑假开始不久，正当三伏天，收到梁老师的两段长长的微信语音，再次提及年初时的建议，并谓集子可放入他主编的“法律文化研究”文丛。我无法抵挡这样的“诱惑”，嘴里说着：“大热天的，我以为您让我歇着呢，没想到督促我干活。”但自此开始在暑热中续写未完的“语词辨析”系列，搜寻、整理旧稿。

这些零散的文字能“搜为一集”，端赖梁治平先生的筹划和“监工”，自不必言。还有张伟仁先生的提点和督促，李贵连老师多年来的扶掖，以及与俞江的无数次长谈和“切磋”，都是难以忘怀的。浙江大学古籍所关长龙教授乃“小学”薄弱的笔者的“坚强后盾”；浙江大学法学院王朝睿同学阅读了部分初稿并提供了自己的看法；郭一帆同学以其超强的搜索能力帮助搜寻了部分资料以核对注释的页码。凡此种种，怎一个"谢"字了得……

金敏

2018 年 12 月于浙江大学紫金港校区

图书在版编目(CIP)数据　天 Borderless 下

眼睛就是一切 ："法" 的语词与源流辨析 / 金敏著
. -- 北京 : 法律出版社, 2019
(法律文化研究文丛 / 梁治平主编)
ISBN 978-7-5197-3508-1

Ⅰ. ①眼… Ⅱ. ①金… Ⅲ. ①法律 – 研究 Ⅳ.
①D9

中国版本图书馆CIP数据核字(2019)第098955号

眼睛就是一切："法"的语词与源流辨析
YANJING JIUSHI YIQIE: "FA" DE YUCI YU YUANLIU BIANXI
金　敏　著

策划编辑　高　山
责任编辑　高　山　李　军
装帧设计　贾丹丹

开本　A5
版本　2019年11月第1版
出版　法律出版社
总发行　中国法律图书有限公司
印刷　中煤（北京）印务有限公司

印张　13　**字数**　282千
印次　2019年11月第1次印刷
编辑统筹　学术・对外出版分社
经销　新华书店
责任印制　陶　松

法律出版社/北京市丰台区莲花池西里7号(100073)
网址/www.lawpress.com.cn
投稿邮箱/info@lawpress.com.cn　销售热线/400-660-8393
举报维权邮箱/jbwq@lawpress.com.cn　咨询电话/010-63939796

中国法律图书有限公司/北京市丰台区莲花池西里7号(100073)
全国各地中法图分、子公司销售电话：
统一销售客服/400-660-8393/6393
第一法律书店/010-83938432/8433　西安分公司/029-85330678　重庆分公司/023-67453036
上海分公司/021-62071639/1636　深圳分公司/0755-83072995

书号： ISBN 978-7-5197-3508-1　**定价：** 69.00元
(如有缺页或倒装，中国法律图书有限公司负责退换)